CUANDO LAS
CONSECUENCIAS
NO SON SUFICIENTES

CUANDO LAS
CONSECUENCIAS
NO SON SUFICIENTES

DR. JEFFREY DE LEÓN

GRUPO NELSON
Una división de Thomas Nelson Publishers
Desde 1798

NASHVILLE   DALLAS   MÉXICO DF.   RÍO DE JANEIRO

Edición y corrección de estilo: *Nahum Saez*
Diseño: *Grupo Nivel Uno, Inc.*
Fotografía del autor: *www.samfotos.com*

ISBN: 978-1-60255-098-8

Impreso en Estados Unidos de América

10 11 12 BTY 9 8 7 6 5

Contenido

Capítulo 1
EL DESAFÍO CULTURAL

No existe ningún momento presente que no esté conectado
con alguno del futuro. La vida de cada hombre es una cadena
continua de incidentes, en la cual cada eslabón se sostiene del
primero. La transición de la causa al efecto, de evento a evento,
a menudo suele llevarse a cabo con pasos secretos que nuestra
previsión no puede adivinar y nuestra sagacidad no puede
encontrar. El mal puede traer el bien en el futuro; y el bien puede
traer el mal, siendo estos dos igualmente inesperados.

—Joseph Addison

Si un científico o un inventor, viniera y me dijera que ha creado una
máquina y quisiera que aceptara el siguiente desafío, no lo aceptaría.
Si me preguntara: «¿Entrarías a mi máquina del tiempo y volverías a
la época en que tenías trece años?» De ninguna manera lo haría. Si
entonces me dijera: «Si entras en mi máquina del tiempo y me permi-
tes que te lleve a la época en que tenías quince años te daré un millón
de dólares». Aun así nunca lo haría. Si luego me desafiara y me pidie-
ra que entrara en la máquina del tiempo y volviera a la época en que
tenía veinte años y me diera diez millones de dólares, aun así nunca
lo haría. Si el científico tratara de convencerme de revivir mi juventud
en el mundo de hoy tentándome con quince millones de dólares, aun
así no lo haría… quizás lo haría por veinte millones… Pero ¿por qué
no querría aceptar el desafío de volver a ser un adolescente o una persona joven nuevamente y vivir esos años en la cultura de hoy?

Existen varias razones, pero una de ellas es que mi cultura y mi
mundo eran muy diferentes a los de la juventud de hoy. En otras palabras, nunca tuve los trece años del que los tiene ahora, nunca tuve

los quince años del que los tiene ahora, nunca tuve los veinte ni los veintiuno del que los tiene ahora. Lo que estoy intentando decir es que el mío era muy distinto al mundo en el que nuestros hijos están creciendo hoy. Cuando tenía dieciséis años, solo había dos grandes enfermedades de transmisión sexual, la sífilis y la gonorrea, y las dos se curaban con una inyección.[1] Hoy hay más de veinte enfermedades que se transmiten sexualmente, y más del diez por ciento de estas, no tienen cura.[2] Hoy, si una chica de dieciséis años tiene relaciones sexuales con un chico que solamente tuvo relaciones sexuales con otras dos personas, ella tiene trescientos por ciento más de posibilidades de quedar infectada por alguno de esos virus. Algunos de esos virus permanecen ocultos en el cuerpo del individuo entre diez y trece años. Aunque él o ella no sepan que están infectados, transmiten el virus eficazmente. Otros virus se transmiten a través de áreas que no son cubiertas por un preservativo. La idea del sexo seguro usando preservativos es una completa mentira y un engaño para nuestra juventud. He escuchado la pregunta muchas veces: «¿Tendríamos menos problemas si dejáramos de entregar preservativos?» «¿No estarían nuestros hijos en un riesgo mayor si no les proveemos una manera de hacerlo con un riesgo menor?» ¿No es eso un enfoque fatalista y un insulto a esta generación de gente joven sugerir que no pueden esperar? ¿Son algo así como una especie de animales que solo pueden vivir por instintos en vez de convicciones y autocontrol? Es un hecho que querrán tener actividad sexual, pero también lo es que algunos de ellos querrán suicidarse en algún punto de sus vidas. ¿Significa eso que deberíamos comenzar a entregar armas y pastillas para ayudarlos cuando sientan que les gustaría matarse? ¿No es este enfoque similar al de la historia de las dos ciudades que estaban separadas por un gran lago? La única forma de cruzar al otro lado era esperar a que terminaran el puente, porque el lago estaba plagado de cocodrilos y anacondas. Un adolescente decidió que quería ir al otro lado pero no quería esperar a que terminaran el puente. Fue y les contó a sus padres. Ellos decidieron ayudarlo a cruzar en vez de esperar que terminaran el puente. Decidieron darle un pequeño bote para cruzar las aguas plagadas de cocodrilos. Muchos ya lo habían intentado y habían muerto o quedado muy mal heridos. Pero como pensaron que esperar el puente era ilógico, enviaron a su hijo en el bote. Nunca más volvieron a verlo. ¿Era esa la única opción? Por supuesto que no. Esperar el puente era la mejor y única opción que deberían haber tomado. ¿Habría intentado el chico cruzar igual sin el bote? Quizás, pero era menos probable porque la única opción que le dábamos era esperar por el puente. No promovemos el bote, ni siquiera lo mencionamos como opción. Quizás alguien aparezca con la idea de entregar trajes del Hombre Araña (preservativos de cuerpo completo), para ayudar a prevenir la epidemia. Hoy, la presión sexual es distinta a la que experimenté cuando era joven. Hasta les pido a los padres de hoy que no les digan a sus hijos que los entienden porque ellos también fueron jóvenes alguna vez. Suena bien, pero no es totalmente cierto.

Si la revolución sexual no es suficiente para convencernos de que nuestros hijos viven en un mundo distinto, tomémonos un momento para pensar acerca de lo que ha hecho la tecnología. Sé que me estoy poniendo viejo cuando pienso en el hecho de que cuando estaba saliendo con mi hermosa esposa no teníamos la Internet. Nos escribimos cartas durante dos años. Sí, en realidad escribíamos nuestras cartas a mano y esperábamos a que el bendito cartero entregara el correo más esperado. Hoy los chicos tienen acceso al mundo con la Internet. Pueden chatear unos con otros al instante, se pueden ver, podemos hablar con nuestros familiares o amigos o compañeros de trabajo del otro lado del mundo y verlos en la pantalla. Tenemos teléfonos celulares que tienen las capacidades de una computadora y quién sabe qué más vendrá. La tecnología ha cambiado nuestro estilo de vida. En uno de los comentarios de www.eweek.com de Peter Coffee leemos:

> Los investigadores están empujando las fronteras de la tecnología a toda escala, desde las dimensiones de los próximos mecanismos de almacenamiento micro mecánicos, hasta la colaboración y control requerido para administrar un centro de distribución de información a larga distancia o un entorno de cómputos de servicios públicos. Pocas de estas innovaciones disminuirán los costos tecnológicos, pero mantendrán la viabilidad de los sistemas cuyas complejidades costosas deben ser enfrentadas como el inevitable inconveniente de la oportunidad estratégica y la necesidad competitiva.[3]

La tecnología no va a parar y nuestras vidas se verán afectadas por ella y, como resultado, nuestro mundo también se verá afectado para bien o para mal o quizás una combinación de ambas cosas. La verdad es que solo el acceso que nuestros hijos tienen a través de la Internet es razón suficiente para hacernos caer en cuenta de que ellos viven en un mundo diferente. Solo consideremos lo que dice www.learnthe-net.com acerca de la Internet:

> La Internet no es solo una red, sino un consorcio de cientos de redes de alta velocidad unidas por columnas de fibra óptica que abarcan a Estados Unidos y se unen con otros países. La red transmite información a velocidades de hasta 2,4 gigabytes por segundo —45.000 veces más rápido que un módem de 56 Kbps—permitiéndoles a los científicos que evalúen sus descubrimientos de laboratorio en el mundo real.
> La red de la nueva generación se conectó en febrero de 1999, uniendo a varias universidades de todo el mundo… Estemos preparados para servicios en el siglo veintiuno como la televisión interactiva, videoconferencia virtual 3-D y mucho más.[4]

Lo que todo esto significa para cada uno de nosotros es que no se encuentra en un futuro muy lejano. Es más probable aquí y mejor que nos percatemos de que nuestro mundo está cambiando rápido; por tanto, debemos notarlo y hacer algo como por ejemplo, cuestionarnos acerca de la manera en que eso afecta a nuestros hijos. Considere uno de los comentarios que hizo Marshall McLuhan acerca de los medios: «Los medios son el mensaje». Para aplicar la relevancia de esta frase hoy, necesitamos volver veinte o treinta años atrás. Tomemos los dos elementos de la frase de McLuhan, los medios y el mensaje. Si yo fuera un adolescente de hace veinte o treinta años atrás, escucharía el mensaje a través de los medios. Los medios podían haber sido la televisión, la radio, la prensa o cualquier otra forma de comunicación que transmitiera el mensaje que estaba siendo difundido. Hoy, los medios se han convertido en el mensaje en sí. En otras palabras el contenido no es tan importante como el estilo. Hasta podríamos aventurarnos a sugerir que los medios tienen tanto poder que hacen cambiar la visión que tiene la gente del mundo. Hace varios años estaba en un avión de regreso a casa. Me senté al lado de un hombre de negocios que se veía exitoso, inteligente y educado. Comenzamos a hablar ni bien nos abrochamos los cinturones. En nuestra conversación, él decidió hacer un comentario acerca de América Latina que no era cierto. Lo corregí acerca de algunas cosas que había dicho y estuvo en desacuerdo firmemente con mi desacuerdo. Entonces me pidió rápidamente que le explicara por qué estaba diciendo que lo que él decía no estaba bien. Le respondí con calma que no solamente había nacido en América Latina, sino que había vivido ahí la mayor parte de mi vida y había podido ser testigo del suceso histórico del cual estábamos hablando. Entonces decidí preguntarle por qué pensaba que lo que me había dicho estaba bien. Me miró a los ojos y con un aire de arrogancia me contestó: «Porque lo vi en CNN». ¿Qué? ¿Porque lo vio en CNN? Debe ser un chiste. No me levanté y me fui porque ya estábamos a diez mil metros sobre el nivel del mar. Afirmar que algo es cierto porque lo vio en CNN es un insulto al intelecto de cualquier persona. Pero «los medios se han convertido en el mensaje».

Leonard Sweet, editor de *The Church in Emerging Culture* [La iglesia en la cultura emergente: Cinco perspectivas], escribe: «Cuando la tecnología entra en nuestra conciencia, altera nuestra visión de nosotros mismos y la del mundo...»[5]

Volviendo al aforismo de McLuhan, se dice que los medios revelados correctamente tienen una influencia mayor que el contenido enviado. Neil Postman capta esa idea aun más astutamente con su versión corregida: «los medios y la metáfora». Aquí, Postman revela que los medios son declaraciones menos específicas acerca de la realidad (un mensaje), más que una insinuación discreta pero poderosa (que refuerza) y que sus definiciones especiales acerca de la realidad. En *Amusing Ourselves To Death* (*Divertirse hasta morir*), Postman escribe:

> Cada medio de comunicación... nos dirige a organizar nuestra mente e integrar nuestra experiencia del mundo, se impone en nuestra conciencia e instituciones sociales en millares de formas. A veces tiene el poder de inmiscuirse en nuestros conceptos de piedad, bondad o belleza. Y siempre se ve implicado en las formas en las que definimos y regulamos nuestras ideas acerca de la verdad.[6]

Todo lo que estamos intentando decir es que no podemos confiar en los medios como una ayuda para educar a nuestros hijos. Por favor, no me malinterprete. Los medios (la tecnología) están enseñándoles a nuestros hijos, pero no con nuestros valores y sistemas de creencia.

Estoy tan paranoico con esto que me fijo en los comentarios de las películas en varios sitios web y aun así sospecho de ellos. El otro día decidimos alquilar una película en la tienda, aunque ahora es mucho más fácil bajarla de la Internet. Pero esa noche en particular estábamos buscando *Elmo en la tierra de los gruñones*. Encontramos la película. Estoy pensando en, ¿qué puede tener de malo Elmo (de Plaza Sésamo)? La película muestra básicamente a Elmo en una aventura en la que debe encontrar su manta. En el medio de la película se encuentra en la tierra de la basura. Vanessa Williams es la reina en ese lugar. Déjeme hacer un paréntesis y decir que dos semanas antes de eso un periódico comentó la interesante noticia de que Vanessa Williams había aparecido en la revista *Playboy,* solo uno o dos meses antes de esta película de chicos. Aunque este no es mi punto principal, lo cierto es que Vanessa Williams canta para Elmo la canción «Yo veo un reino». La letra dice así:

> Escuchen porque esto es todo lo que tengo que decir
> Esto podría ser lo que te haga ir por tu propio camino
> **Solo imagina lo que es nuevo y viejo** nuevamente
> Entonces quizás entenderás
>
> Te digo
> **Mira a tu alrededor y dime que no ves**
> **Solo una pila de basura y escombros inservibles**
>
> **Veo un reino que brilla mucho**
> Puedo ver los colores que vienen, sí
> Encontrarás la belleza, si miras algo correcto
> **Todo depende de tu punto de vista**
> Y la vida depende de tu punto de vista
>
> Dondequiera que mires se puede contar una historia
> Y las historias que cuentan valen su peso en oro
> En un lugar que está cubierto de montañas de basura
> Náufragos pudriéndose y pedazos rotos de vidrio
>
> Te desafío
> Mira a tu alrededor y dime que no ves
> Solo una pila de basura y escombros inservibles

Porque veo un reino que brilla mucho
Y si intentas tú puedes verlo también, sí
Verás la belleza, si miras algo correcto
Todo depende de tu punto de vista
Y la vida depende de tu punto de vista

Veo un reino que brilla mucho
Puedo ver los colores que vienen
Encontrarás la belleza, si miras algo correcto

Todo depende de tu punto de vista
Y la vida depende de tu punto de vista

Tu punto de vista
Tu punto de vista[7]

Créame, no soy un fanático de los medios que ve demonios detrás de todas las películas. Solo me asombra ver cuán congruentes son algunas letras con la forma de pensar postmoderna. Considere especialmente las frases en negrita y en itálicas. ¿Depende realmente la vida de nuestro punto de vista? ¿Es relativo, la vida simplemente una cuestión de perspectiva? ¿Es todo relativo, según lo veamos y procesemos? ¿Y qué pasa con el punto de vista de Dios? ¿Qué acerca de lo absoluto? ¿Qué pasa con las cosas que a pesar de como las veamos, son, existen y tienen su fundamento en algo inamovible y que no se puede cambiar? Justo al escribir este capítulo estoy experimentando una «situación absoluta». Se suponía que debía viajar de Murcia a Madrid esta mañana para tomar mi vuelo de regreso a casa desde España hasta Miami. Estoy absolutamente atrapado en el hotel sin más vuelos hasta mañana porque la aerolínea excedió las reservaciones del vuelo y decidió dejar a aquellos que habíamos hecho nuestra reservación por la Internet. No estoy en África, no estoy en Rusia, no estoy en casa. Estoy atrapado en Murcia, España, hasta mañana. Eso es un absoluto. No importa cómo lo vea y cómo procese la realidad. Estoy aquí, y estaré aquí hasta mañana. La parte buena de todo eso, es que tendré más tiempo para escribir. Está garantizado que la mentira detrás de «todo depende de tu punto de vista» se aplica primeramente a situaciones morales. Pero mi punto es: la interacción de los medios con la tecnología nos afecta a nosotros y a nuestros hijos de formas que no siempre conocemos. Debemos estar alerta siempre.

> Todos ustedes son hijos de la luz y del día. No somos de la noche ni de la oscuridad. No debemos, pues, dormirnos como los demás, sino mantenernos alerta y en nuestro sano juicio. (1 Tesalonicenses 5.5-6, NVI)

> Depositen en él toda ansiedad, porque él cuida de ustedes. Practiquen el dominio propio y manténganse alerta. Su enemigo el diablo ronda como león rugiente, buscando a quién devorar. Resístanlo, manteniéndose firmes en la fe, sabiendo que sus hermanos en todo el mundo están soportando la misma clase de sufrimientos. (1 Pedro 5.7-9)

No duele mirar los medios de una forma crítica y evaluativa. ¿Qué es lo que los productores están transmitiendo a través de su programación? ¿Qué afecta a nuestros hijos y en qué manera? ¿Cuántas horas al día voy a permitir que los medios o la tecnología afecten a mis hijos? No podemos cambiar a los productores ni la programación por esos motivos, pero podemos controlar la cantidad de horas que consumimos los medios o hasta si permitimos que ellos consuman nuestro tiempo. Sé que esto va a parecer muy radical y extremista, pero no hemos tenido televisión durante diecisiete años. Cuando Wenona y yo decidimos casarnos hace diecisiete años, también decidimos que no íbamos a tener televisión en casa. No lo hicimos porque creyéramos que es mala. No creo que lo sea. Creo que cualquier medio podría ser una gran herramienta de comunicación para bien o para mal. Las tres razones principales para no tener televisión son, tiempo, comunicación y noticias. Si no tenemos televisión, tenemos más tiempo para estar juntos y para hacer otras cosas que son más importantes que solo sentarnos y hacer nada (creo que sentarse y no hacer nada también es bueno a veces). En segundo lugar, al no tener televisión hablamos más entre nosotros y con nuestros hijos. En tercer lugar, estamos obligados a obtener nuestras noticias a través de otras fuentes que nos consumen menos tiempo y están menos alteradas con influencias liberales e información limitada y seleccionada. Sí, no podemos confiar en las noticias de este país. Considere lo que me ocurrió hace muchos años. En noviembre de 1981, estaba en El Salvador en un proyecto misionero con algunos chicos de mi grupo de jóvenes. Fui testigo de una escena terrible en medio de la última ofensiva terrorista. Los guerrilleros salían de las montañas y atacaban a todo el país. Estábamos en una ciudad que se llama San Miguel. Estábamos escondidos en una casa donde podíamos ver varias intersecciones de calles. Los medios de todo el mundo habían desplegado periodistas por todo el país, pero especialmente en El Salvador (la capital) y en San Miguel. Había periodistas sacando fotografías por todos lados. Recuerdo la escena que estoy por describir porque me impactó. Más o menos a treinta metros de donde estábamos escondidos podíamos ver lo que estaba ocurriendo con algunos civiles y terroristas. Había una mujer embarazada a la que obligaron a cavar una zanja para un terrorista que la estaba apuntando con su AK-47 (una ametralladora). Las zanjas eran para protegerse o para tirar los cuerpos de las personas que estaban matando. Nunca supe qué le ocurrió a aquella mujer embarazada porque nuestro anfitrión nos llevó a otra casa donde nos quedamos durante trece días hasta que pudimos escapar de la ciudad. Para no alargar la historia, solo le cuento que unos meses más tarde me encontraba en Estados Unidos y recogí una revista de noticias de primera línea. Había un artículo acerca de la última ofensiva terrorista en contra del gobierno. El artículo básicamente condenaba los esfuerzos del presidente Reagan por ayudar al movimiento de la Contra (el grupo militar que luchó con el ejército salvadoreño por detener a la guerrilla). El artículo tenía varias imágenes de sus puntos acerca de cómo la guerrilla cooperaba con el pueblo salvadoreño y que no querían que Estados Unidos los ayudara, mucho menos la ayuda de la Contra. La imagen que me llamó la atención fue una que captó esa escena con el guerrillero y la mujer embarazada. Salvo que en la imagen el guerrillero no tenía una AK-47 (la ametralladora). La imagen había sido modificada y el terrorista tenía una pala en vez de una ametralladora. Debajo de la imagen, el artículo describía cómo trabajaban juntos los guerrilleros y los civiles. Eso no fue lo que yo vi. No, no era una escena diferente, era la misma escena porque recuerdo los alrededores y lo único que se cambió fue la AK47 por una pala. Mi reflexión acerca del tema de todos los medios y la tecnología es que no puedo confiar completamente en ellos para que me AYUDEN con la educación de mis hijos. La tecnología y los medios están comunicando muchos mensajes distintos sin contenido pero los estimamos como si tuvieran autoridad porque son los medios.

Otro concepto que vale la pena mencionar es la estructura familiar. Las familias no son como las familias que veíamos en 1950 o 1970. La estructura clásica de familia con papá y mamá creando un matrimonio saludable, ha desaparecido.

Hoy, al menos un tercio de los niños de Estados Unidos viven con familias adoptivas antes de cumplir los dieciocho años. La familia mixta se está convirtiendo más en una norma que en una aberración. Nacidas de conflictos y pérdidas, compromisos recién formados y en general transiciones dolorosas, las familias adoptivas enfrentan muchos ajustes y cambios en su estilo de vida. Afortunadamente, la mayoría de ellas logran resolver sus problemas y vivir juntas exitosamente. Pero les lleva un planeamiento cuidadoso, discusiones francas acerca de los sentimientos, actitudes positivas, respeto mutuo y paciencia.[8]

Este tema no incluye la amenaza a la tradicional definición de matrimonio entre un hombre y una mujer. Solo un par de días antes de editar este capítulo, salí de un taller en una conferencia juvenil en el que enseñé, en uno de los países de habla hispana en donde trabajamos. Después del taller, una madre con tres hijos vino y me dijo que el nuevo gobierno estaba intentando introducir un nuevo plan de estudios para todos sus hijos en la escuela primaria e incluir el valor de la tolerancia (hablaré de esto en este capítulo) y la nueva definición de la familia incluyendo un hombre con un hombre y una mujer con otra mujer. Ahora nuestros hijos viven en un mundo que está cuestionando hasta la santidad del matrimonio. Cuando crecemos en una sociedad en la que la familia está siendo atacada, sabemos que las cosas no se ven muy bien. La familia sigue siendo el fundamento de nuestras sociedades. Si tenemos familias saludables, tenemos comunidades saludables. Considere la situación de hoy con las pandillas dentro y fuera de Estados Unidos. La revista *World* publicó un artículo en la primera plana del 18 de junio de 2005. El título de la historia de la portada nos situaba geográficamente en nuestro propio barrio. El título del artículo era: «En un barrio cercano al suyo».[9] Se refería a la pandilla de los Salvatruchas o los MS13. Estimaban que esa pandilla excedía los 250.000 miembros en Guatemala, Honduras y El Salvador.[10]

Durante esa consulta invitamos a tres miembros activos de la pandilla para que dirigieran la palabra a aproximadamente setenta invitados cristianos y no cristianos que habían participado en la actividad. (Salimos a la calle escuchando las voces allí.) Muchos temas relevantes y desafiantes surgieron en esa entrevista con los miembros de la pandilla. Dos de las partes clave que llamaron mi atención fueron: Primero, la clara búsqueda que tienen acerca del significado de la vida. Representan un gran grupo de adolescentes que necesitan ayuda desesperadamente. Son seres humanos que son tratados como animales. Representan un grupo de personas al que intencionalmente Jesús trataría de ayudar. En cambio, la gente huye de ellos o los condena. El segundo aspecto que llamó mi atención fue cuán desesperados estaban por tener una estructura familiar. La falta de la figura paterna se mencionó varias veces durante nuestra entrevista. En realidad, recuerdo haber escuchado a Josh McDowell, acerca de un estudio que se hizo sobre diecisiete casos de jóvenes que mataban a otras personas. Los «expertos» que participaron en el estudio, estaban buscando elementos comunes en los diecisiete casos. Pensaron que quizás la violencia en la televisión era un elemento común. No lo fue. Pensaron que el divorcio era otro elemento común. No lo fue. Pensaron que la clase social era el elemento común. No lo fue. Luego pensaron que quizás la raza fuese ese elemento. Tampoco lo fue. Decidieron realizar el estudio una vez más. Leyeron nuevamente los diecisiete casos y se preguntaron cuál era el elemento en común de todos esos casos. El único elemento que hallaron en todos los diecisiete casos de los jóvenes que asesinaron a otras personas en Estados Unidos fue la falta de su figura paterna. Estamos hablando acerca del caso del niño de seis años que esperó a que la maestra saliera del aula, fue hacia una niña de seis años, le puso un arma en el pecho, le dijo que la odiaba y la mató. Estamos hablando de Eric y Dilan, que mataron a trece personas antes de suicidarse. Estos y muchos otros casos nos dicen que la estructura familiar está en peligro.[11]

Así que mencionamos la realidad sexual, la tecnología y la estructura familiar. Creo que es importante mencionar un aspecto más que afecta a nuestros hijos. Estoy seguro de que hemos escuchado el término postmodernidad. Muchas personas afirman que estamos viviendo en un mundo postmoderno. Si nos fuéramos de excursión para entender cómo hemos llegado aquí, deberíamos empezar por una catedral católica, cualquiera de ellas. ¿Qué es lo primero que se ve en una catedral católica? Una de las primeras cosas que vemos al entrar es el altar. Donde sea que aparezca el concepto de Dios o cualquier cosa relacionada con Él, siempre está por encima del nivel de nuestros ojos. Las esculturas siempre están por encima del nivel de nuestros ojos. En otras palabras, lo divino tiene una posición prominente. Aun algunas de las fabulosas pinturas en las paredes están hechas en estilos con cierto realismo que reflejan lo divino siempre por encima. Durante la era premoderna, Dios siempre estaba por encima de los hombres. Dios, como ser divino, ocupaba un lugar prominente por encima de los hombres. Seguimos en nuestra excursión, pero esta vez iremos a una fábrica. La fábrica ilustrará la era moderna. Aquí se verán todo tipo de máquinas y computadoras. La mayoría de ellas las controlan los hombres. Dios no es tan importante porque el hombre es autosuficiente. Esa revolución tecnológica nos quitó nuestra dependencia de lo divino, y puso al hombre como la figura central de la historia. Nuestra excursión nos lleva ahora a un recinto universitario. Básicamente la combinación de ideas, conceptos y opiniones ha dejado a Dios completamente fuera de nuestras vidas, básicamente Dios no existe o ha sido reducido a opiniones personales. Considere las siguientes frases tomadas de entrevistas en los recintos de las universidades cristianas y no cristianas.[12]

«No existe ninguna verdad absoluta porque todos somos diferentes».

«El árbol puede ser dios. Dios es todo lo que uno piensa que es».

«Yo no creo en Dios. Dios es un concepto para los débiles».

«¿Quién necesita a Dios si nos tenemos a nosotros mismos?»

«El hecho de que me criaran como cristiano no significa que todos los demás estén equivocados con sus creencias».

Una de las características clave de la sociedad postmoderna es que descarta la idea de la verdad absoluta. La verdad se convierte solamente en diferencias de opiniones. Consideremos que hace veinte años se descubrió la verdad. En otras palabras un científico estudiaba el agua y descubrió la composición química H_2O. Como el científico descubrió la verdad, se la mostró al mundo. Hoy, la cultura postmoderna enseña que nosotros creamos la verdad. En las universidades de todos lados, se les enseña a los chicos que tienen su propia verdad, sus padres tienen su propia verdad, por lo que no existe ninguna verdad absoluta. No recuerdo dónde escuché eso, pero me sigue asombrando. Considere veinte años atrás cuando escuchábamos que un ministro cristiano dejaba a su mujer por otra. Nos sentaríamos en la iglesia y pensaríamos que ese cristiano no aplicó la verdad a su vida. La gente joven ve hoy esa misma situación y dice que la verdad no funciona. Veinte años atrás, culpábamos a la persona, la gente joven de hoy culpa a la verdad.

¿Recuerda usted el peor robo de la historia? Ocurrió un viernes por la noche. Los ladrones pudieron desactivar los sistemas de alarma de las puertas, ventanas y techo. Ingresaron a la sala de computación y se fueron luego de unas horas. Al día siguiente, cuando llegó la policía, se dieron cuenta de que el peor robo que ocurrió en la historia, había ocurrido la noche anterior. Lo interesante es que los ladrones no se llevaron ningún objeto. ¿Cómo podría ser el peor robo si no se llevaron nada? Aunque no se llevaron objetos, se las rebuscaron para ingresar a la base de datos de la computadora y cambiaron todos los precios de los objetos del museo. El precioso Monet que estaba valuado en veinte millones de dólares ahora valía un dólar, la increíble escultura de un artista anónimo que estaba valuada en cincuenta millones de dólares ahora valía cinco centavos. ¿Puede imaginarse la pérdida? Cambiar el verdadero valor de las cosas es devastador. La cultura postmoderna se ha llevado el gran valor de la verdad. Hace un par de años, tuve una conversación con un joven que quería salir con una de las chicas de mi grupo de jóvenes. Cuando le pregunté cuán importante era para él hablar con la verdad en todo momento, me respondió: «No creo que sea necesario decir la verdad en todo momento. Se la dije a mi antigua novia y me dejó. No pasaré por esa situación dolorosa de nuevo. Quizás la ignorancia sea algo bueno. Le digo lo que ella quiere escuchar. Aparte, ella tiene su propia opinión acerca de la verdad. No hay necesidad de tener una discusión sobre algo tan subjetivo como la verdad». ¡Me quedé sorprendido! ¿Quién no?

Esta devaluación de la verdad es devastadora y acarrea varias consecuencias graves sobre aquellos a quienes nos gustaría influir a la nueva generación con la verdad de Dios. Considere la siguiente realidad. Una de las grandes diferencias entre criar hijos hoy y criar hijos hace veinte años es que hace veinte años teníamos solo un choque generacional entre los hijos y sus padres. Hoy tenemos un choque generacional descrito por muchos expertos familiares. El choque generacional significaba que la mayor diferencia entre los padres y los hijos era la de la edad. En otras palabras, digamos que usted tiene treinta y ocho años, y su hijo tiene diez. Hace veinte años esa era la única diferencia, veinte años de diferencia.

Hoy, una de las implicaciones de la diferencia cultural es que hablamos el mismo idioma con nuestros hijos, pero ellos entienden las palabras de otra manera. Permítame que le dé un ejemplo. No hace mucho, estaba caminando por una biblioteca en una de las universidades en las que enseño. Uno de los estudiantes estaba mirando pornografía en una de las computadoras. Como profesor universitario, se supone que debo asegurarme de que las computadoras de la biblioteca se usen para el bien de los estudiantes y no para destruir la vida de ellos. Caminé hacia el alumno y le pregunté si sabía que la pornografía podría destruir su vida. Me miró de arriba abajo y supuso que yo era otro estudiante (tenía puesta una camisa casual y unos jeans, no lo culpo). Me miró a los ojos y me dijo: «Vivo en un país libre, puedo hacer lo que quiera, cuando quiera y como quiera». ¿A qué le llama lo que quiera, cuando quiera y como quiera? Va directo al caos y a la destrucción. Pero ese chico que vive en la cultura postmoderna ha aceptado la nueva definición de la libertad. Hacer lo que quiera, cuando quiera y como quiera. ¿Cómo llegamos a este punto? La Escritura nos enseña que la verdad nos trae libertad. Pero ¿qué es la libertad? La libertad es SABER QUÉ ES LO CORRECTO Y TENER LA HABILIDAD DE HACERLO. ¿No es esto lo que hizo Cristo por nosotros? Aunque fuimos esclavos del pecado, Cristo nos salvó. En otras palabras, aunque solo obedecíamos al pecado y éramos esclavos de este, Cristo vino y no solo nos dio la habilidad de distinguir lo bueno de lo malo, sino que nos dio el poder a través de Su Espíritu Santo para hacer lo correcto.

> Mientras aún hablaba, muchos creyeron en él. Jesús se dirigió entonces a los judíos que habían creído en él, y les dijo: —Si se mantienen fieles a mis enseñanzas, serán realmente mis discípulos; *y conocerán la verdad, y la verdad los hará libres.* (Juan 8.30-32, NVI)

> Pero gracias a Dios que, aunque antes eran esclavos del pecado, ya se han sometido de corazón a la enseñanza que les fue transmitida. En efecto, habiendo sido liberados del pecado, ahora son ustedes esclavos de la justicia. (Romanos 6.17-18, NVI)

Pedro menciona la realidad de mi encuentro con el estudiante de la universidad en 1 Pedro 2.15-17 (NVI):

> Porque esta es la voluntad de Dios: que, practicando el bien, hagan callar la ignorancia de los insensatos. Eso es actuar como personas libres que no se valen de su libertad para disimular la maldad, sino que viven como siervos de Dios. Den a todos el debido respeto: amen a los hermanos, teman a Dios...

¿Puede imaginarse a las nuevas generaciones creyendo en la mentira tras la nueva definición de libertad? Debemos agradecer a Hollywood por ayudarnos a redefinir palabras como libertad. Hace varios años, los hermanos Wachowski aparecieron con la trilogía de *Matrix*. Si se acuerda, la primera *Matrix* se trataba de ese hombre que estaba intentando liberar al mundo de un virus. Al final de la película nos revela «cuál era el problema real». La transcripción de la última escena con Neo en la cabina telefónica dice algo así:

> Cómo sé que estás ahí. Lo puedo sentir ahora. Sé que tienes temor. Nos temes a nosotros. Le tienes temor al cambio. No conozco el futuro. No vine aquí para contarte cómo terminará esto. He venido a contarte cómo comenzará. Voy a colgar este teléfono y les voy a mostrar a estas personas lo que no quieres que vean. *Les mostraré un mundo sin ti, un mundo sin reglas ni control, sin bordes ni fronteras, un mundo donde todo es posible.* A dónde vamos desde allí, es una elección que les dejo a ustedes.

¿Es realmente así? ¿Puede imaginarse un mundo sin reglas ni control? ¿Un mundo sin fronteras ni bordes? Pero, por supuesto, esto está siendo utilizado en el contexto de la ganancia personal y la moralidad.

Si se fija en la escena, el momento en que cuelga el teléfono y sale de la cabina telefónica, lo primero que se ve es un semáforo (una frontera, un control). La gente ya maneja como si no hubiera límites ni reglas. Imagínese si estuviéramos «libres» de todas esas fronteras.

Ahora bien, ¿es sensato cuando le dice a su hijo de trece años que no escuche esa música que su respuesta sea: «Vivo en un país libre… Puedo hacer lo que quiera»? INCORRECTO. ¿O cuando le dice a su hija de dieciocho años que no debería irse a vivir con su novio y ella le contesta: «Soy adulta y vivo en un país libre… puedo hacer lo que yo quiera»? INCORRECTO NUEVAMENTE.

Considere otra palabra importante que ha cambiado la definición. ¿Cuándo fue la última vez que estaba viendo televisión y escuchó la palabra inmoralidad o inmoral? Por favor, trate de recordar sin contar las veces que lo vio en una transmisión cristiana. Creo que estaré en lo correcto si me animo a decir que ni siquiera recordamos cuándo fue la última vez. La razón principal es que no lo llamamos inmoralidad. Ahora lo llamamos «estilos de vida alternativos». Considere la decisión de la joven que decide irse a vivir con su novio. La siguiente transcripción es de una conversación real con una joven que había sido golpeada varias veces por su novio, pero que todavía estaba empacando sus valijas para irse a vivir con él.

> No me gusta empacar, esta camiseta es de mi novio. Me gusta dormir con ella. Mis padres no están de acuerdo con mi decisión de irme a vivir con él. Yo tampoco apruebo la relación de ellos. Solo porque estén casados no significa que se amen. Mi madre y su nuevo marido pelean todo el tiempo. Después de todo, tendré dieciocho años la semana que viene. Aun cuando las cosas no están muy claras, sé que nos amamos. Nadie decidirá por mí.

Seis meses después, la joven regresó y se sentó en nuestra oficina con dos notas. Una era del doctor y la otra de su novio. Le pregunté si podía leer la nota del doctor. Decía que estaba embarazada. Le pregunté si eso era verdad y me dijo: «Algo así». ¿Puede alguien explicar «algo así» de embarazada? O está embarazada o no, pero «algo así» no existe. Luego le pedí la nota de su novio. Leía: «Querida… bla, bla, bla… ¿cómo sabes que ese hijo es mío?» En mi programa de radio nocturno del miércoles que se llama «Al punto» y que se transmite por red satelital de CVC para el mundo de habla hispana, Estados Unidos y Europa, llamamos a esa clase de personas parásitos sociales y amebas antropológicas. ¿Cómo pudo? Me miró a los ojos con lágrimas en los suyos y dijo: «¿Cómo pudo Dios hacerme esto?» ¿Qué? Pensé que no la había escuchado bien. Le pedí que repitiera lo que había dicho. Me miró a los ojos y me dijo: «¿Cómo pudo Dios hacerme esto?» Durante seis meses antes de su decisión de irse a vivir con ese parásito social le dijimos que se alejara de ese muchacho. Durante los seis meses que vivió con esa ameba antropológica le dijimos que se alejara de él. Nunca vimos un ángel que le dijera que era un buen chico. Ella aclaró su garganta y dijo: «Pensé que lo amaba y que él me amaba. Me sentí bien con eso». ¡Uao! ¿Se sentía bien con eso? ¿Desde cuándo los sentimientos determinan lo que es correcto?

Hace un par de años visité una iglesia prominente y decidí hacer una encuesta a su gran grupo de jóvenes, uno que muchos considerarían exitoso por la cantidad de chicos que participaban en el culto. El propósito de la encuesta era determinar cuántos tomaban decisiones basados en sus sentimientos, creencias o convicciones. ¡Los resultados fueron sorprendentes! El setenta y cinco por ciento de esos chicos tomaba decisiones sobre la base de sus sentimientos. En otras palabras el setenta y cinco por ciento de esos jóvenes cristianos dirían: «Yo siento que Dios me está diciendo». El veinte por ciento tomaba decisiones de acuerdo a sus creencias. En otras palabras dirían: «Yo creo» que Dios me está diciendo. Solo el cinco por ciento haría decisiones basadas en sus convicciones. En otras palabras ellos dirían «YO SÉ» que Dios me está diciendo. Teniendo en cuenta lo que dice Hebreos 11.1, solo el cinco por ciento de esos chicos está haciendo lo correcto.

¿Se acuerda de Pinocho? Era un muñeco hecho de madera. Tenía un amigo llamado Pepe Grillo. En una noche mágica de estrellas, un hada azul le da vida a Pinocho, la amada marioneta de Geppetto, comenzando así una fantástica aventura que demostraría el valor, la lealtad y la honestidad de la marioneta, virtudes que tuvo que aprender para convertirse en un niño de verdad. Más allá de las advertencias de su sabio amigo, Pepe Grillo, Pinocho se enreda en un gracioso aprieto y en otro guiado por su valiente búsqueda por salvar a Geppetto, ¡que está atrapado en la ballena Monstruo! ¿Recuerda el papel de Pepe Grillo? Pepe era la conciencia de Pinocho. Como Pinocho estaba hecho de madera, no tenía ni conciencia ni corazón y cada vez que Pinocho se metía en problemas, Pepe (su conciencia) lo guiaba. Cuando Pinocho decidió no escuchar a Pepe terminó como un animal. ¿Cuándo fue la última vez que escuchó acerca de otro personaje animado que tuviera el rol de conciencia? Hace muchos años matamos a Pepe Grillo. Hoy, la mayoría de las películas tienen frases como «Escucha a tu corazón». ¿Cómo podemos escuchar seemejante mensaje a la luz de pasajes como el de Jeremías 17.9-10 (NVI)?:

> Nada hay nada tan engañoso como el corazón. No tiene remedio. ¿Quién puede comprenderlo? Yo, el Señor, sondeo el corazón y examino los pensamientos, para darle a cada uno según sus acciones y según el fruto de sus obras.

Existen aproximadamente solo veintiocho centímetros entre el corazón y la conciencia, pero qué diferentes son a la hora de tomar decisiones. El doctor Darrell Franken afirma:

> La conciencia es el juicio propio de una persona. Juzga entre lo bueno y lo malo de uno mismo, de acuerdo con lo que uno cree. Ayuda a la persona a corregir su comportamiento. Ayuda a motivar a una persona a hacer mejores cosas. La conciencia ayuda a la persona a regular su propio comportamiento a la luz de su propia experiencia, aprendizaje, creencia o pasiones interiores. La conciencia juzga nuestros pensamientos y acciones, guiándonos a través de lo que nos han enseñado que es correcto o incorrecto. Eso significa, que la conciencia hace que la persona se mantenga lejos de los problemas. La conciencia provoca a la psique interna con sentimientos de vergüenza, ansiedad, lástima o culpa cuando somos influenciados por ésta. Cuando la conciencia de una persona siente que esta está actuando de acuerdo a los objetivos de la persona, entonces envía señales de felicidad. La señal de vergüenza, ansiedad o culpa mantiene a la persona en línea con el sistema de valor interno de cada uno. La conciencia opera con intensidades variables teniendo en cuenta distintos temas. La conciencia se siente limpia (nuestra recompensa) cuando somos obedientes a nuestro mayor potencial humano. Si una persona es movida pasionalmente a su potencial óptimo,

esa persona necesita poder escuchar e interpretar los mensajes de una conciencia impulsada ética y racionalmente.[13]

A nuestro entender, el corazón lleva nuestras emociones. Todos sabemos que nuestras emociones no son estables. Brienne Murk formula la siguiente declaración acerca de las relaciones y las emociones.

> Dése cuenta de que no se puede confiar en las emociones. Sepa que no son lo suficientemente estables para edificar una relación sobre ellas: cambian constantemente con las circunstancias, y pueden engañarlo. Entienda que solo porque una relación se sienta bien, no significa que está bien para usted. Reconozca que cuando usted está afianzado en sus emociones, muchas veces no puede pensar con claridad ni evaluar sus motivos ni los de la persona con la que esté saliendo. No permita que sus emociones le distraigan, porque no puede pensar en sus relaciones sobre la base de ellas, ni discernir la guía de Dios con respecto a ellas.
>
> Espere que sus emociones le lleven por las vueltas descabelladas de una montaña rusa si no las tiene bajo control. Percátese de que el que controla sus emociones, también lo controla a usted. Guarde sus emociones bajo llave ante las personas que no merecen recibirlas, para que no sean mal manipuladas ni causen dolor. Mantenga sus emociones aseguradas hasta que llegue la persona correcta, hasta que la persona con la que debe casarse aparezca. Entonces puede liberarlas con alegría en una relación apasionada y comprometida como Dios quiere.

Lo triste es que he escuchado a padres que les dicen a sus hijos que escuchen a su corazón a la hora de tomar decisiones. He escuchado a músicos decir cosas como: «Cuando estén confundidos, escuchen a su corazón». En efecto, hace algunos años un músico en particular comenzó a vender muchos discos compactos y comenzó a viajar por todas partes. El problema era que estaba cantando cosas como la que mencioné arriba al mismo tiempo que crecía su popularidad. Solo digamos que tenía una linda voz, y punto. Terminamos juntos en un evento. Antes de continuar, usted debe entender que yo ya estaba frustrado con esa persona en particular porque llenaba estadios con chicos y entonces yo tenía que ir a ayudar a los chicos que él había confundido con sus canciones en cuanto a escuchar al corazón. En una actividad, en particular, nos cruzamos cuando bajó del escenario mientras yo me estaba alistando para subir. En el ínterin tuvimos un par de segundos, así que decidí preguntarle acerca de esa canción en particular. Me presenté y enseguida me dijo que no se podía sacar fotografías conmigo en ese momento… (momento extraño), que quizás después podría. Le dije que no me quería sacar una fotografía sino que quería preguntarle algo acerca de una de sus canciones. Se detuvo y me escuchó mientras miraba alrededor para ver quién lo estaba esperando para tomarle fotografías. Le hice referencia a esa canción en particular en la que dice: «Cuando estés confundido escucha a tu corazón». Me preguntó si era músico. Le dije que no. Entonces me miró a los ojos y me dijo: «Entonces, ¿quién te dio el derecho de cuestionar mis canciones…?» No hace falta decir que la conversación terminó ahí. Corrió para sacarse fotografías con la gente que lo admiraba. No quería estar rodeado de personas que le cuestionaran el contenido de su música. Déjeme decirle solamente, que en esta situación no pude desconectar a la persona del contenido de su mensaje. ¿Qué quiero decir con esto? En muchas situaciones he dicho en mi controvertido y polémico programa de radio, que el programa requiere una habilidad especial de parte de mis oyentes. Muchas veces he dicho: «Por favor, sean lo suficientemente maduros para separar el contenido del estilo». Lo que estoy intentando es motivar a mis oyentes a que reflexionen en el contenido del programa aunque no les guste el estilo. Ahora, volviendo a la herejía de lo que cantaba el músico. El contenido de ese mensaje era tan malo como la actitud de la persona que lo proclamaba. Hubiera dejado el tema ahí, si el contenido del mensaje hubiera sido bueno y la persona mala. Lo triste del asunto es que su actitud reflejaba el contenido de sus canciones.

Vayamos a otra interesante definición que ha cambiado. Josh McDowell escribe en su libro *Es bueno o es malo* que lo bueno y lo malo ya no existe. Ahora se dice: «Lo que esté bien para ti». Considere la siguiente situación: A varios estudiantes universitarios, de una de las escuelas de educación más selectivas, se les plantearon recientemente las siguientes preguntas:

Suponga que se le pide enseñar un curso o una unidad de séptimo grado acerca de educación moral. Primera pregunta: Si tuviera que elegir entre uno de los dos modelos que se encuentran abajo, ¿Cuál elegiría? Segunda pregunta: ¿Estaría de acuerdo en enseñar el curso si el modelo B fuera la única opción que tiene?

A. La primera propuesta anima a los estudiantes a desarrollar sus propios valores y sus sistemas de valores. Esta propuesta depende de presentar a los estudiantes provocadores dilemas éticos y animarlos a un intercambio de opiniones así como a una discusión franca. La regla del asunto de discusión es que no hay respuestas correctas o incorrectas. Cada estudiante debe decidir por sí mismo qué está bien y qué está mal. Se desafía a los estudiantes a que no sean críticos con los valores que difieran de los propios.

B. La segunda propuesta implica el esfuerzo consciente de enseñar virtudes específicas y rasgos de carácter como la valentía, la justicia, el autocontrol, la honestidad, la responsabilidad, la caridad, obedecer a una autoridad legítima, etc. Estos conceptos se introducen y se explican, luego se ilustran con ejemplos memorables de la historia, la literatura y los acontecimientos actuales. El profesor expresa una fuerte creencia en la importancia de esas virtudes y anima a sus estudiantes a practicarlas en sus propias vidas.

¿Qué diría si le dijera que el ochenta y ocho por ciento de estos futuros profesores eligieron la primera propuesta y solo el nueve por ciento eligió la segunda? Casi la mitad de los noventa y cuatro estudiantes participantes dijeron que se negarían a utilizar el método que involucra las virtudes y los rasgos positivos.[14]

Considere estas citas para meditar:

Si al final saca todo lo bueno, lo que se diga en mi contra no sumará nada. Si al final saca lo malo, diez ángeles jurando que estaba en lo correcto, no harían la diferencia.

—PRESIDENTE ABRAHAM LINCOLN

Más vale tener poco con justicia que ganar mucho con injusticia.

—**Proverbios 16.8**

No hay nada más terrible que la ignorancia en acción.

—**Goethe**

¿Alguna vez conoció una época en la que se hablara tanto de la ética con tan poca práctica de ella?

—**Thomas Sowell**

Sea el amo de su voluntad y el esclavo de su conciencia.

—**Proverbio hasídico**

Es mejor estar más o menos bien que precisamente mal.

—**John Maynard Keynes**

Cercano andan los malos, cuando la vileza es exaltada entre los hijos de los hombres.

—**Salmo 12.8**

Mejor es lo poco del justo, que las riquezas de muchos pecadores.

—**Salmo 37.16**

Actúe de tal manera que de su principio de acción pueda hacerse una ley segura para todo el mundo.

—**Emanuel Kant**

Tener el derecho de hacer algo no significa que esté bien hacerlo.

—**G. K. Chesterton**

Esto nos lleva a otra definición que nos preocupa. Hace veinte años le hubiera pedido que me tolerara. Básicamente estaba pidiéndole que me aguantara, pero no tenía que estar de acuerdo conmigo. Hace veinte años toleraría a mis amigos no cristianos. Podía invitar a un amigo homosexual, uno testigo de Jehová y a uno mormón a mi casa. Nos podíamos sentar en mi sala de estar y podíamos mantener una conversación inteligente. Yo podía escuchar sus puntos de vista acerca de la vida. Hasta podían tomarse un tiempo para explicar sus falsas doctrinas y no hubiera tenido ningún problema en escuchar y tolerarlos, pero no tenía que estar de acuerdo con ellos. Podía aplicar la clásica frase: «Ama al pecador, odia el pecado». Hoy no se puede hacer eso. Por favor, permítame aclararle que el cambio de definición de «tolerancia» ha sido un largo proceso, pero es cierto en el setenta por ciento de las culturas en las que tuve la posibilidad de explorar el tema. Aunque es más común en Estados Unidos y en Europa porque está claro que es importante para el sistema educativo imponer los nuevos valores que incluyen la nueva definición de tolerancia. ¿Está usted preparado? La nueva definición es algo así. «Cada creencia, cada valor, cada estilo de vida es lo mismo. Mi responsabilidad no es tolerar, sino aceptar, exaltar y aplaudir sus estilos de vida».

ALGUNAS ILUSTRACIONES

Medite en lo que me ocurrió hace un par de años. Me invitaron a dar una conferencia en una de las universidades más prestigiosas de América Latina. No me invitaron ni como pastor ni como autor o presentador de radio, sino como profesor universitario. Aproximadamente setecientos cincuenta alumnos de medicina eran mi audiencia. En medio de mi conferencia dije que Jesús vivió una vida perfecta y que se ofreció voluntariamente a morir en una cruz para que nuestros pecados fuesen perdonados. No solamente murió sino que también volvió de la muerte al tercer día. Continué con mi conferencia. Al finalizar había sido planeado un tiempo de preguntas y respuestas. (Permítame decir que hace veinte años las preguntas habrían sido: «Pruébelo. Dénos los hechos científicos que prueban que Cristo se levantó de la muerte».) Aclarando su garganta, el estudiante se levantó y dijo: «¿Quién le dio el derecho de decir eso?» ¿Quién me dio el derecho de decir qué? Hice una declaración que no fue tolerada porque declaré los hechos acerca de Jesús como si fueran eso, HECHOS. Se cuestionó la osadía, la convicción fue ofensiva y el hecho fue inapropiado en ese contexto de acuerdo a algunos estudiantes.

Tome nota también de lo que ocurrió en un programa de entrevistas. La programación de la televisión está intoxicada con programas de entrevistas. Uno de esos «programas de entrevistas basura» caracterizó una conversación entre varios individuos incluyendo a un homosexual y a un pastor cristiano. Durante el programa, el presentador decidió cuestionar al pastor y no intentó detener a la audiencia que lo ridiculizaba por su visión radical acerca de la homosexualidad. Cuando se lo cuestionó acerca de su «intolerancia» (palabras propias del presentador), el pastor continuó manteniéndose firme en su punto de vista acerca de la homosexualidad. Luego, el homosexual tomó el centro del escenario y declaró: «Yo soy más cristiano que usted, porque yo lo amo sin importar la orientación sexual que usted tenga. No estoy intentando cambiarlo. No intentaré cambiarlo. Lo amo aunque usted nos odie». El pastor nunca tuvo la oportunidad de recordarle a la audiencia que había declarado al principio de su presentación que los cristianos aman a los homosexuales, pero que no están de acuerdo con su estilo de vida. Lo consideraron intolerante y loco. El homosexual se fue del programa como el verdadero héroe. Fue «tolerante y aceptaba a los otros, aunque lo odiaran». ¿Cómo es posible que alguien con convicciones cristianas pueda terminar como un individuo intolerante y arrogante? Este programa fue claramente una emisión pregrabada. ¿Existe la posibilidad de que la producción no haya incluido todo lo que dijo el pastor? Seguro, no invitaron al hombre más brillante para representar a todos los pastores. El punto no era representar al cristianismo de la manera que realmente es. El objetivo del programa era llamar a alguien tolerante y a alguien intolerante. Permítame expresarlo de esta forma. Digamos que estoy manejando en su ciudad y lo ignoro. En ese preciso momento, sin pensar, usted reacciona a mi forma de manejar y decide llamarme con un nombre. No con un nombre común. Decide decirme el peor nombre que pueda. Baja la ventana y me grita el peor insulto que me puede gritar. «Usted es tolerante». ¿Por qué sería eso un insulto? Bien, cuando consideramos la historia de Juan 8 no vemos a un Cristo tolerante (no, si tomamos en cuenta la nueva definición). Fijémonos en la historia especialmente llegando al final de la conversación antes de que ella se fuera.

> Pero Jesús se fue al monte de los Olivos. Al amanecer se presentó de nuevo en el templo. Toda la gente se le acercó, y él se sentó a enseñarles. Los maestros de la ley y los fariseos llevaron entonces a una mujer sorprendida en adulterio, y poniéndola en medio del grupo le dijeron a Jesús: —Maestro, a esta mujer se le ha sorprendido en el acto mismo de adulterio. En la ley Moisés nos ordenó apedrear a tales mujeres. ¿Tú

qué dices? Con esta pregunta le estaban tendiendo una trampa, para tener de qué acusarlo. Pero Jesús se inclinó y con el dedo comenzó a escribir en el suelo. Y como ellos lo acosaban a preguntas, Jesús se incorporó y les dijo: —Aquel de ustedes que esté libre de pecado, que tire la primera piedra. E inclinándose de nuevo, siguió escribiendo en el suelo. Al oír esto, se fueron retirando uno tras otro, comenzando por los más viejos, hasta dejar a Jesús solo con la mujer, que aún seguía allí. Entonces él se incorporó y le preguntó: —Mujer, ¿dónde están? ¿Ya nadie te condena? —Nadie, Señor. —Tampoco yo te condeno. Ahora vete, y no vuelvas a pecar. (Juan 8,1-11, NVI)

Fíjese que la habían sorprendido en adulterio (vv. 3 y 4). También es importante decir que es cierto que la ley decía que ella debía ser ejecutada. Inmediatamente luego de la acusación, con suficientes piedras como para condenar a la mujer, Jesús se inclina en el piso y comienza a escribir. No dice lo que escribió. Lo único que dice el texto es que desafió a la audiencia, especialmente a los que la acusaban con: «El que de vosotros esté sin pecado sea el primero en arrojar la piedra contra ella». La reacción fue que se fueron. Una de las preguntas que siempre me hice, es acerca del contenido de lo que escribió. Quizás fue: «¿Dónde está el hombre?» o solamente desafió al hombre que había adulterado porque andaba por ahí. Quizás era uno de esos líderes religiosos y fue por eso que los sorprendieron. Sabían dónde encontrar a la mujer con alguien. Solo quizás. Luego de que todos se fueron, el versículo dice que Jesús y la mujer estaban allí solos. Entonces Jesús le pregunta acerca de los que la acusaban y de la acusación, a lo que por supuesto ella le responde que se habían ido todos. Entonces Jesús dice: «Ni yo te condeno; VETE, Y NO PEQUES MÁS». Esta última frase antes de dejarla ir es muy importante. Si Jesús hubiera sido tolerante de acuerdo con la nueva definición, habría dicho: VETE, Y DE AHORA EN ADELANTE SIGUE HACIENDO LO QUE ESTÁS HACIENDO, NO ES GRAN COSA. Jesús podría haber dicho. NO SOY INTOLERANTE ASÍ QUE CREO QUE ESTÁ BIEN QUE SIGAS DURMIENDO CON OTROS HOMBRES. Esto no es lo que dijo Jesús. La desafió a vivir de una forma diferente. La desafió a vivir de acuerdo a la gracia que ella había recibido. La retó a cambiar de vida. Las consecuencias son grandes para nosotros hoy en día. Permítame que le sugiera que se tome algún tiempo para considerar esta realidad, mientras continuamos viviendo en una sociedad que sigue demandando tolerancia de las personas que tenemos convicciones y además siguen siendo intolerantes con nosotros.

AMOR

Hace algunos años estaba caminando en una de nuestras ciudades y vi un anuncio en una ventana que decía: «Alquilamos anillos de boda». Seguí caminando, pero aquello me impactó. ¿Alquilamos anillos de boda? Decidí ingresar a la tienda. Le pedí al dueño el pequeño libro negro, el libro que los curas y los pastores utilizan en las ceremonias. Puede encontrar todo tipo de ceremonias y lo que dicen en cada una de ellas, en caso de que se olvide lo que hay que decir en un funeral, o una boda, o un bautismo, etc. Decidí mirar la que decía «Ceremonia de matrimonio». Miré los votos. Cuando me casé hace diecisiete años, el último voto era: «Hasta que la muerte los separe». Ya no es así. La nueva versión decía: «Hasta que termine el amor». Piénselo. «¿Hasta que termine el amor?» Esto, por supuesto, a la luz del hecho de que cambiaron las definiciones del amor hace muchos años. ¿Me creería si le dijera que los contratos de alquiler eran por un mes, tres meses, un año y lo máximo cinco años? Por supuesto que la idea es que cuando ya no sienta más nada solo tiene que devolver el anillo. Hace veinte años el amor era la decisión de amarse a pesar del sentimiento. Sabíamos que el sentimiento seguiría a la decisión de hacer lo correcto, sin importar el amor, o a pesar de este. ¿Cómo podríamos amar a nuestros enemigos si esperáramos sentir algo por ellos? Y aun así Dios nos pidió que amáramos a nuestros enemigos en Mateo 5.43-48 (RV):

> Oísteis que fue dicho: Amarás a tu prójimo, y aborrecerás a tu enemigo. Pero yo os digo: Amad a vuestros enemigos, bendecid a los que os maldicen, haced bien a los que os aborrecen, y orad por los que os ultrajan y os persiguen; para que así seáis hijos de vuestro Padre que está en los cielos, que hace salir su sol sobre malos y buenos, y que hace llover sobre justos e injustos. Porque si amáis a los que os aman, ¿qué recompensa tendréis? ¿No hacen también lo mismo los publicanos? Y si saludáis a vuestros hermanos solamente, ¿qué

> hacéis de más? ¿No hacen también así los gentiles? Sed, pues, vosotros perfectos, como vuestro Padre que está en los cielos es perfecto.

Está claro que Jesús no estaba pidiendo que «sientan algo por sus enemigos». Nos pedía que actuáramos sobre la base de algo que Él ya nos había dado la capacidad de hacer. Piénselo. El fruto del Espíritu incluye muchas cosas que le pedimos a Dios que nos dé, cuando ya están en nosotros. La realidad es que no actuamos sobre la base de ellas. La oración no debería decir danos amor por los enemigos. Debería ser: «Gracias por darme el amor que necesito aplicar. Ahora dame la oportunidad de hacerlo».

> Mas el fruto del Espíritu es amor, gozo, paz, paciencia, benignidad, bondad, fe, mansedumbre, templanza; contra tales cosas no hay ley. (Gálatas 5.22-23, RV)

Esto me hace recordar la vez que Dios nos llamó para servir a un grupo de personas con las que nos costaba relacionarnos. Un poco tenía que ver con mi prejuicio hacia ellos y otro poco era por las diferencias imposibles de reconciliar por nuestros propios medios. Finalmente decidimos actuar sobre la base del hecho de que teníamos al Espíritu Santo en nosotros. Comenzamos a servirles y a buscar las necesidades que podíamos suplir. No pasó mucho tiempo antes de que «el sentimiento» que acompaña al amor viniera. Agradezco que no esperáramos a que llegara el sentimiento para amar. El amor no es un sentimiento. Además, considere si sentirse bien con una persona es razón suficiente como para casarse con ella. ¿Le permitiría a su hija que se case con alguien por quien tenga lindos o fuertes sentimientos? Yo no. Los sentimientos no son lo suficientemente estables como para sostenerse durante las tormentas. Hay dos pasajes que son importantes como para que los observemos. Efesios 5.27-28 nos da la definición de amor y 1 Corintios 13 describe lo que hace el amor. Cuando los combinamos nos encontramos no solamente con el significado del amor sino que también vemos una clara descripción de cómo amar a otros.

Efesios 5.28 dice: «Así también los maridos deben amar a sus mujeres como a sus mismos cuerpos. El que ama a su mujer, a sí mismo se ama» (RV).

Esto quiere decir que si un día llegara a mi casa un audaz pretendiente de mi hija, tendría que pasar una serie de exámenes muy minuciosos. Una de las primeras preguntas que me haré antes de dejarlo salir con mi hija será esta: ¿Se ama este chico a sí mismo? Porque, según el pasaje, si el chico no se ama, no puede amar a nadie más. La razón por la cual puedo amar a mi esposa es que yo me amo. Pero, ¿qué quiere decir amarse a uno mismo? Me paro delante del espejo y digo: «¡Uao!, ¡Dios realmente se pasó conmigo . . . miren qué guapo!» ¡NO! No es así. El versículo siguiente nos dice cómo amarme a mí mismo y esta es la definición de amor:

Efesios 5.29 dice: «Porque nadie aborreció jamás a su propia carne, sino que la sustenta y la cuida, como también Cristo a la iglesia» (RV).

La palabra *sino* introduce la definición de amor. Amor es sustentar y cuidar. ¿Qué quiere decir esto? Permítame explicárselo. Sustentar quiere decir: Proveer todos los nutrientes necesarios para el crecimiento integral de la persona. Cuidar quiere decir: Proteger de cualquier cosa que pueda dañar ese crecimiento integral. En palabras bien sencillas amor es: Proveer y proteger. Finalmente el cómo:

> El amor es sufrido, es benigno; el amor no tiene envidia, el amor no es jactancioso, no se envanece; no hace nada indebido, no busca lo suyo, no se irrita, no guarda rencor; no se goza de la injusticia, mas se goza de la verdad. Todo lo sufre, todo lo cree, todo lo espera, todo lo soporta. El amor nunca deja de ser. (1 Corintios 13.4-8, RV)

Entonces si entiendo que el amor es una decisión de proteger y proveer y escojo practicarlo, con los principios o la guía de 1 Corintios 13, es muy probable que el sentimiento que lo acompaña venga después, pero no antes.

Esto parece más complicado de lo que realmente es. La versión reducida de todo ello es que no podemos seguir creyendo que podemos entender a nuestros hijos porque en algún punto de nuestras vidas también fuimos adolescentes. No es posible. El mundo ha cambiado y esa es una de las razones principales por las que nos encontramos preguntándonos si las consecuencias serán suficientes para ayudar a nuestros hijos a tomar las decisiones correctas.

Capítulo 2

LA IDEA DE LAS CONSECUENCIAS

En historia, el resultado adicional se produce comúnmente
por las acciones humanas que están más allá de aquellas
a las que apuntan y obtienen; las que reconocen y desean
inmediatamente. Ellos satisfacen sus propios intereses; pero
se obtiene algo más de ese modo, latente en las acciones en
cuestión, aunque no están presentes en sus conciencias, y no
están incluidas en su designio.

—Georg Hegel

¿Sabe usted cómo llegamos a tomar decisiones considerando las consecuencias? Este capítulo es básicamente mi esfuerzo por buscar la respuesta a esa pregunta. La parte triste de lo que van a leer es que terminé sin encontrar la respuesta primordial que estaba buscando. Se recopiló un poco de información, pero no está toda relacionada directamente con nuestra primera preocupación con respecto a tomar decisiones y sus consecuencias. Lo bueno de este capítulo es que veremos varios intentos que ayudan a los padres a utilizar las consecuencias como herramientas para ayudar a sus hijos a aprender acerca de la vida y a ayudarlos a tomar decisiones correctas. Todos estos enfoques tienen mérito y creo que existen muchos otros que vale la pena buscar. Para los propósitos de este libro, solamente hemos incluido un par de ejemplos al azar.

Bernadette Mayek, de la Universidad de Wisconsin, preparó las estrategias que vamos a observar en la primera parte del capítulo 2. La idea de este enfoque es enseñar consecuencias naturales y lógicas en vez de castigos para cambiar la forma en la que nuestros hijos actúan.

Según Mayek las consecuencias que no son poco razonables, se podrían utilizar cuando nuestros hijos no estén respondiendo a las medidas preventivas y a la guía. De acuerdo con Mayek, las consecuencias le enseñan a un niño qué es lo que no debe hacer. Sin embargo, las consecuencias por sí solas, no pueden enseñarles los valores y habilidades que son importantes para la autoestima, la solución de problemas y para el autocontrol. Las consecuencias sin prevención son crueles; las consecuencias sin dirección, no serán efectivas.[1]

Aunque Mayek sugiere que la guía es la parte principal de una disciplina efectiva, tengo la convicción de que ver y afirmar que lo que está bien en nuestros hijos es la parte central de la disciplina efectiva. Si nos comprometemos como padres para ver lo que está bien en nuestros hijos y los incentivamos en ello, podremos guiarlos. Si solo vemos lo malo que hacen, no responderán a la guía, aunque nuestra guía sea genial. En otras palabras, si encontramos a nuestros hijos haciendo algo bien y se lo decimos, seremos más efectivos al enseñarles lo bueno y lo malo, ayudándoles a aprender cómo ser responsables de sus acciones, y enseñándoles a relacionarse positivamente con otros. Recuerdo cuando nuestro hijo Andre tenía cerca de dos años; yo volvía de la escuela y mi hermosa esposa Wenona y mi hijo Andre estaban esperándome en casa. Los besé a los dos e inmediatamente Wenona y yo comenzamos a hablar acerca de todas las cosas que Andre había hecho mal durante el día. Nos dimos vuelta y vimos que Andre estaba sentado en la esquina de nuestro pequeño departamento. Estaba con sus manos sobre sus orejas con una cara rebelde, como si quisiera comunicarnos: «No quiero escuchar nada». Ese día decidimos dejar de repetir lo malo y decidimos buscar las cosas buenas. Ese fue un punto decisivo para todos. Aprendimos que cuanto más vemos lo bueno y les decimos a nuestros hijos que nos damos cuenta de lo bueno, es cuando menos cosas malas hacen. Lo interesante es que esto nos da credibilidad para disciplinar con efectividad.

En las estrategias de Mayek encontramos las pautas para el uso de las consecuencias.

* Las consecuencias deben ocurrir cerca del momento de la mala conducta.

* Los niños deben poder distinguir el bien del mal.
* Los niños deben darse cuenta de que las experiencias desagradables son resultado del enojo de sus propios padres.
* Las consecuencias deben ser consistentes.
* Las consecuencias deben tener sentido y no ser más severas que la mala conducta.
* Responda en privado.
* No utilice las consecuencias muy seguido.

Sus estrategias también incluyen un juego de consecuencias no violentas. Cada una de estas consecuencias no violentas es una alternativa a una paliza.

* Espere el reintegro (de 6 a 18 años). Insista en que su hijo restaure a otros las pérdidas que él o ella haya causado. Ayúdele a elaborar un plan para hacerlo.
* Déle un descanso (de 3 a 12 años). El descanso es una forma de corregir el comportamiento, al colocar al hijo que se ha portado mal en un lugar tranquilo durante algunos minutos para luego hablar del problema. El descanso es un tiempo corto y aburrido lejos de las demás personas. Cuánto más chico es el niño, menor debe ser el tiempo para pensar. Una buena regla es utilizar un minuto por cada año de la edad del chico. Puede darles un tiempo para pensar cuando están haciendo mucho ruido, cuando pelean, o cuando hacen algo tan irritante que usted no puede ignorarlo. Es mejor proponer al descanso como una forma de calmar a todos los que están involucrados, no como una forma de castigar a su hijo. Nunca envíe a su hijo a un cuarto encerrado con llave, a un lugar reducido ni otro tipo de espacio atemorizante. Para más información, revise la hoja de «Tiempo afuera» (también disponible en la Web).
* Permita que las consecuencias naturales sucedan (todas las edades). Permita que su hijo experimente los resultados naturales de su mala conducta. Éstas no deberían ser perjudiciales para su hijo, sino lo suficientemente desagradables para motivarle a cambiar.

* Presente consecuencias lógicas (todas las edades). Imponga una sanción que sea razonable y lógica, proporcional a la mala conducta. El chico es «disciplinado» por la consecuencia de su acción. Si Amy deja permanentemente sus juguetes en el patio luego de que termina de jugar, póngalos en una bolsa y colóquela en un lugar donde no los pueda alcanzar en el garaje.

* Exprese una gran desilusión (todas las edades). Describa sus propios sentimientos sinceros de desilusión o preocupación acerca de la mala conducta de su hijo. Los niños quieren complacer a sus padres; su desilusión es un castigo.

* Pérdida de un privilegio o ganancia, recuperación del privilegio (de 4 a 18 años). La pérdida de un privilegio puede ser una herramienta eficaz. Por ejemplo, si un chico quiere seguir utilizando su bicicleta sin usar casco, se le puede quitar la bicicleta por un tiempo. Explique qué es lo que le está quitando y por qué, de una forma firme pero amigable. Haga un pacto con su hijo. Si hay algo que él o ella quieren hacer, busque la manera de que se pueda ganar ese privilegio corrigiendo una mala conducta.

* Castigue a su hijo (de 6 a 18 años). Si su hijo entiende que se ha comportado mal por llegar tarde a casa o viajar a un territorio prohibido, limítelo a quedarse en casa o a no salir del jardín por un tiempo razonable.

Permítame decir sencillamente que todas estas ideas son estupendas para concienciar a sus hijos de que existen consecuencias de todas sus acciones. Esto es importante para influir y educar a nuestros hijos. Pero la idea detrás de *Cuando las consecuencias no son suficientes* es precisamente eso, que «no son suficientes». No estoy sugiriendo para nada que debemos deshacernos de las estrategias o ideas que utilizan las consecuencias para ayudar a educar a nuestros hijos. Creo que todos esos esfuerzos tienen sus méritos, pero también han contribuido al apuro en el que nos encontramos con respecto a los hijos. Al final, nuestra discusión no trata acerca de los métodos del día a día ni de las estrategias que utilizamos para educar a nuestros hijos. Estoy más preocupado por las consecuencias a largo plazo de tales estrategias. Las decisiones que marcan sus vidas realmente. No se trata sencillamente de cosas tales como dejar los juguetes tirados, o no hacer la cama, o no llevar los platos a la cocina. Si el negocio de bienes raíces se conoce por enfatizar la idea de la ubicación, ubicación, ubicación, mi pensamiento con respecto a la vida es entonces decisiones, decisiones, decisiones. Echemos un vistazo a otra idea en cuanto a utilizar las consecuencias.

En uno de sus artículos en *Christianity Today* [Cristianismo Hoy], el doctor Todd Cartmell escribe:

> Si sus hijos están en la escuela primaria, a esta altura ha dado literalmente cientos de consecuencias negativas. Eso implica un montón de castigos, descansos e irse a acostar temprano. Sin mencionar dolores de cabeza. Y lo que es peor es que todavía le quedan cientos más que dar. Entonces, si está atrapado luchando con las consecuencias negativas, también debe obtener lo mejor de ellas.

El doctor Cartmell sugiere que:

> El propósito de una consecuencia negativa es enseñarle a su hijo que podría haber sido mejor elegir una opción diferente. No quiere que concluyan erróneamente pensando que se beneficiarán del comportamiento negativo. Como nos recuerda Gálatas 6.7: "Cada uno cosecha lo que siembra" (NVI). Usted quiere que su hijo aprenda que obedecer a Dios y tratar a otros con respeto, es lo que mejor funciona. Todo lo demás es una molestia.[2]

En su artículo el doctor Cartmell nos da un caso de estudio, «Cuando Johnny no quiere escucharlo» (o cualquier otra mala conducta que le parezca bien presentar), tome en cuenta que esto no fue un accidente. Fue una decisión. Johnny la tomó esperando que diera un resultado positivo.

Pero por desgracia para Johnny, «usted quiere que él aprenda que su elección negativa *nunca* traerá un resultado positivo».[3] Necesito agregar que esto es cierto si usted considera las consecuencias a largo plazo. El problema es que algunas de las consecuencias inmediatas para las malas decisiones son buenas (hablaremos más acerca de esto luego). Él continúa, en cambio, Johnny debe aprender que las malas decisiones provocan consecuencias en usted que serán: 1. Negativa, 2. Rápida, 3. Consistente. Echemos un vistazo por orden.

1. **Negativa.** Si la mala conducta de Johnny opera bien, entonces su conclusión será que fue una buena idea y esté seguro de que intentará hacerlo nuevamente. Al proveerle una redirección inmediata o una consecuencia efectiva negativa de una manera tranquila (como mandarlo a un descanso o la pérdida de un privilegio), ayuda a Johnny a darse cuenta de que su comportamiento no trajo el resultado deseado y, por el contrario, le hizo perder un privilegio valioso. El resultado final (desde el punto de vista de Johnny): malo.

2. **Rápida.** Esta es un área en la que todos podemos mejorar. Si el comportamiento de Johnny le toma mucho tiempo para que funcione, entonces inicialmente está funcionando bien. Por ejemplo, si le pide a Johnny que apague la televisión y él lo ignora por los siguientes sesenta segundos, entonces su comportamiento negativo lo benefició con un minuto adicional de televisión. Cuando le pida a Johnny que haga algo, debería esperar una respuesta en menos de cinco segundos. Si él lo ignora, repita la pregunta y espere otros cinco segundos. Si aun así Johnny todavía no responde, usted debe intervenir. Pero fíjese: solo han pasado diez segundos. Esta es una respuesta rápida. No le permite al comportamiento negativo de Johnny que le traiga un resultado positivo.

   Por un lado note que me gustaría agregar que en este caso estoy en desacuerdo con el doctor Cartmell ya que pienso fuertemente que necesitamos enseñarles a nuestros hijos que la obediencia tardía es desobediencia. Cinco o diez segundos son una demora. No es obediencia inmediata. Mi comentario es simplemente para aclarar que nuestra expectativa de respuesta de nuestros hijos debería ser más exigente que cinco o diez segundos. La respuesta inmediata es mejor. Piense conmigo por un segundo. Como latino me gustaría sugerir que todos deberíamos estar contentos con que Jesucristo no era latino y que no llegó tarde a la cruz. ¿Puede imaginarse a Jesús si fuera latino? Todavía estaríamos esperando al Mesías. Estoy contento de que Dios, en Su soberanía, viniera como judío, a tiempo. Él no llegó ni cinco ni diez segundos tarde. Llegó a tiempo.

3. **Consistente.** Si Johnny se da cuenta de que a veces se escapa con un comportamiento negativo, puede apostar que seguirá haciéndolo. ¡Esas son mayores probabilidades de que se vaya a Las Vegas! Pero, si aprende que sus malas elecciones operan negativa, rápida y consistentemente, entonces la decisión no hay ni que pensarla. ¿Quién elige hacer algo que termina en algo malo una y otra vez? Nadie. Lea cuidadosamente: si Johnny continúa con su comportamiento deficiente, es porque todavía no piensa *realmente* que le acarreará consecuencias de manera negativa, rápida y consistente. Para algunos chicos, se necesitan varias repeticiones antes de aprender que no habrá una buena paga por un comportamiento malo. Es por eso que su respuesta en cada instancia es vitalmente importante. A Johnny lo ayudará aprender la lección correcta lo más rápido posible.

Usted no controla las decisiones de Johnny. Él puede elegir el camino correcto o el incorrecto en cualquier situación. Su trabajo consiste en ayudarlo a aprender la lección correcta al final de cada camino. El camino de tratar a los otros con respeto le traerá muchas recompensas, así como Dios quiere. El camino de desobedecer a sus padres y tratar a otros irrespetuosamente funcionará mal, rápida y concisamente. Su respuesta a la mala conducta ayudará a sus hijos a aprender que el camino de Dios es el mejor.[4]

En su artículo, «The Power of Consequences» (El poder de las consecuencias), Suzanne Woods Fisher nos cuenta acerca de una amiga suya para ilustrar otro escenario de temas interesantes que tienen que ver con las consecuencias.

> Los ojos de mi amiga Trisha se llenaron de lágrimas. Durante el verano, descubrió que su hijo de quince años, Skip, estaba bebiendo alcohol y fumando cigarrillos. Ella había intentado hablar con él, castigarle y prohibirle que saliera con cierto grupo de chicos, pero esas restricciones no estaban dando mucho resultado.

«¿Qué es lo más importante para Skip?», le pregunté. «El fútbol», me respondió sin dudarlo. Luego le hice un par de preguntas. «Skip, ¿No tiene que firmar un contrato con el entrenador de fútbol en el que diga que no tomará ni fumará ni usará drogas mientras se encuentre en el equipo de fútbol? Y ustedes como padres, ¿No tienen que firmarlo también?» Trisha asintió. «¿Qué tal si le dices que si bebe o fuma, se lo informarás al entrenador?» Trisha estaba callada. «No estoy segura de poder delatarlo», dijo. «Lo van a echar del equipo. Sé que debería hacerlo, pero no sé si podría».

Permitir que nuestros hijos experimenten las consecuencias de sus acciones es una de las decisiones más difíciles que los padres deben tomar. Pero mientras que cada padre tenga un arsenal de técnicas disciplinarias a la mano, los expertos están convencidos de que permitir que experimenten consecuencias lógicas y apropiadas para la edad, puede resolver la mayoría de los problemas disciplinarios.[5]

Estoy convencido de que esta es una de las razones por las que tomar decisiones basadas considerando las posibles consecuencias ha perdido su efectividad, ya que en vez de permitir que los chicos las enfrenten, intervenimos y a menudo intentamos hacer lo imposible para protegerlos de ellas. Recuerdo una madre que llamó de Argentina preguntándome acerca de un abogado que pudiera ayudarla con su hijo que estaba en prisión. Le pregunté por qué necesitaba un abogado y me respondió casi con una actitud de que era obvio: «Quiero que mi hijo salga de la cárcel». Le seguí preguntando la razón por la cual estaba en prisión y me dijo que él había robado una tienda y que había amenazado al empleado de la tienda con un cuchillo. ¿Sacar a su hijo de prisión sería algo bueno o malo? ¿No se supone que debe enfrentar las consecuencias de sus malas decisiones? ¿Por qué los padres intentan arreglar las cosas que sus hijos hacen mal?

«Todo lo que hacemos en la vida, tiene sus consecuencias», escribe el psiquiatra infantil Dale M. Jacobs, en *Zip Your Lips* (Element). «Si no pagamos la cuenta de la luz, nuestras luces se apagarán. Si hacemos mal un trabajo, o no nos presentamos, quizás nos despidan. Los padres necesitan permitirles a sus hijos que experimenten las consecuencias de sus decisiones con el fin de que aprendan lo que es la responsabilidad».

Para Skip, que lo echen del equipo, puede enseñarle más que las palabras de su madre o sus acciones. Skip no sólo va a aprender que sus decisiones de fumar y beber traen resultados negativos, sino que verá que sus padres están totalmente dedicados a ocuparse de él seriamente. La próxima vez que sea tentado a ir contra sus deseos, sabrá que si lo que hace, le acarreará más consecuencias negativas.

Es importante destacar que las consecuencias no son lo mismo que el castigo. Al castigar y limitar a Skip, Trisha estaba intentando corregirlo. Pero el castigo trata con fechorías pasadas, no con comportamientos futuros. Bíblicamente, la palabra castigo ni siquiera está ligada al cuidado de los hijos. La disciplina es la palabra que la Biblia adjunta al buen cuidado de los hijos; su definición es corregir el comportamiento e instruirlos para el futuro.[6]

Tiene que ver con la idea de guiar en la dirección correcta. Zig Ziglar utiliza el término «El factor ballena», cuando habla respecto de influir a las personas a hacer lo correcto. Él habla acerca de cómo tratan los entrenadores con las orcas y enfatiza el hecho de que no las castigan cuando hacen algo mal. Imagínese estar en un tanque de agua con una orca y cuando ésta hace algo mal, el entrenador golpea la orca. ¿Cree usted que sería buena idea quedarse en el tanque después de haber golpeado la orca? El entrenador utiliza una distracción o una acción alternativa para promover el buen comportamiento. Entonces supongamos que la ballena muerde la mano del entrenador e inmediatamente el entrenador golpea a la ballena en la cabeza y luego ingresa con ella al tanque. Definitivamente es mala idea. En lugar de eso, el entrenador crea una acción alternativa para la ballena tirándole una pelota lejos de él o dándole la señal para saltar o nadar lejos o cualquier cosa en vez de golpear a la ballena.

El concepto de las consecuencias lógicas también se refleja en cómo Dios nos cuida. En esencia, es un respeto por la voluntad libre del individuo, más que un intento por controlar a otra persona. El exitoso autor Philip Yancey llama a este aspecto de Dios «el milagro de la limitación». En su obra *El Jesús que nunca conocí* (Editorial Vida) escribe: «Nunca siento que Jesús nos presiona. En cambio, estableció las consecuencias de las decisiones, luego le devolvió la decisión a la otra parte». Después de la caída, la disciplina de Dios con Adán y Eva, está basada en las consecuencias de sus acciones.

Jay Kesler, autor de *Un mundo emocionalmente saludable* (Word), aplica este aspecto de Dios como Padre cuando escribe: «En todas las áreas de la creación de Dios debemos preparar a nuestros hijos para ser independientes, porque eso concuerda con Su plan. En un sentido, estamos llevando a cabo Su voluntad y Su intención cuando lo hacemos».

Utilizar las consecuencias con los hijos es una manera efectiva de moldear sus comportamientos. Pero se necesita pensar para que las consecuencias funcionen.

INFÓRMESE ACERCA DEL DESARROLLO DE LOS CHICOS

Para que las consecuencias signifiquen algo para sus hijos, usted necesita saber qué es lo que su hijo entiende y qué es lo que no. El especialista en educación Kin Salch declara: «Si se está sintiendo frustrado con un comportamiento no deseado, esté seguro de que sus expectativas sean apropiadas según la edad». Usted puede leer acerca del desarrollo de los chicos, observar a otros chicos, pedirles consejos a padres experimentados o encontrar a un mentor para que descubra para qué está listo su hijo. Buscar patrones en el comportamiento de su hijo. ¿Qué provoca el problema? ¿El hambre? ¿La fatiga? Resuelva el problema y quizás pueda cambiar el comportamiento.

Es importante hacer la distinción entre situaciones de comportamiento y de desarrollo. Recuerdo esos tiempos en los que necesitaba recordarme a mí mismo que cuando mi hijo tenía dos años, todo el tema de tirar los libros desde la biblioteca y tocar y tirar todo no tenía que ver con un tema de comportamiento sino con una etapa de desarrollo. Estaba atravesando un período de su vida en que tocar, tirar y agarrar era parte de su desarrollo como niño. No era un comportamiento malo. Era un tema de desarrollo natural.

ASEGÚRESE DE QUE SEA EL MOMENTO CORRECTO

Aunque pudiera parecer que debemos proteger a los chicos jóvenes de los resultados de sus errores, los expertos dicen que se pueden utilizar las consecuencias más pronto de lo que esperamos. Salch dice:

El aprendizaje del entorno comienza cuando el bebé comienza a moverse. La mamá le enseña al bebé que gatea el significado de «caliente» tocando el lavavajillas luego del proceso de secado, cuando está tibio, pero no lo suficientemente caliente como para que pueda quemar uno de sus deditos. Cuando el bebé ya esté caminando, no tocará una hornilla caliente. Es un proceso que se desarrolla mientras que el chico crece: según el comportamiento se hace evidente, así también las consecuencias.

Con niños muy pequeños y preescolares, la experimentada maestra Carol Grieb utiliza situaciones cotidianas para enseñarles a sus niños los resultados de su comportamiento. «Cuando un niño le quita algo a otro, y como resultado hay una pelea, yo digo: "¡Mira!, ¿Ves lo que ocurre cuando no le pides el juguete?"»

Cuanto más rápido le permita a su hijo experimentar consecuencias lógicas, será mejor para todos. Una niña de tres años insistía en ir a la iglesia con su pijama, Gail decidió permitírselo. «He escuchado acerca de la necesidad de un niño de tres años de imponer su independencia, entonces pensé, ¿Por qué no? Si es tan importante para ella, puedo tragarme mi orgullo por un domingo». Al pasar una semana, la hija de Gail decidió que, después de todo, no era tan divertido ir a la iglesia con pijama. Las decisiones son poderosas.

ESTABLEZCA EXPECTATIVAS CLARAS

Para que los chicos aprendan de sus consecuencias, los padres deben asegurarse de que sepan cuáles son los comportamientos aceptables y cuál el resultado si se portan mal. Provea expectativas simples y directas para que hasta un niño muy pequeño pueda entenderlas. Siempre tenga presente que lo que es claro para usted puede no serlo para sus hijos. No deje ninguna duda en sus mentes acerca de cómo reaccionará, dice Suzanne Woods.

Los padres deberían pensar anticipadamente, en las consecuencias para los comportamientos de los pequeños, para que estén preparados con la respuesta adecuada cuando la necesiten. Ello evita conflictos con sus hijos en los que terminan dándoles miles de opciones. Los padres pueden decir: «Patrick, necesito que recojas tus juguetes antes de la cena. Puedes hacerlo ahora o después de que termines tu juego. Si no los recogiste antes de cenar, entonces estarán guardados durante algunos días. Tú decides». Los hijos obtienen lo que quieren luego de completar sus responsabilidades. «Sí, puedes mirar la televisión una vez que hayas terminado tu tarea». «Puedes utilizar tu teléfono una vez que hayas limpiado tu habitación». Las obligaciones son primero.

ESTABLEZCA CONEXIONES LÓGICAS

La idea detrás de las consecuencias lógicas es que la consecuencia es clara, un resultado natural del comportamiento. En la mayoría de los casos, no tendrá que trabajar demasiado para descubrir las consecuencias lógicas del comportamiento de su hijo.

Una niña de ocho años que conozco, comenzó a sorprender a su mamá, Sandra, con una nueva debilidad adquirida: «burlarse». Sandra notó un patrón de insolencia, cada vez que su hija jugaba con un amigo en particular. De una forma calma y respetuosa, Sandra le explicó que el sarcasmo y la grosería no se aceptaban en su casa. Ella dijo que su hija no iba a poder invitar a su amiguito hasta que no aprendiera a controlar su propia boca. Sandra ni prohibió ni culpó al amigo. Le dio a su hija la responsabilidad de fijarse en su actitud o de lo contrario experimentaría las consecuencias.

NO SE CONVIERTA EN EL SALVADOR

Naturalmente, los padres quieren proteger a sus hijos de la infelicidad. Pero cuando comenzamos a excusarlos de su tarea, yendo a la escuela para dejarles cosas, o pagando sus multas por velocidad, no les estamos haciendo un favor, sobre todo mientras que se están preparando para entrar en el mundo real, donde tendrán que pagar un precio más alto por sus errores.

Una madre que conozco, finalmente se dio cuenta de que iba a tener que dejar que sus hijos enfrentaran las consecuencias de sus olvidos, que tuvieran un poco de hambre o que los detuvieran por no hacer sus tareas. Cuando dejó de rescatarlos y se negó a enviarles sus almuerzos y sus tareas, ellos se volvieron más organizados y responsables. Les doy a mis hijos una «entrega de gracia» si olvidan un almuerzo o una tarea una vez cada trimestre. Quiero que se den cuenta de que los errores ocasionales están bien, y ayudarnos los unos a los otros es parte de ser una familia, pero que son lo suficientemente adultos para ocuparse de sus cosas.

HAY QUE SER FIRMES

Siempre les dijimos a nuestros hijos que si podemos confiar en ellos en las cosas pequeñas, entonces podremos confiar también en las cosas grandes. Hace algunos meses, descubrí que mi hija de siete años me había mentido. No había ninguna duda de que tenía la evidencia concreta. Luego de discutir el tema con mi esposa, decidimos quitarle su tiempo en la computadora durante tres semanas. Le explicamos que la mentira era una violación de la confianza y, como resultado, no podíamos confiar en que ella utilizara la computadora, al menos todavía no.

Esta fue una experiencia dolorosa para todos, pero retener su libertad de acción fue la consecuencia correcta, y el impacto en ella ha sido poderoso. En efecto, he visto que ha madurado mucho debido a esa consecuencia. Ella sabe que predicamos con el ejemplo, y conoce nuestras expectativas con respecto a la confianza. Así lo promete Proverbios 29.17: «Corrige a tu hijo, y te dará descanso, y dará alegría a tu alma» (RV). La independencia y la responsabilidad van de la mano. No se puede dar una sin la otra.

UTILICE TAMBIÉN LAS CONSECUENCIAS POSITIVAS

Las consecuencias no siempre tienen que ser negativas. Las investigaciones han mostrado que las personas aprenden más rápido cuando se les premia su comportamiento que cuando el resultado es desagradable. Cuando mi amiga Lisa se sentía exasperada con los llantos de su hija de cinco años, utilizó las consecuencias positivas. Le dijo a Sara que si podía quedarse tres mañanas en una fila sin llorar, le iba a preparar su cena favorita. ¡Resultó! Piense qué privilegios motivan a sus hijos y utilícelos para reforzar las buenas decisiones.

Los niños nunca dejan de equivocarse, los más grandes, los más chiquitos, los revoltosos, los peligrosos, los divertidos y los que hacen daño. Ellos deben aprender que es natural equivocarse, pero que hay consecuencias que pagar. No existe ninguna fórmula para criar hijos saludables y equilibrados, pero si crecen conociendo las consecuencias de sus comportamientos, con la libertad de elegir y aprender de esas decisiones, tendrán un fundamento sólido sobre el cual pararse.[7]

Denise Witmer sugiere, en su guía para el cuidado de los adolescentes, que las consecuencias son resultado negativo o positivo de la acción de una persona. Por su naturaleza, miden nuestro comportamiento porque como seres humanos, luchamos por resultados o consecuencias positivos. Al ocuparse de disciplinar a su adolescente, existen dos tipos de consecuencias que deberá tener presentes: la natural y la lógica. Estos dos tipos pueden ser tanto positivos como negativos. Para ayudarlo a entender qué significa cada tipo, las definiré y daré un ejemplo positivo y otro negativo.

Las consecuencias naturales ocurren naturalmente, de ahí viene el nombre. No son controladas ni manipuladas por nadie. Cuando usted planta una flor en un jardín y se ocupa de ella, crece. Ese es un ejemplo positivo de las consecuencias naturales. Cuando usted pone un dedo en una toma de corriente, le da un corrientazo. Este es un ejemplo de consecuencias naturales negativas.

Las consecuencias lógicas son situaciones producidas por la persona en autoridad y están conectadas lógicamente al mal. Es lógico porque «encaja» con la ofensa. Por ejemplo, si su adolescente viola el horario de llegar a casa, el (ella) no podrá salir la noche siguiente. Si no puede comer la cena, entonces el (ella) tampoco comerá el postre. Estos son ejemplos de consecuencias lógicas negativas: Establecer un sistema de recompensas para las buenas calificaciones y darle la recompensa cuando obtenga la buena calificación es un ejemplo de una consecuencia lógica positiva. Dennis continúa diciendo que cuando los padres quieren que sus hijos aprendan de sus errores, tienen la elección de permitirles que traten con las consecuencias naturales o establecer consecuencias lógicas. Pero, ¿cómo se elige entre los dos tipos de consecuencias? ¿Cuándo es una más efectiva que la otra?

Cuando las consecuencias naturales son inmediatas, son muy efectivas. Si su adolescente toca una olla caliente, se quemará y es probable que no vuelva a hacerlo. Sin embargo, muchas veces, las consecuencias naturales no son inmediatas o son muy peligrosas para permitirlas. Correr por la calle sin mirar no siempre tiene consecuencias inmediatas. Tampoco las tiene no usar el cinturón de seguridad al conducir. Sin embargo, las dos acciones pueden producir consecuencias naturales extremas que nadie quiere. Las consecuencias naturales les proveen a los adolescentes, un método para aprender de sus propias experiencias. El padre que utiliza consecuencias naturales no amenaza, ni pelea ni cede. Por el contrario, le permite a su hijo descubrir, sin una insistencia aparente, las ventajas de respetar el orden y seguir las reglas. Los expertos anticipan que el chico que experimenta consecuencias naturales desarrollará disciplina y motivación interna. Esperan que el chico aprenderá a respetar el orden, no debido al temor de ser castigados, sino porque el chico aprende que las reglas son necesarias para vivir efectivamente. Para aprender las habilidades que lo ayudarán en su vida adulta, algunos terapeutas familiares sugieren que los pequeños necesitan descubrir que ocurre algo desagradable cuando no siguen las reglas. Las consecuencias naturales permiten que el malestar ocurra naturalmente, en vez de que sea creado por el padre para «enseñar la lección». Como explica una madre: «Cuando nuestro hijo hace algo malo, ni le pegamos ni lo regañamos, no hacemos nada. Dejamos que la situación empeore hasta que se sienta molesto y vea que la situación se ha vuelto ridícula. Finalmente él decide cambiar su propio comportamiento».

Al utilizar consecuencias naturales, los padres descubren que la naturaleza ayuda. Por ejemplo, un chico que no quiere comer, estará hambriento; uno que hace trampa, pronto no tendrá nadie con quien jugar; uno que olvida su tarea, tiene que enfrentar a la maestra. El adolescente que deja la ropa tirada en el piso, se da cuenta de que nadie la lava.

Los padres no deberían utilizar este método cuando las consecuencias son peligrosas o perjudiciales. La consecuencia natural de que un niño de tres años juegue en la calle es muy severa como para ignorarla. No es apropiado dejar que una mascota se enferme o muera porque a un chico que dijo que la iba a cuidar se le olvida.

Otra razón por la cual es importante considerar las consecuencias lógicas y naturales, es cuando éstas no llevan inmediatamente al mal comportamiento. La consecuencia natural de olvidarse siempre de hacer la tarea puede no ocurrir durante años, cuando la persona joven no puede obtener un buen trabajo. Entonces, puede no ser apropiado que los padres permitan que esas consecuencias naturales ocurran.

Cuando las consecuencias naturales no funcionan, los padres pueden idear algunas consecuencias lógicas. Las consecuencias lógicas deben ser organizadas por un adulto pero deben ser experimentadas por un chico como un resultado razonable por el mal comportamiento específico. En otras palabras, las consecuencias deben encajar con el comportamiento de un modo lógico.[8]

Entonces, las consecuencias naturales no son lo que un padre debería utilizar para enseñar a su adolescente la responsabilidad de su propia seguridad, y es deber de los padres buscar una consecuencia lógica que promueva el comportamiento deseado, por ejemplo, no correr por las calles sin mirar y usar el cinturón de seguridad.

Otra instancia en la que las consecuencias lógicas serán más efectivas que las naturales es cuando su adolescente está en la escuela secundaria. Los beneficios de las buenas calificaciones en la escuela son tan lejanos en el futuro que los adolescentes no los llegan a entender del todo. Aunque su adolescente pueda repetir lo que le dijeron: «Las buenas calificaciones te permitirán ir a una buena universidad y podrás ganar más dinero», hasta que él (ella) vea el tipo de trabajo o sueldo que puede obtener con una educación universitaria, no entenderá la diferencia. Las consecuencias lógicas, incluyendo las recompensas por las buenas calificaciones y privilegios que se les quita por obtener malas calificaciones funcionan mejor si su adolescente puede entender esto completamente.

Hay veces en las que la consecuencia natural es la mejor opción que el padre puede elegir. Un ejemplo excelente es cuando su adolescente tiene alguna cita amorosa o está haciendo amigos. Encontrar la clase de persona con la que su adolescente quiere estar y cómo quiere que lo traten será su decisión. Tener citas amorosas o salir con amigos que no son de su tipo le mostrará eso a él (ella). A menos que algún amigo lo trate mal, los padres tendrán que mantenerse callados y abstenerse de darle opiniones para permitir que ocurran las consecuencias naturales, positivas y negativas.[9]

Creo fuertemente que la curiosidad no mató al gato. Creo que lo que mató al gato fue la suposición. Las suposiciones son peligrosas y siempre nos meterán en problemas. En mi opinión, la idea de permitirles a nuestros hijos crecer con conocimiento de las consecuencias de su comportamiento, con la libertad de tomar elecciones y aprender de ellas, es un fundamento sólido para decir que es una suposición. Veremos al menos seis razones principales del porqué de esto. Las consecuencias no son lo suficientemente confiables para formar un fundamento fuerte. Son importantes, pero no son el mejor fundamento.

A estas alturas, me gustaría tocar muy brevemente el tema del consecuencialismo porque creo que tanto éste como el utilitarismo han influenciado la idea de tomar decisiones basadas en la consideración de las consecuencias. Cuando consideramos que este enfoque puede aplicarse en distintos niveles a diferentes situaciones, el más prominente ejemplo es el consecuencialismo en cuanto a la rectitud moral de los actos, que sostiene que si un hecho es moralmente correcto, esto depende solamente de las consecuencias de ese acto o de algo relacionado con el mismo, como por ejemplo, el motivo que hay detrás del acto o una regla general que requiere actos del mismo tipo.[10] Por supuesto que esto es un terrible error y una manera peligrosa de tomar decisiones. Como veremos, esta combinación del consecuencialismo con el utilitarismo ha influido el proceso de decisión de nuestras vidas hoy en día.

En los próximos capítulos trataremos más acerca de ese concepto importante y aterrador de dejar las consecuencias o resultados de lado y elegir basándose en el valor independiente de la decisión a pesar de las consecuencias.

Hay una variación en el modo de incorporar relaciones entre los valores de decisiones basadas sobre las consecuencias. Comparemos una situación en la que la mayoría de las personas son indigentes pero unas pocas afortunadas tienen cantidades extremadamente abundantes de bienes; con otra situación de personas que poseen un poco menos del total de los bienes pero en la que toda persona tiene casi la misma cantidad de bienes. La crítica igualitaria del utilitarismo clásico exponen que la segunda situación es mejor, por lo tanto más de la cantidad total del bien es lo que importa. Los utilitaristas hedonistas tradicionales, que prefieren la segunda situación, suelen intentar justificar las distribuciones igualitarias de bienes, recurriendo a un principio de utilidad marginal de disminución. Sin embargo, otros consecuencialistas incorporan un compromiso más robusto con la igualdad. En una primera instancia, Sidgwick (1907, 417)[11] respondió a las objeciones permitiendo que la distribución rompiera los vínculos con otros valores. Recientemente, algunos consecuencialistas agregaron una noción de justicia (Broome, 1991, 192-200)[12] o abandono (Fieldman 1997, 154-74)[13] a su evaluación de cuál es el mejor resultado. Estos consecuencialistas no sólo agregan valores; sino que buscan patrones. Algunos utilitaristas afirman que un acto es moralmente incorrecto sí y solo sí sus consecuencias contienen más dolor (u otras desvalorizaciones) que una alternativa, a pesar de los valores positivos.

La mayoría de los consecuencialistas afirman que la utilidad total de sus posiciones es el *criterio* o *estándar* de lo que es moralmente correcto o lo que moralmente se debería hacer. Sus teorías pretenden explicar las condiciones suficientes y necesarias para que un acto sea moralmente correcto, a pesar de si el agente puede decir por adelantado si se logran esas condiciones. Así como las leyes de la física gobiernan el vuelo de la bola de golf, pero los golfistas no necesitan calcular las fuerzas físicas mientras planean su tiro; así la utilidad total puede determinar cuáles son las decisiones moralmente correctas, aun si los agentes no necesitan calcular las utilidades mientras toman las decisiones. Si el principio de utilidad se usa como criterio del bien más que como un proceso de decisión, entonces el utilitarismo clásico no requiere que nadie conozca las consecuencias totales de nada antes de tomar una decisión. Esto, por supuesto es una influencia completa del pensamiento postmoderno que sugiere que el bien moral es «lo que funciona para ti».

Además, un criterio utilitario del bien, supone que no sería moralmente correcto utilizar el principio de utilidad como un proceso de decisión en casos en los que no maximizaría la utilidad para intentar calcular las utilidades antes de actuar. Los utilitarios sostienen regularmente que la mayoría de las personas en muchas circunstancias no deberían intentar calcular las utilidades, porque es muy probable que hagan cálculos erróneos que los guiarán a realizar acciones que reduzcan la utilidad. Hasta es posible sostener que la mayoría de los agentes normalmente deberían seguir sus intuiciones morales, porque estas intuiciones se desarrollaron para guiarnos a producir actos que maximicen la utilidad, al menos en circunstancias probables (Hare 1981, 46-47).[14] Algunos utilitarios (Sidgwick 1907, 489-90)[15] sugieren que un proceso de decisión utilitaria puede ser adoptado como una moralidad esotérica por un grupo selecto que es mejor al calcular las utilidades, pero los utilitarios pueden en cambio, sostener que nadie debería utilizar el principio como un proceso de decisión.

Si la utilidad sobre todo es el criterio de la rectitud moral, entonces parecería que nadie podría saber lo que es moralmente correcto. Si es así, el utilitarismo clásico nos lleva al escepticismo moral. Sin embargo, los utilitarios insisten en que podemos tener grandes razones para creer que ciertos actos reducen la utilidad, aunque todavía no hayamos inspeccionado o predicho cada consecuencia de esos actos. En otros casos, todavía sería difícil decir si un acto maximizará la utilidad, pero eso solamente muestra que existen límites severos en nuestro conocimiento de lo que es moralmente correcto.

Si los utilitarios quieren que su teoría permita más conocimiento moral, pueden hacer una clase de jugada distinta, desviándose de las consecuencias actuales a las esperadas. Supóngase que Alice se encuentra con un adolescente fugitivo que le pide dinero para ir a su casa. Alice lo quiere ayudar y cree razonablemente que comprarle un boleto de colectivo para ir a su casa, ayudará al fugitivo, entonces compra un boleto de colectivo y el fugitivo se sube al transporte. Desafortunadamente, el colectivo sufre un extraño accidente, y el fugitivo muere. Si las consecuencias reales son las que determinan si algo es moralmente incorrecto, entonces fue moralmente incorrecto que Alice comprara el boleto de colectivo para ese fugitivo. Los oponentes del utilitarismo clásico afirman que ese resultado es lo suficientemente absurdo para refutarlo.

Algunos utilitarios se muestran impasibles y dicen que el acto de Alice fue moralmente incorrecto, pero fue una maldad inocente porque sus motivos eran buenos, y ella no fue responsable, dado que no pudo prever que su acto iba a causar daño. Dado que esta teoría hace que las consecuencias actuales determinen la rectitud moral, se la puede llamar *consecuencialismo actual*.

Otras respuestas afirman que la rectitud moral depende de las consecuencias previstas, previsibles o probables más que de las actuales. Imagínese que Bob en realidad no prevé una consecuencia mala que haría que su acto fuera incorrecto si en realidad lo previera, pero que Bob podría haber previsto esa consecuencia mala si hubiera estado prestando atención. Quizás él no se da cuenta de la putrefacción de la hamburguesa que le da a sus hijos y que hace que ellos se enfermen. Si las consecuencias *previstas* fueran las que importan, entonces el acto de Bob no es moralmente incorrecto. Si las consecuencias *previsibles* fueran las que importan, entonces el acto de Bob es moralmente incorrecto porque las consecuencias malas fueron previsibles. Ahora consideremos a la esposa de Bob, Carol, que se da cuenta de que la carne está podrida pero no quiere ir a comprar más, entonces de todos modos se la da a sus hijos, esperando que no haga que se enfermen; pero se enferman igual. El acto de Carol es moralmente incorrecto si las consecuencias previstas o previsibles fueran las que importan, pero no sería incorrecto si las que importan fueran las consecuencias *planeadas*, ya que ella no planea hacer que sus hijos se enfermen. Finalmente, consideremos al hijo de Bob y de Carol, Don, que no sabe lo suficiente como para estar al tanto de que comer carne podrida puede hacer que las personas se enfermen. Si Don le da la carne podrida a su hermana menor, y hace que se enferme, entonces la consecuencia mala no es ni planeada, ni prevista, ni previsible por Don, pero esos resultados malos todavía son objetivamente *probables*, a diferencia del caso de Alice. Algunos filósofos niegan que la probabilidad pueda ser totalmente objetiva, pero al menos las consecuencias aquí son previsibles por otros que están más informados de lo que puede estar Don en ese momento. Para Don, darle la carne podrida a su hermana es entonces moralmente incorrecto si las consecuencias probables son las que importan, pero no moralmente incorrecto si importan las consecuencias previstas, previsibles o planeadas.

A las teorías consecuencialistas morales que se centran en las consecuencias actuales u objetivamente probables, se las describe como *consecuencialismo objetivo* (Railton 1984).[16] En contraste, a las teorías morales consecuencialistas que se enfocan en las consecuencias planeadas o previstas, se las describe normalmente como *consecuencialismo subjetivo*. Las teorías consecuencialistas morales que se centran en las consecuencias razonablemente previsibles no son subjetivas a menos que no dependan de algo que esté dentro de la mente real del sujeto, pero son subjetivas a menos que dependan en las consecuencias que este sujeto en particular podría prever si él o ella estuviera mejor informado (a) o fuera más racional. Por supuesto que esto contradice totalmente la realidad acerca del valor objetivo e independiente de algunas decisiones a pesar de la o las consecuencias. El valor está basado en la consistencia de quién es Dios (hablaré más acerca de esto más adelante).

Si los consecuencialistas definen a las consecuencias en términos de lo que es causado (a diferencia de Sosa),[17] entonces lo que los eventos futuros cuentan como consecuencias se ve afectado por la noción de causa que se utilice para definir las consecuencias. Supongamos que alguien le da un juego de cuchillos a una amiga. Imprevistamente, cuando abre el regalo, el modelo decorativo que tienen los cuchillos le recuerda algo horrible que le ocurrió cuando era chica. Este recuerdo la hace enojar tanto que se corta voluntariamente con uno de los cuchillos. Esto no habría ocurrido si la persona le hubiera dado cucharas en vez de cuchillos. ¿Puede ser que la decisión o el acto de darle los cuchillos, le causara que se lastime? La mayoría de las personas (y la ley) dirían que la causa fue su acto, no la persona que se los regaló. El punto es que cuando los actos voluntarios y las coincidencias intervienen en ciertas cadenas casuales, entonces no se ve que los resultados sean causados por los actos que vimos en la cadena de condiciones necesarias (Hart y Honoré).[18] Ahora pues, si asumimos que un acto debe ser una causa tan próxima de un daño para que este sea la consecuencia de aquél, entonces los consecuencialistas pueden afirmar que la rectitud moral de ese acto está determinada solamente por esas consecuencias próximas. Esta posición, a la que se la puede llamar *consecuencialismo próximo*, les da más facilidad a los agentes y a los observadores para justificar los juicios morales de actos porque obvian la necesidad de predecir consecuencias que no son próximas en tiempos y lugares distantes (hablaremos más acerca de la culpabilidad de esta posición en el capítulo 4).

Una de las ideas después de describir estas posiciones era evaluar cuáles han afectado el entrenamiento que estamos dándoles a nuestros hijos para tomar decisiones correctas. Más adelante, mi declaración será que ni estas posiciones son bíblicas ni vale la pena tenerlas en cuenta cuando consideremos que la persona de Dios, Su carácter y Su naturaleza son la MEJOR medida para tomar decisiones correctas sin importar las consecuencias. Voy a discutir esto más adelante. Pero primero me gustaría que veamos las razones por las cuales creo que las consecuencias no son suficientes.

CAPÍTULO 3

LA RAZÓN DE LA «CULTURA ANTICONSECUENCIAS»

Es una verdad perdurable, que no puede ser alterada jamás, que cada infracción de la ley de la naturaleza debe llevar sus consecuencias punitivas con ella. Nunca podemos ir más allá de su alcance de causa y efecto.

— THOMAS TROWARD

¿**RECUERDA** la última vez que vio una serie de televisión en la que las temporadas 4, 5 y 6 mostraban las consecuencias de todas las estupideces que habían hecho en las temporadas 1, 2 y 3? Piense en una serie de televisión como *Friends* (Amigos) y muchas otras series populares de televisión en las que nunca se presentan las consecuencias malas de las decisiones erróneas. ¿Y qué dice de las películas? Este género se inclina aun menos a mostrar las consecuencias cuando consideramos que tienen solamente un promedio de una hora y media para comunicar todo lo que quieren. Es claro que su prioridad no es enseñarles a los chicos a tomar buenas decisiones.

Una de las razones clave por la cual creo que las consecuencias no son suficientes es porque esta cultura nunca hablará acerca de las consecuencias. Nunca las presentará de una forma agradable o atractiva. Cuando se presentan las consecuencias es como acciones manipuladoras. Cosas que uno puede cambiar. Embellecen todo, salvo el resultado de las decisiones tomadas, que todos sabemos que son MALAS elecciones. Esto no sería tan malo si Marshall McLuhan hubiera estado equivocado. Pero ganó fama internacional durante los años sesenta y setenta obteniendo atención popular a la forma en la que las herramientas, especialmente las de conversación, moldeaban implícitamente a la sociedad y a la cultura. Su aforismo más citado es «los medios son el mensaje». Los medios revelados correctamente tienen una influencia mayor que el contenido que se entrega. Neil Postman capta esta idea aun más astutamente con su versión corregida de «Los medios son la metáfora». Aquí, Postman revela que los medios son menos que una declaración específica acerca de la realidad (un mensaje) y que una «Consecuencia discreta pero poderosa [que hace cumplir] sus definiciones especiales acerca de la realidad». En *Amusing Ourselves To Death* (Entreteniéndonos hasta morir), Postman escribe:

> Cada medio de comunicación... nos dirige a organizar nuestras mentes e integrar nuestra experiencia del mundo, se impone en nuestra conciencia e intuición social de miles de maneras. A veces tiene el poder de involucrarse en nuestros conceptos de piedad, bondad o belleza. Y siempre está implicado en la forma en la que definimos y regulamos nuestra idea de la verdad.[1]

Cuando una cultura acepta o promueve que las decisiones malas son buenas, la mayoría de las personas la seguirá. Es presión de grupo subversiva. No es ni presión de grupo directa ni indirecta. Es una clara manera subversiva de influir. Es mucho más fácil ir con la corriente que en contra de ella. Recuerdo que tuve una conversación con un joven adulto en algún país de América Latina. Estábamos discutiendo cómo se había involucrado con la marihuana. Él no recuerda mucho, excepto que una de sus películas favoritas incluía algunas escenas en las que chicos de su edad estaban fumando marihuana y parecía que estaba bien intentarlo ya que en la película lo mostraban como algo normal. Le pregunté si pensaba que habría probado la marihuana si no lo hubiera visto en esa película. Su respuesta fue incierta pero luego de una pausa me dijo que el hecho de que estuviera en la televisión hizo que le pareciera más aceptable y hasta algo normal.

Creo que los medios tienen el poder de influenciar varias áreas de nuestra vida, incluyendo nuestras creencias y valores, rituales y costumbres o tradiciones y muchos otros aspectos que no discutiré en este capítulo. Para los propósitos de este libro diremos que las creencias son ideas que las personas sostienen que son verdaderas; los valores son juicios acerca de lo que está bien, es importante, atractivo o placentero. Las personas que viven dentro de una misma cultura, generalmente tienden a compartir creencias y valores. Yo solía creer que las creencias y los valores guiaban nuestras acciones de todos los días así como nuestras reacciones nos guiaban a nuevas ideas. Pero luego de considerar cómo toman decisiones los chicos de hoy, veo que eso ya no es cierto. O al menos algo se malogró en el proceso de la aplicación. Podemos hablar con una jovencita de diecisiete años y preguntarle si cree que llegar virgen al matrimonio es algo bueno y nos dice que sí. Entonces podemos preguntarle también si valora la virginidad y si cree que es algo importante y dice que sí. Luego de responder positivamente a todas estas preguntas también nos dice que duerme con su novio. Ella cree algo que está basado en un valor o principio. Puede hasta decir que su sistema de valores y creencia son importantes y aun así no son lo suficientemente fuertes como para lograr que ella tome decisiones correctas.

A veces la ideología se usa para describir el sistema primordial de creencias y valores compartidos por las personas dentro de una misma cultura. Aunque el término es mayormente usado en un contexto político, la ideología puede representar cualquier serie de creencias y valores que las personas consideran que son verdaderos o importantes. También podríamos usar el concepto de visión del mundo.

Las personas aprenden acerca de su cultura de muchas formas y los medios son una parte vital de su cultura. Esto incluye muchos canales de comunicación. Este proceso incluye formatos de educación formal e informal. Los individuos también aprenden acerca de su cultura a través de un proceso de aprendizaje social, o por medio de la observación y emulación de comportamientos de otros. Los medios de comunicación son especialmente importantes en el aprendizaje social porque la representación provee modelos de conducta para lo que las personas piensan que ocurre o que debería ocurrir, en la vida cotidiana. A través de los ejemplos que proveen, los medios ayudan a definir la cultura. En los chicos jóvenes, el aprendizaje acerca de la cultura se lleva a cabo como parte de la socialización, o del proceso de aprendizaje de cómo ser un adulto participante y completo dentro de la sociedad. Los adultos aprenden acerca de las culturas que son diferentes de las cuales ellos fueron criados a través de un proceso denominado aculturación.[2]

La cultura dentro de una sociedad es dinámica y cambiante, continuamente moldeada y remoldeada a través de las acciones e interacciones de las personas. Los medios de comunicación son una gran fuerza en el proceso cultural. Son más rápidos y más penetrantes al estimular el cambio cultural que los contactos cara a cara. Los científicos sociales reconocieron la importancia de la interacción humana y la comunicación en una gran parte del siglo XX. La tendencia comenzó seriamente con una interacción simbólica, un movimiento humanista en la sociología de los años treinta que resaltó cómo puede explicarse el comportamiento humano a través de la interpretación de los símbolos y la interacción a través de los individuos. Previamente, los científicos sociales se centraban primero en modelos de respuesta-estímulo, basados en experimentos psicológicos anteriores, y utilizaban teorías estructurales-funcionales para analizar los hechos. El comportamiento humano se explicaba como el resultado de cualquier factor externo (como el poder económico o político) o fuerzas internas entre los humanos (como la herencia, el instinto o los impulsos sexuales freudianos).[3]

A estas alturas creo que sería importante que definiéramos a los medios como herramientas para transferir información, conceptos e ideas para las audiencias tanto generales como específicas. Por otro lado, las sociedades sofisticadas dependen de los medios para entregar la información.

Los medios pueden facilitar a corto, mediano y largo plazo los efectos en la audiencia. Los objetivos a corto plazo incluyen exponer a las audiencias a diferentes visiones del mundo; creando conciencia y conocimiento; cambiando los conocimientos desactualizados o incorrectos; y aumentando los recuerdos de algunos anuncios publicitarios o de anuncios de servicio público, promociones o nombres de programas. Los objetivos a mediano plazo incluyen todo lo mencionado anteriormente y también cambios de actitud, comportamiento y percepciones de las normas sociales. Finalmente, los objetivos a largo plazo incorporan todo lo antes mencionado aparte de centrarse en la reestructuración de las normas sociales percibidas, así como de mantener el cambio de comportamiento. La evidencia del logro de estos tres niveles de objetivos es útil para evaluar la efectividad de los medios de comunicación.

Los teóricos culturales reconocen que la comunicación y la cultura están entrelazadas. La mayoría de ellos rechazan el modelo de transmisión convencional de comunicación que describe a ésta como el envío mecánico de un mensaje desde una fuente a través de un canal y hacia un receptor. Como alternativa, por ejemplo, James W. Carey propuso un modelo ritualista de comunicación más enriquecido, centrado en ver cómo se juntan las personas y comparten un significado colectivo. Él define a la comunicación como el proceso por el cual se crea, se modifica y se transforma la cultura, o lo que denomina «la celebración de las creencias compartidas». En lugar de que la comunicación sea utilizada para controlar a los demás, el modelo ritualista de Carey hace hincapié en cómo la comunicación crea a la comunidad.[4]

Sin embargo, si la comunicación se ve como el proceso de intercambio de ideas o visiones, la importancia de los medios de comunicación puede entenderse en términos de su rol en la difusión de la visión del productor utilizando algún aspecto cultural común a la sociedad.[5]

Las concepciones tradicionales de las funciones de los medios, basadas en la transmisión de modelos de comunicación, sugieren que ellos operan como protectores y promotores culturales. Los medios proveen la exposición de alguna visión del mundo y así mismo para las personas, ante aspectos clave de los representantes de esa visión del mundo en particular a través de la cultura y los medios de comunicación. Éstos también pueden dar prestigio a las visiones del mundo en particular a través de la importancia y frecuencia que les imprimen, sugiriendo que algunas ideas son importantes y otras no. Este proceso puede ser explícito, así como cuando un crítico recomienda una película. Sin embargo, este proceso puede ser más implícito; los medios pueden promocionar una idea meramente dedicándole atención. Recuerde en cuán poderosos se han convertido los anuncios de las computadoras Mac. Las ventas de las computadoras Mac se han incrementado desde que esos anuncios comenzaron a aparecer. Cuanta más frecuencia tiene algo en los medios de comunicación, más atención y aprobación recibe en general. Finalmente, los medios establecen la agenda cultural de una sociedad. La metáfora del establecimiento de la agenda les dice a las personas en qué deben pensar, no necesariamente qué pensar. El resultado es que se prepara a las personas para actuar y hablar con otros acerca de las ideas en sus mentes en cualquier momento en particular. Así, los medios provocan y moldean el proceso interactivo en el que se crea la cultura. Esto es tan IMPORTANTE que las consecuencias han influenciado y continuarán haciéndolo en las elecciones presidenciales. Las personas están afectadas por los medios de una forma tremenda.

Al escribir este capítulo, estoy visitando un recinto universitario en Indiana. Justo hoy tuve la oportunidad de sentarme en una pequeña clase con nueve estudiantes. Tuvimos una conversación acerca de mi libro y en particular en cuanto a la idea de la influencia de los medios de comunicación. Sus ideas fueron tan valiosas que les pedí permiso para incluir sus nombres en mi libro. Alyssa, Tara, Austin, Queenetta, Devan, Jeremy, Tory, William y Kayla estuvieron de acuerdo en que su generación no ve las consecuencias de la misma forma en que mi generación o la de sus padres las veían. Ellos también concordaron en que los medios de comunicación tuvieron un fuerte influjo en sus decisiones y en su concepción de la visión del mundo.

La idea de que los medios regulan o controlan la cultura ha sido rechazada por varios escritores contemporáneos. Jon Katz sugiere que ellos no crean nuestra cultura, sino que meramente ofrecen una imagen de ella. Él escribe: «Los medios no presentan a nuestra cultura como inteligente o tonta, civilizada o escandalosa, pacífica o violenta. Ellos reflejan el estado de la cultura existente».[6]

Asimismo, Douglas Rushoff —que afirma que los medios representan una atmósfera de datos o de medios, que es una extensión del ecosistema planetario y sirven como terreno de cultivo para nuevas ideas en nuestra cultura—, sugirió una alternativa provocativa de control. Él utiliza la metáfora de la sociedad como una infección descontrolada. Y explica:

> Los virus mediáticos se expanden a través de la atmósfera de datos del mismo modo que los biológicos se expanden a través del cuerpo o de la comunidad. Pero en vez de viajar a lo largo de un sistema circulatorio orgánico, el virus de los medios viaja a través de las redes de la atmósfera mediática. La «proteína **Shell**» de un virus de los medios puede ser un evento, invención, tecnología, sistema de pensamiento, improvisación

musical, imagen visual, teoría científica, escándalo sexual, estilo de vestimenta o hasta un ídolo pop, mientras que pueda llamar nuestra atención. Cualquiera de esos virus **Shell** buscará los rincones y recodos receptivos en la cultura popular y se pondrá donde sea que se los pueda ver.

Una vez adheridos, los virus inyectan sus temarios más ocultos en las corrientes de datos en la forma de códigos ideológicos, no genes, sino un equivalente conceptual que ahora llamamos «memes». Como material genético real, estos memes se infiltran en nuestra forma de hacer negocios, de educarnos, de interactuar los unos con los otros y hasta en la forma en que percibimos la realidad.[7]

Por favor, considere los siguientes hallazgos acerca de los adolescentes y los medios. Estos provienen de un estudio titulado «Hallazgos clave del estudio de medios de los adolescentes (Re: Comportamiento Sexual y los medios)». Las fuentes se relacionan en las notas al final del libro.

LA DIETA SEXUAL DE LOS MEDIOS EN LOS JÓVENES ADOLESCENTES

* El once por ciento de los medios que los adolescentes tempranos utilizan (televisión, películas, revistas y música) tienen contenido sexual. Esto no incluye su dieta de la Internet.
* El cuarenta por ciento de la música que escuchan los adolescentes prematuros tiene contenido sexual. En géneros específicos, el cincuenta y siete por ciento de las últimas modas, el cuarenta y ocho por ciento de letras de Rap y el diecinueve por ciento de la música Heavy Metal se identificó como sexual.
* Existe poca evidencia de las 3 «C»: Compromiso, Contracepción y Consecuencias en las dietas de los medios de los adolescentes prematuros. Menos de la mitad del uno por ciento del contenido de los medios que los adolescentes jóvenes utilizan, contienen temas de salud sexual positiva.
* El contenido positivo poco frecuente descrito suele ser ambiguo e impreciso, refuerza los estereotipos de género tradicionales

en los que los hombres buscan el sexo y las mujeres son las responsables de la protección para no quedar embarazadas, y presenta a la pubertad como algo gracioso y la anticoncepción como vergonzosa o humillante.

HALLAZGOS TRANSVERSALES

* Los adolescentes tempranos que están expuestos a mayor contenido sexual en los medios y que perciben mayor apoyo de los medios para el comportamiento sexual adolescente, reportan mayores intenciones de participar en relaciones sexuales y más actividad sexual. Estas influencias siguen siendo significativas aun luego de los controles demográficos y otros influjos contextuales.

* Las influencias de los medios explican el trece por ciento de las variaciones en las intenciones sexuales de los adolescentes tempranos, y entre el ocho y el diez por ciento de la variable en el comportamiento sexual leve y excesivo, luego de los controles demográficos. La influencia de los padres explica el dieciocho por ciento, las influencias de la escuela explican el once por ciento y la influencia de los semejantes explica el veinte por ciento de la variable en las intenciones sexuales. La influencia de los padres explica el entre el cuatro y el nueve por ciento, las de la escuela explican el dos por ciento y la de los semejantes entre el siete y el diecisiete por ciento de la variable en el comportamiento sexual leve y excesivo.

* Incremento de las prácticas acerca del cuidado de los hijos, observando que los padres desaprueban el comportamiento sexual de los adolescentes, y menos comportamiento sexual de los semejantes, también fueron asociados con el comportamiento de disminuir la intención sexual en los adolescentes.

HALLAZGOS LONGITUDINALES

* La exposición al contenido sexual de los medios durante la adolescencia temprana acelera la actividad sexual de los ado-

lescentes blancos, doblando su riesgo de comprometerse con relaciones sexuales prematuras.

* Los adolescentes blancos en la quinta parte superior de la dieta sexual de los medios, para los jóvenes de doce a catorce años de edad, era 2,2 veces más probable que hubieran tenido relaciones sexuales que de los de catorce a dieciséis años que aquellos que estaban en la quinta parte más baja de la dieta sexual de los medios, aun después de que fuera introducido un número de otros factores relevantes, incluyendo la línea de fondo del comportamiento sexual, fueron introducidos.

* Aunque el aumento de la exposición a medios con contenido sexual fue significativamente predictivo en el comportamiento sexual de los adolescentes negros al principio, una vez que se controlaron otros factores relevantes para esta relación, no fue significativo estadísticamente.

* Entre los adolescentes en abstinencia, el incremento de la exposición al contenido sexual en los medios incluyendo los medios sexuales explícitos, y el incremento de la percepción del apoyo de los medios hacia el comportamiento sexual en adolescentes, conduce a una susceptibilidad cognitiva en aumento para iniciar en las relaciones sexuales, y en última instancia, a relaciones sexuales prematuras.

LOS MEDIOS PUEDEN SER UN EDUCADOR SEXUAL PARA LOS ADOLESCENTES

* Los medios pueden servir como «educador sexual» para los adolescentes de Estados Unidos porque otras fuentes para la información sexual a menudo son reticentes.

* El contenido sexual en los medios es omnipresente y de fácil acceso.

* Los medios proveen más modelos de adolescentes atractivos que se dedican al comportamiento sexual riesgoso.

* Las jovencitas que maduran temprano reportan mayor exposición al contenido sexual en los medios, y perciben más aceptación del sexo en los medios.[8]

En un artículo muy interesante en la página web de la Alianza Nacional, el autor pregunta: «¿Quién gobierna en América?»

No existe ningún poder mayor en el mundo de hoy que el que ejercen los manipuladores de la opinión pública en Estados Unidos. Ningún rey, ni papa de antaño, ningún general conquistador o cura de alto rango dispusieron jamás de un poder que se acerque remotamente al de los doce hombres que controlan los medios de comunicación de noticias y entretenimiento de Estados Unidos.

Su poder no es ni distante ni impersonal; alcanza a cada hogar de la nación, y funciona como quiere durante casi todas las horas. Es el poder que moldea la mente de virtualmente cada ciudadano, joven o viejo, rico o pobre, simple o sofisticado.

Los medios de comunicación forman nuestra imagen del mundo y luego nos dicen que pensemos acerca de ella. Esencialmente, todo lo que sabemos, o creemos que sabemos, acerca de los eventos que ocurren más allá de nuestro barrio o de nuestro círculo de conocidos nos llega a través de nuestro periódico diario, nuestra revista semanal de noticias, nuestra radio o nuestra televisión.

No es solo la supresión de mano dura de algunas historias de las noticias de nuestros periódicos o la propaganda evidente de la deformación de la historia en los «docudramas» de la televisión que caracterizan las técnicas para manipular la opinión de los maestros de los medios. Ellos ejercitan la sutileza y la diligencia en su manejo de las noticias y el entretenimiento que nos presentan.

Por ejemplo, la forma en la que cubren las noticias: cuáles artículos se resaltan y a cuáles se les resta importancia; la selección de las palabras del periodista, el tono de la voz y las expresiones faciales; las palabras de los titulares; la selección de las ilustraciones, todas estas cosas afectan subliminal y profundamente la manera en la que interpretamos lo que vemos u oímos.

Encima de eso, por supuesto, los columnistas y editores reducen cualquier duda que quede en nuestras mentes a simplemente lo que debemos pensar acerca de todas las cosas. Empleando técnicas psicológicas cuidadosamente desarrolladas, dirigen nuestro pensamiento y opinión para que podamos estar en sintonía con el grupo de moda, la «gente bella», el «dinero inteligente». Ellos permiten que sepamos exactamente hacia qué tipo de personas y comportamientos tienen que ir nuestras actitudes, al poner a esas personas o esos comportamientos en el contexto de un drama televisivo o de un programa de comedia y haciendo que los otros personajes de la televisión reaccionen de una forma políticamente correcta.[9]

El autor Howard Davis hace las siguientes preguntas en uno de sus artículos en la página web de *The Good News Magazine* (Las buenas noticias). ¿Está su familia siendo manipulada por los medios de comunicación? ¿Utiliza bien su familia los medios de comunicación electrónicos? ¿O permite que los medios abusen de usted? Él sigue diciendo:

> Lo crea o no, probablemente su familia está siendo abusada por un seductor manipulador al que se le da la bienvenida en su hogar.
>
> Muchas personas sin saberlo, permiten que los comerciantes, los creadores y los vendedores de programas televisivos, de películas, de música, de video y de juegos de computadora, abusen de ellas. Lo hacen cuando les permiten a esos intrusos que se entrometan en sus asuntos familiares y que exploten el lado negativo de su naturaleza humana.
>
> ¿Cuán grande es la influencia de los medios en la familia? De acuerdo con un informe del 2001 de la Academia Americana de Pediatría, el promedio de niños estadounidenses que viven en casa dedican cuarenta y dos horas semanales, el equivalente a un trabajo de tiempo completo, inmersos mirando la televisión o videos, escuchando música en la radio, casetes o discos compactos, jugando con los videojuegos o utilizando la computadora.
>
> Los investigadores asocian el ver excesivamente la televisión con la violencia, la depresión, la obesidad y los problemas mentales. Aunque muchas personas piensan que la televisión es un alivio del estrés, las investigaciones han demostrado, según los niveles corrientes que las personas la ven, que también *induce* al estrés al desalentar el ejercicio y la motivación productiva.[10]

Muchos estudios de la actualidad muestran que los adolescentes que están expuestos a mayor contenido sexual y de drogas en sus dietas mediáticas, y quienes perciben mayor apoyo de los medios para el comportamiento adolescente sexual y de drogas, indican un incremento de actividades de este tipo y mayores intenciones de participar en el mismo en un futuro próximo. Aun tras considerar las influencias de otras fuentes sociales importantes, como la familia, la religión, la escuela y los semejantes el influjo de los medios fue asociado significativamente con la actividad sexual y el uso de las drogas.

La fuerte relación entre los medios y los adolescentes puede deberse al rol de los primeros como fuente importante de socialización para los adolescentes. La adolescencia es un período de desarrollo que se caracteriza por la búsqueda intensa de información, especialmente acerca de los roles de los adultos, y dada la falta de información acerca de la sexualidad disponible fácilmente para los adolescentes, éstos pueden buscar en los propios medios la información acerca de las normas sexuales.[11]

Junto con los semejantes, los padres, las clases de salud en las escuelas, los medios como la televisión, las películas y las revistas han sido citados por los adolescentes como las mayores fuentes de información sexual.[12] Los medios pueden servir como un tipo de «máxima presión de semejantes» para los adolescentes que buscan información acerca de la vida y en particular acerca del contenido sexual en los medios de fácil acceso, y se entregan mensajes sexuales a través de modelos atractivos y conocidos. Se ha sugerido que los adolescentes reciben información sexual de los medios de comunicación y de sus semejantes. Ellos casi no se toman el tiempo de evaluar la información con otras fuentes que pueden ser más confiables (ej.: los padres). Uno de los problemas es que los padres a veces tampoco tienen información confiable.

Me gustaría aclarar que una de las preocupaciones clave es el rol que desempeña la tecnología al influenciar a las personas. No son solo los medios sino la tecnología que los medios utilizan los que alteran la forma en la que se comunican las sociedades y así es cómo se construye la cultura y cómo se afecta a las personas. La influencia más fundamental es el uso de distintas invenciones físicas para crear y distribuir visiones del mundo.

Los medios y su tecnología alteran la comunicación humana empleando distintos códigos o imágenes y sonidos en distintas combinaciones. Al mismo tiempo, cada uno utiliza distintos códigos que agregan significado a los sonidos e imágenes y así alteran la forma en la que un mensaje es interpretado por la audiencia. La comunicación oral altera la voz humana a través de mecanismos retóricos como el volumen, el tono, el ritmo y las mnemotécnicas, como la aliteración y la repetición. La comunicación visual depende de distintos códigos de exposición: color, textura, luz y perspectiva. Finalmente, la comunicación textual adquiere significado a través de la manipulación del texto, incluyendo las formas, tamaños y espacio de los caracteres, así como su posición (o distribución) en la superficie en la que aparecen.[13] Cada medio limita el tamaño total de los mensajes, y así determina el número de códigos que pueden incluirse. Por ejemplo, la cantidad de información en una página impresa se determina según el número de palabras o imágenes que pueden imprimirse legiblemente. En el caso de este libro acordamos con el editor que el libro tendría entre doscientas y doscientas cincuenta páginas. Entonces la cantidad de información está limitada a esta restricción. Cada medio sigue reglas especiales para la construcción de su mensaje. La regla convencional para un libro en las culturas occidentales sugiere que las páginas estén organizadas de izquierda a derecha, de arriba hacia abajo, con el contenido organizado por capítulos numerados. En el caso de programas de radio, una de las reglas es no utilizar mucha información repetitiva o charla. También es importante saber que cada medio dictamina rutinas que las personas siguen para acceder a los mensajes. Las estaciones de radio antiguas vieron que era conveniente producir programas en incrementos de quince minutos. Hoy, basados en ese legado, esperamos que los programas de televisión comiencen en la hora u hora y media, y organizamos nuestras vidas para mirar algunos programas en particular. De una manera similar, debido a la complejidad de imprimir y distribuir los periódicos, la mayoría de nosotros estamos acostumbrados a obtener nuestro periódico diario solo una vez al día. Sin embargo, esa rutina puede cambiar ya que los periódicos impresos se están convirtiendo en entrega electrónica a través de la computadora.

Debido a la relevancia de los medios y la comunicación para nuestro tema en cuestión, creo que es importante que miremos más detenidamente lo que decía Marshall McLuhan acerca de los medios. Se le conoce como un gurú que recibió atención popular en los años sesenta, y es el defensor más conocido del determinismo tecnológico.[14]

Sin embargo, en vez de las civilizaciones antiguas, McLuhan centró su atención en las diferencias entre las comunicaciones humanas a medida que las personas se acostumbraban más a los progamas de televisión que a los medios impresos o textuales. La cultura impresa comenzó con el advenimiento de los idiomas alfabéticos alrededor del 1100 A.C. y explotó con la invención de la prensa impresa en el siglo XV A.D.[15]

Las ideas de McLuhan pueden ser resumidas en su eslogan citado frecuentemente: «Los medios son el mensaje», que ya mencionamos algunas veces. Su tesis básica fue que el impacto de los medios está basado en la experiencia de utilizar un medio en particular, no su contenido. Las audiencias modernas pueden obtener la misma información a través de diferentes fuentes. Pero, según McLuhan, el impacto real depende si las audiencias obtienen la información mirando o escuchándola en la televisión o la radio, o leyéndola en un periódico, revista o libro.

McLuhan también diferenció entre lo que llamaba los medios calientes y los medios fríos. Los primeros son los libros, los periódicos, las revistas y las películas vistas en el teatro y estos no mantienen un equilibrio sensorial y requieren poca imaginación o participación por parte de la audiencia. En comparación, la radio y la televisión junto con los intercambios personales, las conversaciones telefónicas y los dibujos animados son los medios fríos, que tienen poca definición y así requieren que la audiencia se involucre interpretando la participación. Algunos psicólogos sugieren que la televisión y la radio son en realidad medios de poca participación porque las personas pueden prestar poca atención o hacer otras cosas mientras están mirando, pero aun así entienden la acción y obtienen el significado.[16]

Más que ningún otro teórico cultural, McLuhan expuso que los medios han alterado drásticamente la forma en la que experimentamos al mundo. Más recientemente, y en un estilo un poco menos modesto, David Altheide y Robert P. Snow han sugerido que el impacto cultural de los medios puede explicarse en la forma en que éstos han sobrepuesto a las reglas que gobiernan cómo vemos e interpretamos los asuntos sociales en general. Ellos describen estas reglas como medios lógicos, o la única manera en la que los medios presentan y transmiten información, incluyendo cómo se organiza el material, el estilo de presentación y la gramática mediática. El resultado es que vivimos en una cultura de medios en la que vemos y escuchamos todo lo que pueda aparecérsenos a través de los medios mismos.[17] No puedo exagerar la importancia y relevancia de estos conceptos como la primera razón por la cuál estamos discutiendo el tema de por qué las consecuencias no son suficientes. Si esta cultura es realmente anticonsecuencias o está suprimiéndolas intencionalmente de los medios, sabemos que eso afectará la forma en que las personas tomen sus decisiones.

Vivimos en una cultura que celebra la tecnología. Algunos exponen que la sociedad moderna es una tecnocracia, en la que aplicamos métodos científicos y tecnología para resolver los problemas en todas las áreas de nuestras vidas sin considerar las consecuencias culturales. La implacable búsqueda de mejoras tecnológicas nos lleva a la fascinación con la tecnología por su propio bien, sin importar si lo necesitamos o no. Hoy, Neil Postman expone que ya hemos cruzado la tenue línea que separa a una mera tecnocracia de un tecnopolio, donde se endiosa a la tecnología, y se le permite que extienda su influencia sobre todos los aspectos de la vida.

Con la rápida invención de las tecnologías modernas de los medios, algunos críticos se preguntan si toda ella es necesaria, o si ha aumentado la calidad de nuestras vidas. Hoy, el crítico del medio, George Gilder, hace esta observación:

> Desde la computadora personal al cable de fibra óptica, desde los satélites de comunicación al disco compacto, nuestra generación domina las herramientas de información más poderosas de toda la historia. Aun así, la cultura que hemos creado con estas máquinas es sumamente aburrida a lo sumo. ¿Por qué nuestra espléndida información tecnológica no nos informa mejor y nos da más ánimo?
>
> Esta es la pregunta más importante de la época. La amenaza más grande para la economía y la sociedad de Estados Unidos, es la crisis de nuestras instituciones culturales, la familia, la religión, la educación y el arte, que preservan y transmiten la civilización a las nuevas generaciones. Si este tejido social se sigue rompiendo, no solamente perderemos nuestro valor tecnológico y nuestra competitividad económica, sino también el sentido de la vida misma.[18]

Un moderno chico de las computadoras convertido en filósofo, Clifford Stoll, sigue la tradición de Henry Thoreau. Él rechaza la promoción exagerada generada por la industria acerca de lo que pueden hacer las nuevas tecnologías comunicacionales. En vez de dedicar tiempo a los medios, recomienda las búsquedas tradicionales, como caminatas, paseos en bicicleta y visitar amigos, familias y vecinos. Él escribe:

> Una vez, la televisión prometió traer el más fino entretenimiento a nuestros hogares. Sin embargo, encontramos un páramo cultural. Del mismo modo, sospecho que la avalancha de propaganda exagerada entregará un mundo ostentoso e inexistente en el que los aspectos importantes de la interacción humana están devaluados implacablemente.[19]

En sociedades orales donde la palabra hablada era el modo predominante de comunicación, el tiempo y el espacio eran cantidades fijas. Comunicar requería que el emisor y el receptor estuvieran situados en un mismo lugar al mismo tiempo. Era probable que las personas al comunicarse compartieran experiencias comunes, creencias y valores para poder construir significados similares del intercambio.

Marshall McLuhan sostiene que la naturaleza más abstracta, rígida y lineal de los medios impresos también afecta el sentido de lo remoto de las personas. La sociedad moderna no sería liberada de los factores como la anomia y la alienación hasta el advenimiento de la radio y luego el de la televisión.

De acuerdo con McLuhan, la difusión de los medios permitió que las personas se sintieran conectadas, primeramente gracias a la radio (y luego a la televisión) utilizaron la comunicación oral que permitía que las personas sintieran lo que les estaba ocurriendo. Esto tuvo un efecto de recuperación, recapturando la naturaleza esencial comunal de los seres humanos. McLuhan explicó:

> La radio afecta a la mayoría de las personas íntimamente, individuo a individuo, ofreciendo un mundo de comunicación secreta entre el escritor-locutor y el oyente. Este es el aspecto inmediato de la radio. Una experiencia privada. Las profundidades subliminales de la radio están cargadas con ecos que resuenan como los cuernos tribales y los tambores antiguos. Esto es inherente a la naturaleza misma de este

medio, con su poder de transformar la psique y la sociedad en un solo eco de cámara.[20]

También se conoce a McLuhan por utilizar la metáfora de un lugar global. Él sostenía que la transmisión de la radio y luego de la televisión encogió al mundo acercando a las personas más. Luego de más de quinientos años de distancia creada por la imprenta, la difusión marcó un reajuste fundamental de las relaciones humanas.[21]

El uso que McLuhan da a la aldea global suele considerarse como una consecuencia positiva de la era electrónica, pero no todos están de acuerdo. Mientras que McLuhan sostenía que los medios de transmisión unían a las almas fragmentadas, el profesor Joshua Meyerowitz sostiene que los medios electrónicos no afectan al comportamiento social a través del contenido de sus mensajes, sino reconociendo el escenario social en el que interactúan las personas. Al traer a muchas personas a un mismo «lugar», los medios electrónicos desvanecen muchos de los antiguos roles sociales distintos y alteran la «geografía situacional» de la vida social. La televisión, por ejemplo, es un medio virtualmente carente de clase que elimina las diferencias entre los ricos y los pobres en la vida real.

Según Meyerowitz, el proceso incluye socavar la ubicación de los grupos, lo que debilita las relaciones de las personas que una vez fueron fuertes y las conexiones con un «lugar» social. Él sostiene que la segregación física del pasado, en realidad funciona para crear unidad y cohesión. Sin embargo, los nuevos medios como la televisión, la radio y el teléfono homogenizan a las personas, permitiéndoles experimentar e interactuar con otros que se encuentran muy lejos de ellos. Aunque esas acciones pueden parecer atractivas, Meyerowitz apunta a un efecto imprevisto y potencialmente dañino en las personas por perder su sentido de identidad. Él sugiere que exponer constantemente a las personas a estilos de vida en los que no tienen esperanza de participar, no provee una salida. En cambio, hace que las personas se sientan aun más solas. Esto podría refutarse según el contexto en el que las personas están siendo afectadas por los medios o el tipo de comunidad en la que viven. Porque si el *status quo* está en el mejor promedio en la mayoría de la población, entonces el efecto podría ser distinto.[22]

Una ilustración contemporánea de una comunidad con *status quo* es la Internet. Howard Rheingold sostiene que la naturaleza interactiva de la comunicación mediada por las computadoras acerca a las personas del mismo modo que el lugar geográfico solía hacerlo. Él inventó el término comunidad virtual para describir a las personas que se comunican regularmente entre sí conectadas a la Internet. Los usuarios están vinculados por intereses comunes, comparten símbolos e idiomas en común, sienten una camaradería, y actúan como si fueran amigos aunque quizás nunca se hayan visto ni sea probable que se vean.

Douglas Rushoff explica este fenómeno observando que los humanos ya han conquistado el espacio geográfico; ahora los medios proveen el único espacio para que se expanda la civilización. Los medios son la última frontera que queda y han creado espacios tan reales y a simple vista abiertos como los tenía el planeta hace quinientos años.[23]

Dedicar horas eternas en los puntos de venta de los medios exacerba el sentimiento de alienación asociado con la sociedad moderna, dicen algunos críticos. La dependencia de los medios puede compararse a una separación con un muro de la conciencia donde las personas se pueden quedar a la deriva en un espacio mental. Los medios ahora proveen la simulación social primaria para algunas personas que crean relaciones parasociales, en las que conocen y se relacionan con personas que ven o escuchan en los medios como si estos conocidos de los medios fueran personas en la vida real. En efecto, algunas personas reconocen que saben mejor y se preocupan más acerca de los problemas personales de los protagonistas de las series de televisión, o sienten una afinidad mayor con un locutor, que con sus vecinos de al lado. ¡Esto es increíble! Esta es la influencia de los medios sobre usted y sobre mí. Lo fascinante es que la exposición que tienen nuestros hijos a esos medios no incluye la perspectiva correcta acerca de las consecuencias como resultado de decisiones erróneas, inmorales o inapropiadas. Por favor no me malinterprete. No tengo nada en contra de la televisión. Lo único que le estoy pidiendo es que tire el suyo por la ventana. ¡Estoy bromeando!

No todos están de acuerdo con que toda la dependencia de los medios que existe hoy es mala. Alguna evidencia sugiere que trabajar desde casa ha tenido efectos positivos porque las personas pasan menos tiempo viajando o en oficinas lejanas, y han aprovechado este nuevo tiempo para encontrarse con los vecinos e involucrarse en sus comunidades. El presidente de Microsoft, Bill Gates, sostiene que las personas que ahora se encuentran mirando varias horas la televisión, estarían mejor si reemplazaran un poco de su entretenimiento pasivo con entretenimiento interactivo y comunicación, cosas que pueden hacer con la computadora.[24] Difícilmente es un buen argumento, pero es importante que digamos que los medios no son malos en sí mismos y por supuesto que no estamos sugiriendo eso. Sólo estamos intentando evaluar su rol al influenciar nuestra habilidad de tomar buenas elecciones.

La propaganda contemporánea sigue moldeando nuestras creencias culturales y nuestros valores diciéndonos que nos vistamos a la moda, que seamos delgados y atractivos, y que hagamos lo que tengamos que hacer para ser populares. La propaganda involucra un juego implacable con las emociones que amenaza la completa noción del yo. La propaganda nos bombardea con mensajes que nos dicen que deberíamos ser alguien distinto de lo que somos. En lugar de buscar una identidad en Dios, la propaganda nos insta a que encontremos la felicidad a través de lo que compramos, dónde compramos y cómo nos ven los demás.

Una forma insidiosa de comercialización se centra en la aparición de celebridades en la sociedad moderna, personas que disfrutan del reconocimiento general en una cultura, debido a la gran visibilidad que disfrutan en los medios. Algunas celebridades son individuos privados que adquirieron fama, por una hazaña impactante. Otros, son políticos que adquieren visibilidad buscando puestos públicos. Sin embargo, la mayoría de las celebridades disfrutan un estatus especial apareciendo en los medios como artistas, actores o atletas que aparecen en los medios. Al final, todas las celebridades tienen algo que vender. Por supuesto que esto no incluye vender todas las terribles consecuencias que están enfrentando por todas sus malas decisiones. En algunos casos como en el de Martha Stewart, las consecuencias se ven como algo BUENO aunque todos saben que hay otras consecuencias presentes, pero se comunica solo las que pueden ser ensalzadas.

Las celebridades son mercancías empaquetadas de una forma muy parecida a cómo se crean los productos en los medios. Sin embargo, para conseguir el estatus de famoso, estos individuos se convierten en entidades comerciales. Las celebridades utilizan su prestigio con el público para demandar salarios altos y otras formas de compensación financiera, incluyendo reservas de libros, derechos de autor y honorarios de publicidad. Las celebridades, y sus empleados, se aprovechan de su importancia para promover interés en todo, por parte de la audiencia, lo relacionado a las películas, deportes y hasta los peores estilos de vida.[25]

El problema se ha agravado con la aparición de la promoción a las celebridades, en la que la importancia de estas les presta su nombre e imagen a productos comerciales. Las celebridades aparecen en comerciales televisivos y en artículos impresos de varios productos, y aparecen personalmente de parte de sus patrocinadores. También promueven productos utilizando la ropa (como la gorra que lleva el «símbolo» de Nike que siempre utiliza el joven golfista Tiger Woods) o poniéndole sus nombres a las marcas (como los condimentos de Paul Newman o los perfumes de Elizabet Taylor). Cada vez que las audiencias ven a la celebridad, hacen la conexión comercial.

Cada cultura celebra a sus héroes, que son la personificación de los ideales de la sociedad. Por supuesto que esto ha tenido consecuencias increíblemente terribles para aquellos a quienes nos afectan los medios. Algunas celebridades hasta pueden manipular las malas consecuencias para que parezcan buenas, aunque todos sabemos que la consecuencia es mala; ellos hacen que parezca buena.

¿Cómo se relaciona este contenido de los medios de las celebridades contemporáneas con otras, como las tendencias más generales de la cultura de expresión de nuestra sociedad? Una forma de resumir muchas de las ideas de este capítulo, y de relacionar los medios con otros aspectos de la cultura contemporánea, es mirar de cerca las consecuencias de una cultura postmoderna.

El postmodernismo es lo último en una sucesión de estilos literarios y artísticos que ha dominado la expresión cultural en los últimos siglos. Otros han sido el barroco, el rococó, el realismo y el modernismo.[26]

Como sugiere el nombre, el postmodernismo vino después del movimiento moderno, el cual comenzó en el siglo XIX. El modernismo se originó en las creencias filosóficas del individualismo, la habilidad de mejorar la calidad de la vida moderna, el triunfo del bien sobre el mal, y la creencia de que se puede conseguir el progreso a través del pensamiento racional y la aplicación de la ciencia y la tecnología. Esas premisas subyacentes formaron la expresión artística durante la primera mitad del siglo XX. La influencia del modernismo puede verse en los diseños funcionales de construcciones de arquitectos, expresionismo abstracto en pintura, y la mal exagerada prosa popular en la mayor parte de la literatura del siglo XX.

En contraste, el postmodernismo desafía muchas de las suposiciones del modernismo. El teórico francés Jean-Francois Lyotard fue el primero en sintetizar muchas de las ideas que ahora se asocian con el pensamiento del postmodernismo. En vez de la infalibilidad de la ciencia objetiva, Lyotard enfatizó el relativismo, la idea de los límites y la imposibilidad de conseguir la perfección en asuntos humanos.[27]

El postmodernismo rechaza la noción de que haya una sola verdad objetiva con la que las personas deberían (o pueden) estar de acuerdo. La mayor pregunta en la era postmoderna ya no es: «¿Es cierto?» En cambio, ahora solemos preguntar: «¿Cómo se ve?, ¿Cómo se siente?» El postmodernismo también enfatiza la importancia de la colectividad (el énfasis en la comunidad) en vez de la preocupación moderna con el individuo. La filosofía postmoderna duda acerca del mismo concepto del yo como alguien con características reales e identificables. En la era postmoderna de hoy, las personas existen en un estado continuo de construcción y reconstrucción. De igual manera, el postmodernismo reconoce la naturaleza global de nuestra existencia y la irrelevancia de las fronteras geográficas, políticas o sociales.

Estilos acentuados, espectáculos llamativos y detalles superficiales en lugar de pensamiento racional y funcional, diseño en línea recta. La expresión postmoderna pone en relieve lo que el teórico social francés Jean Baudrillard denominó hiperrealidad, o mensajes que estimulan la realidad pero permanecen en el nivel de la superficie porque ya no hay más sustancia detrás de la imagen. Él inventó el término simulacro para describir la prevalencia de artefactos en masa para los cuales existen copias y no hay originales. Los ejemplos incluyen películas, televisión e imágenes de computadora.

El postmodernismo celebra la expresión fragmentada, aparentemente inconexa. En particular, las comunicaciones postmodernas incorporan una técnica denominada pastiche (llamada bricolage por los franceses), combinando en un artefacto la obra de estilos disparatados o ideas e imágenes de distintos períodos de tiempo. Esta yuxtaposición resulta en lo que muchos describen como la mezcolanza de imágenes ambiguas y esquizofrénicas.

Reconoce el rol central de la cultura comercial y el consumo de los consumidores. El teórico social Frederic Jameson describe a la sociedad moderna como un período de capitalismo tardío, en el que las corporaciones multinacionales son responsables de la producción o de patrocinar la mayor parte de la información y del entretenimiento, haciendo virtualmente posible que se separen los símbolos comerciales y no comerciales y el lenguaje.

Hoy podemos ver a la postmodernidad en el arte, ejemplos ideales son las numerosas pinturas de naturaleza muerta de Andy Warhol y las litografías de las latas de tomate de Campbell. Recientemente, uno de los clásicos de «arte pop» de los años sesenta se vendió nada más ni nada menos que en cinco millones. En la moda, los jeans solían ser ropa de trabajo, hechos en fábricas de vaqueros baratos para mineros y granjeros. Hoy, jeans de marcas conocidas se usan con terminaciones de seda fina y joyas costosas en eventos ostentosos. Igualmente, una moda contemporánea es que las mujeres vistan las chaquetas deportivas de hombre con botones extravagantes, pañuelos y adornos decorativos del pasado. En arquitectura, los nuevos edificios ostentan líneas curvas y redondas, filigrana y construcción sin igual. Los vidrios planos y que reflejan brillo se usan en las superficies de edificios para reflejar los alrededores del edificio en gran contraste con el diseño sin profundidad de la construcción.

Por supuesto que la postmodernidad ha influenciado a los medios. Las revistas de hoy están repletas de avisos con diseños postmodernos, como los de los negocios de ropa de Benetton que incorporan comentarios sociales penetrantes.

La música de hoy, especialmente el «heavy metal», hip-hop, gangsta, rap y reggaetón suenan fuerte para hacer una declaración, utilizando formas de expresión que se pueden caracterizar como postmodernas. El ritmo y la música toman prioridad sobre las letras, que suelen ser difíciles de seguir y están sujetas a una amplia interpretación.

La televisión se suele considerar como el medio perfecto de la comunicación postmoderna. Los espectadores son expuestos a sucesiones de noticias vertiginosas y rápidas, a programas de entretenimiento, promociones y propaganda. La audiencia juega con el control remoto sin esfuerzo entre los distintos tipos de contenido que encuentra en diversos canales. En particular, videos musicales, que combinan elementos de la música rock con técnicas sofisticadas de producción visual, probablemente la mejor ilustración de la expresión postmoderna. Las imágenes ambiguas, el arte pastiche, la superficialidad, y el sutil comercialismo que se encuentra en los videos musicales, son todos sellos del postmodernismo.

De un modo parecido, la web de la Internet organiza información con una moda de sistema no lineal. Las páginas web incorporan gráficos chillones y supertextos que llevan a los usuarios de documento en documento como si fuera por un laberinto. La «verdad» que descubren los usuarios, variará según las particulares páginas o sitios web a los que accedan. Mientras tanto, las palabras e imágenes que los usuarios ven, en realidad no existen, excepto como bytes digitales de un disco duro de computadora que se encuentra en algún lugar inalcanzable.[28]

Nuestro comentario final acerca de la influencia de los medios en nuestros hijos, tiene que ver con el hecho de que no están interesados en ayudarlos a tomar buenas decisiones. Todos sabemos que son las motivaciones financieras las que mueven a los medios de hoy. La mayoría de los conglomerados mediáticos evolucionaron como resultado del crecimiento natural de sus negocios y del advenimiento de nuevas tecnologías. Como las ganancias que obtienen las organizaciones, las firmas de los medios se encuentran bajo continua presión por parte de los accionistas públicos para aumentar sus ganancias. Pueden hacerlo, ya sea aumentando los márgenes de las operaciones existentes (cobrando más o reduciendo los costos) o expandiendo su alcance de operación hacia una base mayor. Muchas compañías también están motivadas por las oportunidades de sinergia, en las que la ganancia potencial de la firma se acelera más allá del mero efecto aditivo de ganancias adicionales. Por ejemplo, la gran visibilidad de Mickey Mouse en las películas, la televisión, los parques de diversión, los libros y las mercancías, funciona para incrementar su gran popularidad, con el resultado de mucho más gasto de parte de los consumidores en los productos de Mickey Mouse que si solo apareciera en uno de esos medios. Todo ese poder por supuesto puede hacer muchas cosas.

Control concentrado de ideas. Aunque la consolidación es común en otros negocios, la de los medios limita peligrosamente el flujo libre de la información y de las ideas, sobre todo en una democracia. Como sugiere Bagdikian, esta concentración permite que los ejecutivos en organizaciones como Disney o la corporación de noticias controlen grandes segmentos de las noticias así como también la cultura popular. El poder de los medios puede poner también énfasis excesivo en las ganancias. Grandes conglomerados envían a sus unidades de operación para que alcancen metas de ganancias. En el caso de las cadenas de periódicos, por ejemplo, las gerencias locales deben adherirse a algunas filosofías corporativas específicas, pero de la toma de decisiones del día a día, se encargan los gerentes locales.

¿Cuántas de esas decisiones se hacen pensando en las mentes o corazones de nuestros hijos? El poder de los medios significa la dominación cultural en todo el mundo. Con la expansión mundial de la presencia de muchos conglomerados mediáticos, y con economías de escala cada vez más altas, esos conglomerados se posicionan bien para ganarles a los competidores. El problema es particularmente crónico en países extranjeros, donde las industrias de los medios locales no pueden competir con producciones de Estados Unidos. Canadá y Francia, por ejemplo, protegen sus propias industrias de medios imponiendo restricciones de importación en la cantidad de material producido por Estados Unidos que esté en el aire de sus redes de televisión nacional. La dominación cultural en su mayoría, mayormente los conglomerados occidentales cuyas acciones suelen estar más allá del control de gobiernos nacionales, ha sido denominado imperialismo cultural y hegemonía cultural. En el caso de los países del Tercer Mundo, también se lo denomina como la colonización de los medios.[29]

¿Podemos realmente confiar en que los medios nos ayuden a educar a nuestros hijos? ¿Están enseñando los valores que queremos que nuestros hijos aprendan? ¿Qué está comunicando el medio en realidad acerca de las consecuencias? Si los medios no están ayudándonos a guiar e influenciar a nuestros hijos positivamente, ¿Qué debemos hacer con los que tenemos en nuestras casas? El capítulo 4 nos introduce a la segunda razón por la cual las consecuencias no son suficientes.

Capítulo 4

LA RAZÓN DE «CORTO PLAZO Y DE LARGO PLAZO»

Este americanismo superficial, con su pasión por el éxito repentino. El apetito de los estadounidenses por la gratificación inmediata solo ha acelerado, al punto en el que hoy se atragantan con la comida rápida, fragmentos de entrevista y los chistes. Respiran, se mueven, piensan y asimilan todo entre una cultura rápida y más rápida.

—Ralph Waldo Emerson

Por favor, tómese un momento para pensar conmigo sobre esta idea. Supongamos que mis dos hijos mayores están jugando en su habitación y yo escucho un grito fuerte. Corro hacia la habitación y veo que mi hijo mayor está parado sobre su hermano que está llorando en el suelo. Me acerco y miro a Andre a los ojos y le pido que me diga qué está ocurriendo. (Considerando el hecho de que le enseñé a tomar decisiones basadas en las consecuencias.) Andre se detiene y medita en sus consecuencias. Él piensa: «Si le digo a mi papá la verdad, la consecuencia inmediata es que me va a castigar. Si le miento, la consecuencia inmediata es que me libero. En otras palabras, la consecuencia inmediata tiene sentido». Mi hijo nunca considerará la posible consecuencia a largo plazo de convertirse en un mentiroso habitual. Si combinamos el hecho de que esta cultura embellece las recompensas inmediatas y que no hay forma de conocer las consecuencias a largo plazo, seguro establecemos que nuestros hijos mientan.

La tensión sobre este tema es la relación entre la gratificación al instante y la gratificación retrasada. Lo enfrentamos continuamente. Usted sabe que lo quiere. Necesita tenerlo. La ola de adrenalina realza sus sentidos y usted puede hasta saborear la realización de su deseo. Racionaliza todas las posibilidades por las que se moriría sin tenerlo. Usted lo necesita, ya, en este minuto. La vida nunca más será igual. Entonces lo compra. Y, por un breve momento, vive la emoción. Después lo golpea la realidad. La intensa emoción se transforma en una horrible incredulidad. A medida que se desvanece el placer, usted se da cuenta de lo que hizo. No lo puede devolver. Ha creado su propia miseria.

Cuando usted reacciona a la vida de esta forma, permite que las circunstancias lo controlen. Si elige permitir que las presiones manejen sus decisiones, entonces actúa con el corazón. Usted sabotea su propio éxito. Existen otras formas de tomar decisiones, otras formas de sentirse bien con la vida y satisfacer el vacío con verdadera satisfacción. El autosabotaje no es la respuesta.

Eran Mages y James J. Gross, de la Universidad de Stanford, escribieron un interesante artículo con respecto a la falsa necesidad de la gratificación inmediata. Ellos dicen que muchos de nosotros sucumbimos a las tentaciones, sin importar que sepamos que luego nos arrepentiremos de hacerlo. ¿Cómo se puede evitar ese comportamiento? En tres estudios, los autores probaron la hipótesis de que presentando a la tentación como un examen de fuerza de voluntad se podía disminuir la tendencia de sucumbir, reduciendo el atractivo de la tentación. En el primer estudio, los participantes que presentaron una tarea desafiante de presión manual, como prueba de la fuerza de voluntad, resistieron la tentación de terminar la dolorosa tarea más que los participantes que no lo hicieron. En el segundo estudio, los participantes efectuaron una tarea de presión manual dos veces. Solo los participantes que cambiaron su interpretación de la tarea en un examen de fuerza de voluntad mejoraron su interpretación. En el tercer estudio, los participantes tuvieron un examen matemático cronometrado, mientras que eran tentados con videoclips divertidos. Los participantes que reconstruyeron la situación como examen de fuerza de voluntad comparados con los que no lo hicieron: (a) disfrutaron menos los videos, y (b) fueron más resistentes a los tentadores videos.

Muchos de los dilemas que enfrentamos en nuestra vida diaria implican incertidumbre acerca de las consecuencias futuras de nuestras decisiones. Sin embargo, en algunos dilemas, estamos seguros de que lo que nos gustaría hacer es algo que vamos a lamentar más tarde. En efecto, un estudio de Fishbach, Friedman y Kruglanski[1] sugiere que los objetos tentadores pueden servir de recuerdo para los objetivos mismos que amenazan con interrumpir. En el contexto de la obra presente, definimos «tentación» al «deseo de comportarse de un modo que luego de algún tiempo se espera que lleve al arrepentimiento». Aunque frecuentemente las personas se comportan de maneras que son lamentables en potencia, nuestro enfoque está en el subconjunto de comportamientos de los que las personas esperan arrepentirse completamente, aun antes de realizarlos.

Es importante enfatizar que esta definición no incluye un elemento de probabilidad («quizás me arrepienta, quizás no») en cambio, uno está seguro de que el comportamiento deseado le llevará al arrepentimiento. En otras palabras, el valor de la recompensa retrasada es reconocido por ser mayor que el de la recompensa inmediata.

Sucumbir a la tentación (por ejemplo, mirar la televisión en vez de estudiar) lleva a la gratificación inmediata (por ejemplo, tener mejor humor), pero también a resultados negativos tardíos (por ejemplo, ansiedad y mal desempeño en el examen). En cambio, resistir a la tentación (por ejemplo, estudiar para el examen) no se siente necesariamente bien en el momento, pero lleva a resultados tardíos positivos (por ejemplo, la satisfacción de desempeñarse bien en el examen). Cuanto más grande es la satisfacción o el malestar, más se fortalece o debilita el vínculo. A pesar del valor menos objetivo de la recompensa inmediata, la influencia que ejerce sobre nuestra elección del momento suele ser mayor que la mejor y objetiva recompensa tardía. Simplemente tenemos una preferencia sobre la gratificación inmediata: cuando tenemos una recompensa inmediata, puede disminuir la recompensa tardía mayor, de la misma manera que una persona parada delante de nosotros puede parecer más alta que un edificio lejano, a pesar de la objetiva diferencia de altura que existe entre los dos. De este modo, los comportamientos que ofrecen una recompensa inmediata y un castigo tardío pueden parecer más atractivos que los comportamientos que ofrecen sólo una recompensa tardía.[2]

La gratificación diferida o tardía es la habilidad de esperar para obtener algo que queremos. Esta habilidad se suele considerar como autocontrol. Daniel Goleman sugirió que es un componente importante de la inteligencia emocional. Las personas que no tienen este rasgo, suelen necesitar gratificación instantánea y pueden sufrir de poco control de los impulsos.

Los sicoanalistas han sostenido que las personas con poco control de impulsos sufren de «fronteras débiles del ego». El término proviene de la teoría de Sigmund Freud sobre la personalidad donde la identificación es el principio del placer, el superego es el principio de moralidad, y el ego es el principio de la realidad. El trabajo del ego es satisfacer las necesidades de la identidad mientras se respeta la necesidad de los demás. De acuerdo con esta teoría, una persona que no puede retrasar la gratificación, puede poseer una identidad desequilibrada que el ego y el superego no pueden controlar.

La falta de control del impulso puede estar relacionada con los factores biológicos del cerebro. Los investigadores han descubierto que los chicos con síndrome de alcohol fetal, tienen menor capacidad de retrasar la gratificación.[3]

El experimento del malvavisco es un examen famoso de este concepto conducido por Walter Mischel en la Universidad de Stanford y discutido por Daniel Goleman en su popular obra. En los años sesenta, un grupo de niños de cuatro años, fueron examinados dándoles un malvavisco y prometiéndoles que se les daría otro, solo si podían esperar veinte minutos antes de comerse el primero. Algunos niños pudieron esperar y otros no. Los investigadores siguieron el progreso de cada niño en la adolescencia y demostraron que aquellos que tuvieron la capacidad de esperar se ajustaban mejor y eran más responsables (determinado por encuestas entre sus padres y maestros), y tuvieron una puntuación promedio de 210 puntos en el examen de aptitud académico.[4]

Otro famoso examen del control del impulso es «el regalo tardío», en el que se les muestra a los niños un regalo con una linda envoltura pero se les dice que deben completar un rompecabezas antes de abrirlo. Los investigadores calcularon un «puntaje tardío» basado en cuánto se resisten los niños. Cuando los examinadores independientes entrevistaron al sujeto del examen años más tarde, se dieron cuenta de que los niños que no se les había retrasado, eran «irritables» y las niñas eran «malhumoradas». En contraste, los niños pacientes eran «atentos» y las niñas «competentes».

Las vidas de familias y niños en las sociedades occidentales de las últimas décadas, han cambiado en la forma de crecimiento de sus niños. En estos días, los niños esperan, a menudo, que sus demandas sean respondidas inmediatamente, esta necesidad de gratificación instantánea es satisfecha por muchos padres. Esto no hace que los niños sean más saludables y felices.[5]

Lo quiero, ¡y lo quiero ahora! Es el nuevo lema de la generación. Por primera vez en la historia, en algunas sociedades enriquecidas, algunas personas pueden disfrutar la gratificación instantánea. Todos somos consumidores, primero y por encima de todo, antes que ciudadanos, y los consumidores deben obtener lo que quieren. Rápido.

Bueno, ¿es todo eso una exageración? Solo escuche a Margot Prior, que hizo un estudio acerca de la gratificación. Las vidas de las familias y los niños de las sociedades occidentales en las últimas décadas han sido influenciadas cada vez más por tres grandes cambios culturales. Estos están afectando la manera en la que crecen los niños. Estas influencias son, primero el gran valor que se le da al individualismo o a la cultura de los logros propios; esto es, la riqueza individual y el placer en vez del bien colectivo o de la comunidad. El segundo factor, es el que se ha llamado narcisismo, o el excesivo amor y mimo por uno mismo, incluyendo la intensa preocupación con la condición del ser propio. La tercera es la gran disponibilidad de ingresos entre una gran proporción de familias con hijos jóvenes. Los padres de niños jóvenes de hoy han crecido en este clima psicológico y social y están transfiriendo los valores que han absorbido en sus experiencias de crecimiento, en la manera en la que educan a sus propios hijos. Con los años, la expresión de esas influencias se ha vuelto más extrema y, en muchas familias, los niños se están transformando en pequeños emperadores: el mundo les pertenece para mandar.[6]

¿Quién no ha notado a la madre controlada que accede a las demandas estridentes de su preescolar que debe tener lo que quiere de la góndola de supermercado instantáneamente? ¿Está eso criando niños más felices y más adaptados, que encajan cómodamente en su grupo de semejantes y sus comunidades? Bueno, esta pregunta requiere de métodos de estudios longitudinales a gran escala e históricos en un período considerable. Pero hay mucha evidencia, la más dramática es la del gran índice de problemas de salud mental en los jóvenes, y el índice dramático de suicidios juveniles, que sugiere que no estamos triunfando en fomentar el bienestar óptimo de nuestros hijos. Ellos no están viendo la vida como la buena experiencia que esperan tener.

El autor Welbeing, en *La vida es difícil de definir*, escribió acerca de «vivir bien, trabajar bien y amar bien» como el ideal para una vida satisfactoria. Esto hace pensar que vale la pena explorar el plan completo, pero el subtexto o apuntalamiento para esta felicidad son muy complejos y no son tan fáciles de lograr. Todos estos objetivos de satisfacción requieren de muchas habilidades y atributos positivos personales; éstos interactúan con el tipo de circunstancias en las que crecemos y las que ayudan o estorban a las personas jóvenes para desarrollar esos resultados deseados. Y las diferencias individuales son tan masivas que no es posible proponer simples fórmulas de felicidad, y una vida social recompensada. Una característica de muchos de los jóvenes de hoy, hijos y padres, como mencionamos antes, es el deseo del placer instantáneo, y la poca paciencia con cualquier necesidad por «el aplazamiento de la gratificación». Este término que suena técnico, en realidad posee una riqueza de significado, y es una descripción del comportamiento demostrado primero en estudios experimentales por psicólogos del desarrollo en los años cincuenta, y luego convertidos en estudios importantes, gracias a la obra del psicólogo estadounidense Walter Mischel en los años setenta. Mischel mostró que los niños jóvenes variaban en su capacidad de esperar algún tiempo por una recompensa cuando se los ponía en una situación desafiante, que requiriera paciencia y autocontrol. Se ponía a los niños en sus estudios en una posición en la que pudieran elegir entre una pequeña recompensa disponible de inmediato, y una mayor que se podía obtener si lograban abstenerse de tocar la recompensa pequeña, durante un período de espera o aplazamiento suficientemente prolongado como para dificultarles la resistencia. La situación de espera también se volvía aburrida sin mucho que hacer y sin nadie con quien hablar. Existen diferencias individuales llamativas en la capacidad de autocontrol que los niños jóvenes presentan cuando se los desafía de esta manera, y en mayor medida en la relación entre la habilidad de «aplazar la gratificación» y otros aspectos del desarrollo del niño. Si usted observa a niños en esta situación cuando no saben que están siendo observados, por ejemplo, detrás de un espejo unidireccional, verán que algunos no pueden resistirse por más que unos cuantos segundos; la tentación de obtener la recompensa que está delante de ellos es muy grande. Otros encuentran maneras de resistirse a la tentación, y se entretienen a sí mismos con otras cosas, caminan alrededor de la habitación, cantan, se hablan a sí mismos o juegan con sus dedos, como una forma de controlar sus impulsos. Se distraen para poder esperar el tiempo requerido a fin de obtener la mayor recompensa. Otros gritan enojados para liberarse del problema. Mischel y muchos otros han mostrado que la habilidad de autorregularse y de aplazar la gratificación o de esperar recompensas es una buena forma de predecir muchos aspectos de salud psicosocial y de bienestar en la niñez, y más adelante en sus vidas. La falta de capacidad de regularse a uno mismo, por otro lado, permite predecir las dificultades psicosociales a largo plazo, incluyendo problemas para concentrarse o persistir en una tarea, adaptarse a cambios en el entorno, y considerar las perspectivas, necesidades y sentimientos de las personas que los rodean. El problema es que aun si pudiéramos dibujar una imagen clara o las consecuencias a largo plazo, en muchos de los casos, sería imposible predecir la consecuencia exacta de tomar la decisión correcta aun si la consecuencia inmediata fuera mala.

Algunos crecen en situaciones en las que la gratificación instantánea es la norma. Todos hemos visto a los niños de hoy que están repletos de juguetes, se les da la comida que les gusta a cualquier hora, tienen entretenimiento cuando quieren, sin tener que ir a buscarlo, o teniendo oportunidades por sí mismos de jugar con actividades entretenidas. Se convierten en niños muy malcriados a quienes sus padres no les niegan nada, sus padres sienten que la gratificación instantánea es la mejor forma. Los niños aprenden a esperar que lo que quieren siempre lo obtendrán y no tendrán que esperar ni esforzarse.

Antes de esta era de gratificación instantánea, muchos crecimos en condiciones en las que un mismo nivel de privación era la norma. El ahorro, ese hábito anticuado, era una parte esencial hasta de la vida de clase media; las cosas que uno anhelaba no aparecían instantáneamente sino que casi siempre debían ganarse. Como resultado, eran más valoradas y apreciadas. Había un sentimiento de orgullo en el dominio y el logro, de haber trabajado para llegar al objetivo, de haber tenido la experiencia de un poco de responsabilidad y poder para obtenerlo, aun en los comienzos de la niñez.

En este tipo de ambiente, los niños experimentan más desafío, pueden aprender a «arreglárselas», a improvisar, y a esperar, o a trabajar y a veces durante períodos largos, para obtener un objeto, actividad o entretenimiento preciados.

Esas experiencias de autorregulación se incrustan en la psiquis de los niños como resultado del aprendizaje tempranero, como lo son esos sentimientos de satisfacción y orgullo que vienen con la responsabilidad personal de hacer que ocurran las cosas. Uno también aprendió que no era una amenaza para la vida estar sin eso, y que era posible hallar fuentes alternativas de gratificación. También se entendía que no era responsabilidad de los padres ni de nadie más, satisfacer todas sus necesidades.

El aprendizaje que resulta de ese tipo de experiencias contribuye al crecimiento de la resistencia. La persona joven fuerte tiene la capacidad de resistir los contratiempos, de enfrentar los desafíos, de encontrar nuevas maneras para resolver problemas, de sentir confianza en sí mismo al desenvolverse en el mundo social y material, y de saber que las privaciones se pueden superar.

Es muy importante permitir que los chicos desarrollen la resistencia. Es un componente esencial para aprender cómo vivir, trabajar, amar bien y sentirse como individuos competentes y confiados. Y este tipo de aprendizaje comienza muy temprano en el desarrollo social y emocional del niño.

Las dificultades de la vida para los niños y adultos están muy relacionadas con los problemas de control de los impulsos y de autorregulación. Este es un componente central de muchos desórdenes psicológicos. Por supuesto que nadie sugiere que deberíamos aumentar las privaciones familiares y obligar o forzar a todos los niños a ganar todo lo que quieran o necesiten. Debe haber algún medio oportuno que no asocie el amor y la felicidad con más y más bienes materiales, y que les dé poder a los niños de enfrentar los desafíos en sus vidas al crecer hacia la edad adulta. Por supuesto que quieren todo lo que los atrae cuando son jóvenes, de eso se trata la infancia. La madurez es descubrir que no siempre se puede obtener lo que queremos, que podemos manejarlo, y aun ser felices y saludables. ¿Y no es esto lo que queremos para nuestros adolescentes? Aunque nuestros adolescentes puedan dominarnos, todavía son muy jóvenes y pueden sentir el temor y la incertidumbre del estrés normal de su edad, así como asuntos del mundo que los rodean. Las emociones pueden ser volátiles y estar a flor de piel durante los años de la adolescencia y hallar la mejor manera de conectarse con su adolescente, puede resultar difícil.

Hable con sus adolescentes cada vez que pueda, aun si parece que no le quieran hablar. A veces el mejor momento de hablarles es cuando van juntos en el auto; a veces puede ser cuando estén haciendo tareas los dos juntos, permitiendo que sus hijos se centren en algo más mientras estén hablando. Cuando tengan preguntas, respóndanselas con sinceridad pero con confianza. Pregúnteles su opinión acerca de lo que está ocurriendo y escuche sus respuestas.

Los adolescentes pueden actuar como si se sintieran inmortales, pero al final todavía quieren saber que estarán bien y las discusiones honestas de sus temores y expectativas pueden ayudarles a aprender a expresarse sin miedo. Si su adolescente tiene problemas con las palabras, incentívelo a utilizar un diario o expresar sus emociones a través del arte y ¿por qué no utilizar un blog o página web para comunicarse?

Muchos adolescentes ya están teniendo sentimientos extremos, altos y bajos, debido a los niveles hormonales en sus cuerpos; el estrés o los traumas pueden hacer que estos cambios sean más extremos. Sea comprensivo pero firme cuando sus adolescentes respondan con un comportamiento estresante, enojado o resentido. Tranquilícelos comunicándoles que sólo desea que hagan lo mejor.[7]

A los adolescentes a menudo les es difícil tomar la decisión correcta si precisan considerar las posibles consecuencias futuras cuando tienen sentimientos encontrados acerca de las inmediatas. Las recompensas futuras, y la promesa de placer mañana, pueden significar dolor hoy. Una investigación reciente ha examinado varios enfoques para promover decisiones correctas dejando de lado la gratificación inmediata. Pero consideremos estos tres aspectos que afectan el proceso de toma de decisiones. Primero, la recompensa del cambio de comportamiento considerando el futuro es muy incierta. Considerar las consecuencias futuras, no le da al que toma las decisiones ninguna promesa. Segundo, los adolescentes no aceptan fácilmente la idea de las recompensas en el futuro lejano. Para un aquí y ahora, la sociedad de la gratificación instantánea, esa idea es un problema. Ben Franklin nos aconsejó que si queríamos ser ricos, debíamos «pensar en ahorrar así como también en ganar». Muchas personas de hoy, ignoran el consejo de Ben. Tercero, la promesa de placer mañana, significa dolor para hoy. Convercerles de eso es una venta audaz. Encima de todo eso, la mayoría de los jóvenes están firmemente convencidos de que siempre serán jóvenes: creer en la inmortalidad propia es una fuerza poderosa.

Un libro del psicólogo Daryl Bem, *Beliefs, Attitudes and Human Affairs*, discute una teoría en la cual el arreglo de las variables, viola lo convencional. La mayoría de nosotros nos suscribimos a la noción de que las personas primero adquirimos conocimiento, de éste formamos actitudes, de las cuales fluyen nuestros comportamientos siguientes. El conocimiento forma las actitudes y, luego, actuamos. Pero Bem sostiene que algunas veces el comportamiento viene primero. A veces nos encontramos actuando de una forma en particular y deducimos nuestras actitudes de ese comportamiento. En palabras de Bem: «Es una suposición común que uno no puede cambiar el comportamiento de las personas hasta que uno no haya cambiado "el corazón y la mente" primero… En efecto, una de las formas más eficaces de cambiar "el corazón y la mente" de las personas es primero cambiar su comportamiento».[8] Sus ejemplos incluyen la integración racial durante el principio de los años cincuenta y sesenta, citando instancias donde personas con actitudes fuertemente positivas hacia la integración, eran aquellas que se ubicaron para experimentarla por sí mismos. Además, otra investigación de la integración, demostró que «la secuencia de causa y efecto suele aparecer como "primero comportamiento, luego actitudes"».[9]

Un ejemplo del conocimiento primero, luego actitudes, ocurrió en California durante los años noventa. California intensificó las normas sobre fumar, primero restringiendo fumar en los edificios públicos, y luego en los lugares de trabajo así como en los restaurantes; luego prohibiendo fumar afuera cerca de las puertas de los edificios públicos, lugares de trabajo y restaurantes; y en 1998, el estado prohibió fumar en bares, el último refugio de los fumadores.[10] ¡En la actualidad, los californianos pueden fumar sólo en cuevas con menos de dos ocupantes y en kayaks de aluminio anclados más allá del límite de cinco kilómetros! ¿Cuál fue el resultado? El departamento de servicios de salud de California informa lo siguiente: «Durante los años noventa en California, los *comportamientos* y las *actitudes* en cuanto a fumar han cambiado, según lo indican las encuestas sobre el tabaco de California y otras fuentes de datos». Los efectos de la Internet no sólo han producido una disminución en la tasa de fumadores dos veces más del promedio nacional, sino también un cambio correspondiente en las actitudes públicas hacia fumar también. ¿Estaban cambiando las actitudes de igual manera? Quizás, pero los cambios de comportamiento impuestos por las normas probablemente son los responsables de los ajustes acelerados en la forma en la que las personas comienzan a ver la actividad de fumar. Aunque primero cambie el comportamiento y luego las actitudes, ¿cómo funciona esto? Bem enfatiza dos dinámicas. Primero, la disonancia cognitiva es la clave. Este es el sentido incómodo que se desarrolla cuando actuamos de una forma que es incongruente con nuestras creencias. Segundo, la teoría de la percepción propia sugiere, en tanto que deducimos las actitudes de otros al observar sus comportamientos, que solemos deducir nuestras propias actitudes observando nuestro propio comportamiento. Nos comportamos de acuerdo con las demandas situacionales y luego deducimos a partir de ello cuáles deben ser nuestras creencias. Hacemos esto porque nos disgusta la molestia de la incongruencia entre los comportamientos y las creencias, y porque creemos que somos racionales y lógicos, de ahí interpretamos nuestras propias concepciones a través de lo que vemos en nuestro comportamiento.

Pero esto ya no es real. Los chicos pueden tomar decisiones terribles y estar convencidos de que están en lo correcto. Considere el caso de la chica de diecinueve años que era golpeada por su novio. Todos le dijeron que el tipo era un perdedor y que debía alejarse. Ella no escuchó y quedó embarazada del chico. Ahora éste vive en otro país y ella no ha sabido de él desde entonces. ¡Y todavía piensa que fue una buena decisión! ¿Cómo puede ser?

Bem continúa diciendo que existe una condición que debe estar en su lugar: debemos vernos a nosotros mismos con una salida y teniendo al menos alguna elección en el comportamiento. ¿Por qué? Porque si creemos que estamos siendo obligados, la fuerza de la coerción se convierte en la explicación obvia de nuestros comportamientos más que nuestras creencias de apoyo. Entonces las personas parecen lógicas y coherentes —o al menos les gusta creer eso— consigo mismas y, por consiguiente, sus comportamientos indican sus actitudes siempre y cuando tengan al menos una alternativa de decisión en el asunto.[11]

El problema es que esto no está ocurriendo con nuestros hijos hoy. Sus creencias no están encajando con sus comportamientos y cuando estos son erróneos muchos de ellos encuentran la justificación perfecta o simplemente no se preocupan: aun cuando enfrenten las consecuencias de sus malas decisiones. Esta es una de las razones por las que queremos crear carácter en nuestros hijos. Los rasgos de sus caracteres definen lo que son, cómo actúan y reaccionan, y tienen relación con cada aspecto de sus vidas ahora y en el futuro. Más que personalidad, el carácter es lo que somos en realidad.

El doctor Tim Kimmel, un conocido experto familiar, dice que hay seis rasgos de caracteres que debemos forjar en la vida de nuestros hijos: fe, integridad, compostura, autodisciplina, resistencia y coraje.

La fe les da el maravilloso regalo de la esperanza, en los demás y en Dios. No quisiera vivir mi vida sin esperanza y ciertamente tampoco lo quiero para mis hijos. La fe les da la habilidad de ver más allá de sus circunstancias, lo que no siempre les va a gustar. Les da propósito, objetivos y nos permite tener relaciones saludables con otros.

La integridad viene de un término matemático, número entero, que es un número completo. Una persona con integridad es igual pese a las circunstancias. Es honesta en sus tratos y respetuosa con los demás. No tiene dos caras.

La compostura es la habilidad de estar tranquilos en situaciones difíciles. Nuestros hijos necesitan la habilidad de mantenerse centrados aun si los que los rodean están perdiendo la cabeza. Una persona con compostura sabe lo que es un comportamiento apropiado en cada situación.

La autodisciplina es el gancho del que cuelgan los demás rasgos del carácter. Sencillamente, la autodisciplina es la capacidad de aplazar la gratificación. Me gusta esa definición porque muestra que el placer o la recompensa están en camino, pero esperar el momento indicado es aún mejor. En un mundo repleto de gratificación instantánea, las personas con autodisciplina saborean todo lo que ofrece la vida. Un día cualquiera, mis hijos pueden preferir quedarse en cama para dormir un poco más (o quizás, mucho más), pero levantarse e ir a la escuela les ofrece una vida mucho mejor para después, aplaza la gratificación, pero la produce en una medida completa cuando se realiza. Una vida sin autocontrol es una vida sin realización, de malas decisiones, problemas y penas.

La resistencia significa que nos podemos quedar con eso. Si nuestros hijos ceden al primer o segundo signos de oposición, nunca alcanzarán sus objetivos ni completarán sus propósitos. Cada persona enfrentará dificultades con casi todas las tareas valiosas que intente realizar. Los que se rinden nunca ganan, pero los ganadores nunca se rinden.

La valentía se ha definido como hacer lo correcto, aun cuando exista el temor. Aunque se suele representar en las películas como si no le tuvieran miedo a nada, la verdadera valentía se enfrenta con desafíos desalentadores o temores. Nuestros hijos enfrentarán situaciones difíciles y atemorizantes, pero si tienen valentía, actuarán de la manera correcta. Confesar un error, ir al dentista o al médico, adoptar una posición de lo que es correcto, aprender una nueva habilidad; todas esas cosas requieren de la tradicional valentía.

Entonces, ¿cómo inculcamos estos rasgos de carácter en nuestros hijos? Escuché recientemente a un locutor que decía que deberíamos ser padres MVP. La M se refiere a moldear el comportamiento. Los rasgos de carácter se suelen contagiar, no enseñar. Nuestros hijos están observándonos y emularán lo que nos vean hacer. Están observando cómo actuamos y cómo reaccionamos con lo que nos da el mundo. La V se refiere a vocalizar lo que creemos y esperamos de ellos. La P se refiere a proveerles oportunidades para que pongan en acción lo que les hemos enseñado. Debemos mostrar que tenemos fe en ellos mientras se ganan nuestra confianza.[12] Debido a eso, es mejor no poner a nuestros hijos en una situación en la que deban tomar sus decisiones basados en la medición de las consecuencias a corto o a largo plazo. Nuestros hijos necesitan crecer tomando decisiones porque son correctas, sin importar cuál sea la consecuencia a corto o largo plazo.

Vivimos en una época de cultura popular, en la que ser 'genial' o ser un 'cretino' está bien. Aunque los dos tipos de personas son totalmente contradictorios, ambos siguen estando bien. La cultura de la gratificación inmediata, y el deseo inmediato, ha tocado los dos mundos. Casi todas las cosas materiales que queremos, pueden obtenerse oprimiendo un botón. Cuando queremos entretenimiento podemos ir a cualquier pantalla, sea de televisor o de computadora, y estaremos satisfechos. Cuando queremos información, podemos cliquear un 'mouse' y recibir la información en pocos minutos. Si la información lleva más de unos segundos, al instante nos enojamos con la velocidad de la computadora, y vamos a comprar otra nueva. No nos gusta nada que requiera tiempo, y las secuencias y lo metódico de «dar vuelta a la página» llevan mucho tiempo. Así que cambiamos los libros por imágenes y fotografías agradables para informarnos. Somos consumidores. Cuando queremos algo, lo obtenemos yendo al centro comercial más cercano. Parece que los negocios en el centro comercial nunca se quedan con el producto que tanto deseamos y anhelamos.

La paciencia es una parte importante del carácter. Lo inmediato es lo opuesto a la paciencia. No hay lugar para la paciencia en los tiempos en que vivimos. Todo es un suceso «aquí» y «ahora». El presente es todo. El futuro es solamente el presente de mañana, nada más. Así, la paciencia, como virtud, ha sido eliminada completamente por nuestra cultura.

La información se obtiene de inmediato, y es por eso que se llama información. Si pudiera obtenerse más rápido, no se la llamaría «datos». Si se obtuviera con la paciencia, con esfuerzo y lucha, entonces se la conocería como conocimiento. El mayor nivel de esa lucha por el conocimiento, aparece cuando practicamos el conocimiento; este nivel se podría llamar sabiduría. Es la etapa más difícil, porque requiere la mayor paciencia, simplemente porque es el nivel con mayores dificultades y pruebas. Pero los resultados son tremendos y los mejores. Es el nivel que hace a un hombre y a una mujer. Es el nivel que hace a un verdadero creyente, y es la etapa donde las posibilidades ideales se hacen reales y se actualizan.

Además, las computadoras nunca pueden obtener conocimiento y sabiduría, sino sólo poseer o procesar información y datos. Entonces no debería preocuparnos en realidad que el campeón mundial de ajedrez, Kasparov, perdiera en contra de la «Deep Blue» de IBM, una supercomputadora capaz de procesar doscientos millones de movimientos de ajedrez por segundo. La computadora no puede luchar ni se le puede causar ningún tipo de dolor o sufrimiento. Lo que hace que el ser humano madure y le da la facultad de tomar decisiones correctas a pesar de las consecuencias, es que es capaz de llevar las cargas que prometen dolor y dificultades. Cualquier agente natural o criatura, hasta una computadora que un día pueda «pensar», evitarían sufrir a todo costo.

Entonces no deberíamos detenernos de inmediato. Al contrario, deberíamos mirar más allá, donde encontraremos que las cosas que nos ocurren pueden parecer malas en el momento, pero siempre son máximas para lo mejor. Este es un hecho, aunque nuestros hijos no lo vean ni nosotros. No hay que asustarse con esto, sino que debemos enfrentarlo con paciencia y valentía porque esto verdaderamente moldea nuestro carácter.

Además, luego de pensar más, descubrimos que la gratificación inmediata de los deseos bajos no tiene ni significado ni propósito. El significado se pierde cuando se expresa lo inmediato por su propio bien. Cuando el «aquí» y el «ahora» son lo único que hay en la mente de las personas, no se preocupan por su significado, porque éste solo se puede encontrar con el tiempo, lo que requiere un poco de paciencia. Es por eso que ahora encontramos personas intentando descubrir el significado de sus vidas, pero no encuentran ninguno, y terminan dándole significado a lo que no lo tiene. También se pierde el propósito en las acciones y en los pensamientos. El propósito se encuentra sólo considerando el futuro. Pero cuando éste solo es un presente inmediato esperando que ocurra «ahora», entonces no hay propósito, sino acciones y pensamientos caóticos y al azar.

De ahí que debemos sacrificar la gratificación inmediata de nuestros deseos y encontrar nuestra morada en la paciencia. Una vez que tomamos el camino de la paciencia, debemos estar preparados para la prueba. Las pruebas, una vez superadas, solo aumentan nuestra fe, conocimiento, humanidad, amor y nuestra cercanía a la realidad. Romanos 5.3-10 dice:

> Y no solo ésto, sino que también nos gloriamos en las tribulaciones, sabiendo que la tribulación produce paciencia; y la paciencia, prueba; y la prueba, esperanza; y la esperanza no avergüenza; porque el amor de Dios ha sido derramado en nuestros corazones por el Espíritu Santo que nos fue dado. Porque Cristo, cuando aun éramos débiles, a su tiempo murió por los impíos. Ciertamente, apenas morirá alguno por un justo; con todo, pudiera ser que alguno osara morir por el bueno. Mas Dios muestra su amor para con nosotros, en que siendo aún pecadores, Cristo murió por nosotros. Pues mucho más, estando ya justificados en su sangre, por él seremos salvos de la ira. Porque si siendo enemigos, fuimos reconciliados con Dios por la muerte de su Hijo, mucho más, estando reconciliados, seremos salvos por su vida (RV).

Ahora, digamos que empezamos el proceso de tomar decisiones considerando las consecuencias futuras. Digamos que nuestros hijos crecen aprendiendo a comparar los efectos a corto plazo con los de largo plazo de sus decisiones. La limitación más obvia a una anticipación correcta de las consecuencias de una acción, se da por la existencia del estado de conocimiento. La extensión de la limitación puede apreciarse mejor asumiendo el caso más simple donde la falta de conocimiento adecuado es la única barrera a una correcta anticipación. En otras palabras, ¿qué pasa si en el proceso de consideración del corto plazo en contra del largo plazo, el que toma la decisión no considera las consecuencias no anticipadas? Podríamos decir que el proceso de toma de decisiones queda limitada por la ignorancia. Esta visión o se reduce a sí misma a una redundancia total, o exagera el rol de uno de muchos factores. En la primera instancia, la discusión pasa por la moda: «Si solo hubiéramos sabido lo suficiente, podríamos haber anticipado las consecuencias que, como ocurre, fueron imprevistas». La falacia aparente en este punto de discusión decisivo descansa en la palabra «suficiente» que implícitamente se interpreta «suficiente conocimiento para prever» las consecuencias de nuestra acción. Entonces no es un tema difícil defender la controversia que sigue en efecto: «Si hubiéramos sabido, habríamos sabido». Este punto de vista es el fundamento de varias teorías de escuelas de educación.

Obviamente, se puede encontrar un gran número de razones concretas para el conocimiento inadecuado, pero también es posible resumir varios tipos de factores que son más importantes bajo la falsa idea de que nos es posible conocer todas las consecuencias a largo plazo de nuestras decisiones.

El primer factor proviene del tipo de conocimiento, normalmente, quizás exclusivamente, logrado en las ciencias del comportamiento humano. Hablando en forma correcta, el científico social casi invariablemente encuentra que el grupo de consecuencias de cualquier acto repetido no es constante sino que hay una gama de consecuencias, de las cuales cualquiera puede seguir al acto en cualquier caso dado. En algunas instancias, podemos tener conocimiento suficiente de los límites de la gama de consecuencias posibles, y hasta un conocimiento adecuado para averiguar las probabilidades de los varios tipos de grupos posibles de consecuencias, pero es imposible predecir con certeza los resultados de algún caso en particular.

Nuestras clasificaciones de actos y situaciones, nunca involucran categorías completas, ni siquiera categorías en las que el grado aproximado de conocimiento es suficiente para la predicción de hechos en particular. Tenemos aquí la paradoja de que mientras que la experiencia pasada es la única guía para nuestras expectativas en la suposición de que los actos del pasado certero, del presente y del futuro son lo suficientemente parecidos para estar agrupados en la misma categoría, estas experiencias, en efecto son diferentes. En la medida en que estas diferencias son pertinentes al resultado de la acción y se compensen de modo adecuado las diferencias, que no son adoptadas, el resultado real diferirá del esperado. Como dijo Poincare: «…Las pequeñas diferencias en la condición inicial producen grandes diferencias en el fenómeno final… La predicción se vuelve imposible, y tenemos el fenómeno fortuito».[13]

Es cierto que las desviaciones de las consecuencias usuales de un acto pueden ser anticipadas por la persona que toma la decisión, quien reconoce en la situación dada algunas diferencias de situaciones previas similares. Pero, en la medida que estas diferencias no pueden ser incluidas en la categoría bajo reglas generales, la dirección y extensión de estas desviaciones no pueden ser anticipadas. Queda claro entonces, que el conocimiento parcial a la luz de las acciones que se continúan, permite una gama variable de resultados inesperados de conducta.

Aunque no se presenta ninguna fórmula para la cantidad exacta de conocimiento necesario para el conocimiento previo, uno puede decir en general que «las consecuencias casuales» son aquellas que están ocasionadas por la interacción de fuerzas y circunstancias del mismo acto, lo cual fue lo que ilustramos al principio de este capítulo. Los elementos más importantes en tal interés inmediato, pueden variar desde necesidades psicológicas hasta valores culturales básicos.

Es igualmente innegable que el interés intenso, en efecto, suele tender a excluir el análisis de las consecuencias futuras precisamente porque la gran preocupación con la satisfacción del interés inmediato es un generador psicológico de tendencias emocionales, y pasa por alto el ocuparse de los cálculos requeridos. Es una suposición errónea sostener que, en efecto, la acción interesada supone necesariamente un cálculo racional de los elementos en la situación como para negar racionalmente todas las influencias sobre tal conducta. Además, la acción en la que este elemento de interés inmediato se ve involucrada, puede ser racional en términos de valores básicos de ese interés pero irracional en términos de la organización de la vida del individuo. Racional, en el sentido de que es una acción que puede esperarse que sea guiada a un logro de un objetivo específico; irracional, en el sentido de que puede vencer la búsqueda o logro de otros valores que al momento no son de gran importancia, pero del que sin embargo forma una parte integral de la escala de valores del individuo.

Existe otra circunstancia, extraña a la conducta humana, que adopta la forma de la predicción y el planeamiento social exitoso. Las predicciones públicas de los desarrollos sociales futuros casi nunca se cumplen con precisión porque la predicción se ha convertido en un elemento en la situación concreta, tendiendo a cambiar el curso inicial de los desarrollos. Esto no es verdadero en la predicción en campos que no pertenecen a la conducta humana. Así, la predicción del retorno del cometa Halley no influencia de ningún modo la órbita de ese cometa; pero para tomar un ejemplo social concreto, la predicción de Marx de la concentración progresiva de la riqueza y la miseria en aumento de las masas influenció el proceso predicho. Al menos una de las consecuencias de las predicaciones socialistas del siglo XIX fue la difusión de la organización del trabajo, la cual tomó conciencia de suposición de negocio desfavorable en casos de contrato individual, organizado para disfrutar las ventajas del negocio colectivo, y así reduciendo, o eliminando los desarrollos que Marx había predicho.

Así, en la medida que las predicciones de los científicos sociales se hacen públicas y que la acción procede con completo conocimiento de esas predicciones, la condición de «igualdad de las otras cosas» que asumió tácitamente en todos los pronósticos, no se completó. Otras cosas no serán iguales porque el científico ha introducido una nueva «otra cosa» en su predicción. Esta contingencia puede informar a menudo de movimientos sociales desarrollados en direcciones máximamente anticipadas y de ahí asume la importancia considerable para el planeamiento social.

La discusión precedente representa no más que una breve exposición de los elementos principales involucrados en un proceso social fundamental de toma de decisiones. Nos llevaría mucho tiempo y ciertamente más allá de los límites de este libro, examinar exhaustivamente las consecuencias de este análisis de toma de decisiones considerando las consecuencias a largo plazo. Sin embargo, podemos mantener, aun en esta coyuntura preliminar, que ninguna declaración general que afirme o niegue categóricamente la viabilidad práctica de la toma de decisiones basada en este modelo, está garantizada. Si el presente análisis ha servido para establecer el problema, solo en sus aspectos más importantes, y si ha servido para dirigir la atención a través de la necesidad de evaluación de la manera que estamos enseñando a nuestros hijos y la necesidad de estudiar objetivamente los elementos involucrados en el desarrollo de consecuencias no anticipadas de toma de decisiones, entonces hemos logrado nuestro objetivo. Este proceso ha sido consignado hace mucho tiempo a la categoría de «Ha funcionado en el pasado». «¿Si no está roto, por qué lo vamos a arreglar?» Esto no cuenta aquí porque sabemos que el proceso está roto aunque lo hayamos utilizado en el pasado.

Las personas tienen un talento especial para reestructurar las visiones de los resultados de modo que esos resultados se experimenten más positivamente.[14] Los seres humanos son famosos por buscar, atender, interpretar y recordar la información de maneras que les permitan sentirse satisfechos consigo mismos y con sus decisiones.

Los psicólogos sociales han estudiado estas tendencias bajo una variedad de títulos incluyendo, autoengaño, defensa del ego, ilusión positiva, emoción basada en arreglárselas solo, afirmación propia y atribución egocéntrica, para nombrar unos pocos; aunque existen diferencias importantes entre estos tratamientos teóricos, todos convergen en la noción de que las personas son expertas al optimizar subjetivamente sus resultados aun cuando la decisión original fuera errónea. Es más, las distintas estrategias que permiten esta optimización, se enseñan para constituir un tipo de sistema de inmunidad psicológica que protege a las personas de las consecuencias emocionales de los resultados no deseados.[15]

A pesar del poder de la ubicuidad del sistema inmune psicológico, una investigación reciente sugiere que las personas que enfrentan la posibilidad de resultados malos curiosamente no son conscientes de la inmunidad que disfrutarán una vez que se realicen esos resultados. Por ejemplo, los participantes en un estudio estuvieron menos angustiados cuando recibieron una devolución negativa de su personalidad de una computadora que cuando recibieron la misma devolución de una persona, se supone que eso fue porque fue más fácil para ellos negar el diagnóstico de una máquina que de un profesional entrenado. Cuando se les pidió que predijeran cómo se sentirían si recibían una devolución negativa de esas fuentes, sin embargo, los participantes esperaban sentirse igual de molestos en las dos circunstancias, como si las oportunidades para el rechazo (que luego obtendrían con vigor) fueran invisibles para ellos en perspectiva. En efecto, cuando se les dijo a los participantes que *se podía haber escrito* una evaluación negativa de personalidad y luego se les pidió que pretendieran que *se había escrito eso* acerca de ellos, estos pretendientes no pudieron simular la tendencia de las verdaderas experiencias para descontar la devolución y difamar su fuente.[16] Estos efectos han sido demostrados en una variedad de dominios, sugiriendo que hay una tendencia general de que las personas desatiendan su sistema de inmunidad psicológica cuando se pronostican sus reacciones afectivas en acontecimientos futuros.

El filósofo Adam Smith destacó «la certeza que nunca falla con la que todos los hombres, tarde o temprano, se acomodan a lo que sea que se convierta en su situación permanente», la cual describió como una situación en la que «no hay expectativa de cambio».[17] Como reconoció correctamente Smith, las personas intentan el cambio, el cual prefieren no aceptar y luego encuentran formas de aceptar eso que no pueden cambiar, por lo que decimos que es más probable que se optimicen objetivamente los resultados inalterables que los variables.

Porque la inalterabilidad es un disparo potente para el sistema inmune-psicológico, y de ahí, un impulso para la propia generación de satisfacción, podemos esperar que las personas la busquen y la valoren. En efecto, lo opuesto parece ser el caso. Las personas reaccionan generalmente con enojo, desilusión, y lamentándose con lo que perciben como una amenaza a su libertad para tomar decisiones y consideran la inalterabilidad tan indeseable que pueden pagar con ganas para evitarla. Por supuesto que esto es cierto para la generación de adultos. Nuestros hijos no están reaccionando de la misma manera a la inalterabilidad y a los resultados indeseables. Los adultos son clientes de boutiques costosas que les permiten regresar mercancías fácilmente en vez de los negocios de descuento en los que las rebajas son definitivas, felizmente pagando el recargo de la tranquilidad que les da saber que pueden deshacer alguna decisión que demuestre ser un desacierto.[18]

Desde que existe la memoria, las personas han estado hambrientas de información acerca de sus futuros particulares, confiadas en que si conocen su destino, también conocerán sus fortunas. ¡Ay! Conocer el futuro no es lo mismo que saber lo mucho que nos gustará cuando lleguemos allí. En un resultado de estudios, se ha demostrado que las personas se equivocan al predecir cómo se sentirán luego de una enfermedad seria, de perder una promoción, sacar mala puntuación en un examen, fracasar al querer perder peso, leer historias trágicas, ganar un partido de fútbol, sufrir reveses de personalidad, ser insultado, probar la comida, etc. Estas fallas en las predicciones no son simplemente de anticipación; las personas cometen esos errores aun cuando el lugar, el tiempo y la forma del hecho extendido se conozcan anteriormente.

Las personas inteligentes hacen cosas tontas que tienden a ser de dos tipos. El primero es el que intercambia placer a corto plazo por dolor a largo plazo. Las personas fuman cigarrillos, consumen cocaína, tienen relaciones sexuales con extraños y no ahorran para su jubilación, pero estos comportamientos cortos de vista son extraños porque las personas que los tienen, generalmente saben que pagarán a fin de cuentas un alto precio por su satisfacción. En esas instancias, las personas realizan acciones a pesar de haber previsto sus costos.[19]

El segundo tipo de comportamiento tonto es menos extraño, pero quizás más insidioso. Las personas apuestan a los caballos, consultan los horóscopos acerca de decisiones importantes, y se casan por dinero, haciendo esas acciones tontas porque no prevén los costos. Algunos estudios muestran que las personas prefieren tener la oportunidad de cambiar sus resultados, y creer que ello no influenciará su experiencia con los resultados, pero en efecto, estas oportunidades dificultan el proceso psicológico que los habría ayudado a forjar la satisfacción. Como esta, una preferencia por la versatilidad a veces es una tontería de la segunda variedad.

El resultado es que la versatilidad tiene desventajas terribles aunque no sea fácil vaticinarlas. El futuro no es nuestro para que lo veamos, muchos estamos más que resignados al respecto. Aun así, aun en esas instancias extrañas en las que podemos predecir en detalle lo que nos deparará el futuro, solemos equivocarnos acerca de cómo nos sentiremos cuando ocurra. Nuestra incapacidad de predecir nuestros estados emocionales futuros, es en parte producida por el hecho de que una clase importante de variables que determinan la tranquilidad con la que podremos cambiar nuestros sentimientos acerca de un resultado una vez que se vuelve inalterable, es más invisible para nosotros en perspectiva. Como tal, tomamos decisiones como si nuestra satisfacción del futuro dependiera enteramente de las propiedades inmutables e intrínsecas de los acontecimientos que vamos a experimentar y nos fijamos poco en nuestra habilidad de reformar nuestra visión de las cosas. Si la vida es una manzana, entonces su dulzura depende del creador, no del que la prueba.

De modo que si tomamos las dos ideas y las mezclamos en un pensamiento, podemos decir con sinceridad que tomar decisiones basándonos en medir las consecuencias a corto y largo plazo, no es el mejor método. La mayoría de las decisiones que las personas toman involucran comparar las consecuencias que ocurren en distintos puntos del tiempo. Al tener que elegir si gastamos nuestro sueldo al instante o lo ahorramos, o pedir una hamburguesa grasosa que puede perjudicar nuestra salud más adelante, o posponer una tarea poco placentera para mañana, las personas frecuentemente se ven obligados a dedicarse a lo que los economistas y los teóricos de las decisiones se refieren como elecciones intertemporales. Ya que este tipo de decisiones es tan dominante en la vida diaria, es importante evaluarlas. Aunque el simple hecho de que crean confusión y desorientación en el que toma la decisión, es una razón suficiente para cuestionar su efectividad. También cuando consideramos cómo puede utilizarse para manipular los resultados a fin de satisfacer las necesidades de algún tipo de sentimientos o la idea de cambiar los resultados de alguna manera.

Capítulo 5
LA RAZÓN DE LA «FALTA DE EXPERIENCIA»

Es una verdad perdurable, que nunca puede ser alterada,
que cada infracción a la ley de la naturaleza debe llevar sus
consecuencias punitivas con ella. Nunca podemos ir más allá de
ese alcance de causa y efecto.
—Thomas Troward

Cierta vez, algunos de los muchachos de nuestro grupo de jóvenes aparecieron con la brillante idea de organizar precisamente un retiro. Decidimos hacerlo con el tema de la «fe». Solamente asistieron varones, con la excepción de las mujeres, que nos ayudarían a cocinar y mi esposa. Una de las actividades que planeamos fue saltar desde el acantilado al lago. Uno de los saltos era de aproximadamente de nueve metros de altura. La idea era escalar la ladera de la montaña y prepararse para saltar. Teníamos toda clase de chicos en el retiro, incluidos los «valientes». Los pocos chicos que creen que lo son. Ellos creen que lo saben todo y que no necesitan nada. Uno de ellos en particular había estado contándole al resto del grupo todo acerca de sus habilidades y hazañas.

Tardamos treinta minutos en llegar en bote al otro lado del lago. Cuanto más nos acercábamos a las rocas de donde íbamos a saltar, el silencio comenzó a reinar en el bote. Las cosas parecen realmente altas desde nuestra perspectiva y fueron aun peores desde arriba. Resumiendo, mi esposa saltó del bote, escaló la ladera de la montaña y saltó desde la parte más alta de las rocas. Ahora todos los muchachos estaban en problemas. Mi esposa y yo lo habíamos hecho y ninguno de ellos había siquiera estado en ese lago antes. El genio sintió la presión de sus compañeros y decidió escalar la ladera de la montaña y prepararse para saltar. Se había comprometido a escalar. Nunca antes había practicado salto desde las rocas. Nunca había estado en ese lago. Él confió en su falta de experiencia y saltó. El problema es que lo hizo con los brazos bien abiertos. Cuando entró al agua sus brazos golpearon tan fuerte que supimos con certeza que estaba sufriendo debajo del agua.

Pero en el momento que salió del agua tenía sus manos y sus brazos hacia arriba en señal de victoria. Pasó el resto del retiro sufriendo con sus brazos totalmente magullados. La combinación de la presión de los semejantes y la confianza en la «falta de experiencia» es letal.

La opinión general de los expertos sobre el proceso de toma de decisiones de los adolescentes y cómo las intervenciones pueden ser mejor diseñadas para ayudarlos a tomar mejores decisiones se resume en un artículo publicado y titulado «Risk and Rationality in Adolescent Decision Making» (Riesgo y racionalidad en la toma de decisiones de los adolescentes).[1]

¿Por qué los adolescentes corren riesgos? A menudo se piensa que ellos se creen inmortales, simplemente invulnerables a las hondas y flechas de la vida. Esta noción es usada a menudo para explicar por qué son propensos a manejar rápido, practican sexo desprotegidos, fuman o consumen drogas, riesgos de los cuales los adultos son algo más propensos a huir.

La investigación muestra que los adolescentes exhiben una tendencia optimista (o confían demasiado en su falta de experiencia) esto es, una tendencia a subestimar sus propios riesgos con relación a sus semejantes. Esta tendencia resulta un poco más prevaleciente en adolescentes que en los adultos; los mayores cometen la misma falacia en sus razonamientos en muchas situaciones. Pero los jóvenes tienen una tendencia a confiar en su falta de experiencia cuando los adultos confían en el hecho de que ya experimentaron algo similar.

Y, en realidad, los estudios sobre la percepción de riesgos por niños, adolescentes y adultos muestran que los jóvenes tienden a sobreestimar sus peligros en una gama de riesgos (incluyendo accidentes de tránsito y enfermedades de transmisión sexual tales como VIH, SIDA), tanto en términos absolutos (por ejemplo, comparados con los riesgos reales) como en comparación con los adultos. Su estimación de la vulnerabilidad decrece en lugar de crecer con la edad.

De acuerdo con un informe de UNICEF publicado en enero de 2007, los jóvenes se están dedicando desproporcionadamente a conductas que arriesgan su salud y bienestar. La predominancia de los jóvenes que arriesgan sus vidas fumando, consumiendo drogas y alcohol, sosteniendo actividad sexual insegura y convirtiéndose en padres en sus años de adolescencia, cuando se toman en conjunto, superan por mucho cualquier estudio sobre adultos. En particular, entre la gente joven, las proporciones de sus semejantes menores de quince años que afirman haber bebido y sostenido relaciones sexuales, frecuentemente sin el uso de condón, son altas. Además, los partos de mujeres entre los quince y diecinueve años ocurren más frecuentemente hoy que hace un año.[2] Aunque esos números pueden representar sólo parte del cuadro de las personas jóvenes, estas conductas y consecuencias son un riesgo inmediato a largo plazo para el bienestar de los adolescentes.

El desarrollo de actitudes o entendimientos acerca del riesgo es ampliamente influenciado por aspectos del entorno social de un individuo. Las personas jóvenes hoy luchan con una gama de mensajes enviados por sus familias, colegios, comunidades, semejantes y los medios que forman sus perspectivas acerca de sus vidas sociales y las acciones que toman dentro de ella; incluyendo las que impactan sus decisiones.[3]

En una investigación de Morrow con chicos de doce a quince años que vivían en dos comunidades, alrededor de cuarenta y ocho kilómetros a las afueras de una ciudad principal, se demuestra cómo las actitudes de las personas jóvenes en cuanto a sus decisiones están formadas por sus relaciones con sus comunidades y las redes sociales que se desarrollan como resultado. Las familias y los amigos ayudan a crear sentido de identidad e inclusión en una comunidad y también proveen importante apoyo psicológico, intelectual, emocional y espiritual. Sin embargo, los valores y normas que definen sus comunidades pueden alentar a la gente joven a desarrollar actitudes y conductas que comprometan sus decisiones. Por ejemplo, los lazos cercanos a grupos de semejantes que proveen apoyo social y emocional pero que también apoyan fumar pueden alentar a las personas jóvenes a identificarse a sí mismas como parte de ese grupo adoptando también el hábito de fumar.[4]

Sin embargo, el sentido de pertenencia social o conexión es una parte importante del desarrollo y la salud emocional durante la adolescencia. Las investigaciones con jóvenes que vivían en entornos rurales mostró que los mismos jóvenes ven a sus relaciones sociales como una influencia importante para sus decisiones. Aunque las relaciones y grupos de semejantes son vistos como posibles fuentes de ansiedad y tensión emocional, también son esenciales para la capacidad del joven para enfrentarse a enfermedades físicas, depresión crónica o falta de autoestima. Los jóvenes reportaron la capacidad de crear y mantener buenas amistades y de aprender a manejar sus grupos sociales de semejantes como elementos importantes de su desarrollo. Además, eso pareció ser más importante para las jóvenes, que indicaron un mayor impacto sobre su confianza en sí mismas y bienestar emocional cuando surgieron problemas con sus amigos. Aunque las amistades son una fuente clave de apoyo y una indicación de desarrollo social saludable, son una influencia fuerte en las actitudes de los jóvenes para el comportamiento de correr riesgos y un impacto en ellos y de ellos sobre el bienestar emocional, social, físico y espiritual.[5]

Sin embargo, las nociones tradicionales de presión grupal quizás representen falsamente cómo las interacciones con los semejantes conducen a conductas arriesgadas. Las investigaciones acerca de fumar entre los jóvenes describen cómo las redes sociales y las amistades influyen sobre la conducta de correr riesgos para la salud. Las investigaciones con edades de dieciséis a diecinueve años descubrieron que muchos jóvenes veían el fumar como parte de su mundo social y de la cultura de la juventud en general. Consecuentemente, para ellos, fumar era usual. Muchos de los jóvenes entrevistados como parte de esta investigación discutieron cómo sus vidas y sus grupos de amistades podían cambiar si ellos dejaran de fumar y sus preocupaciones de sentirse excluidos de sus grupos de amistades donde fumar era la norma.[6]

El significado adjunto a las conductas riesgosas, tales como dormir en cualquier lado, y cómo los jóvenes se definen a sí mismos en relación con esa conducta puede también afectar las motivaciones que llevan a correr riesgos. Los jóvenes investigados sostuvieron definiciones variadas de sus estados de fumador y creencias acerca de sus propias conductas de fumadores que constituyeron sus intenciones de dejar el vicio. En este grupo de jóvenes, el fumar fue visto a menudo más como un hábito que como una adicción. Aunque muchos de los jóvenes planeaban al fin dejar de fumar, creían que como para ellos fumar era solo un hábito, podían evitarlo fácilmente cuando estuvieran listos y no respondieron a las actividades de cese que eran dirigidas a las personas que creían que eran adictos a fumar.[7] Esto sería otro ejemplo del hecho de que los jóvenes confían demasiado en su falta de experiencia. Todos sabemos que nadie puede dejar el hábito de fumar solo porque decida dejarlo. ¿O pueden?

Aunque los semejantes son una influencia significativa en la conducta que arriesga la salud, las familias y las comunidades también son importantes. Una revisión de las investigaciones sobre el impacto de las familias, grupos de semejantes, colegios y vecindarios en cuanto a lograr buenos resultados para los jóvenes, destacó la importancia de los padres y una conducta paternalista para determinar las probabilidades de que los jóvenes se vincularan con conductas arriesgadas. Informes obtenidos de la literatura emergente de países como Canadá, Estados Unidos y el Reino Unido, manifiestan que sobre todas las otras influencias en los jóvenes, los padres tenían el impacto más fuerte e independiente y el más duradero sobre el bienestar. En particular, se entendió que la paternidad tipo «crianza autoritaria» tuvo el impacto positivo más grande sobre los jóvenes. Este tipo de paternidad, caracterizado por una disciplina razonable y flexible y una relación sustentadora y cálida con los chicos, tuvo los resultados emocionales, sociales, de conducta y académicos más positivos para los jóvenes. Cuando los padres son menos cálidos y sustentadores o son particularmente estrictos o negligentes los jóvenes, a menudo, se vuelven a sus semejantes y así las amistades pueden volverse más influyentes. Sin embargo, en los casos en que aparece el apoyo de los semejantes solamente para aumentar el bienestar cuando se combina con apoyo paternal, el apoyo paternal tiene una influencia duradera propia.[8]

Se ha desarrollado un número de teorías para tratar de explicar por qué algunos jóvenes exhiben una mayor propensión a correr riesgos en general, o tipos específicos de riesgos, más que otros. Lo más dominante es la Teoría de la Conducta Problemática. La teoría sugiere que tres aspectos del carácter de una persona determinan su inclinación a arriesgarse: el sistema de la personalidad, el sistema del entorno percibido y el sistema de conducta. La interacción entre estas tres influencias psicosociales determina la propensión del individuo a correr riesgos. Este modelo ha tenido éxito para predecir la conducta riesgosa en cuanto al uso de drogas, el abuso del alcohol y la actividad sexual en una gama de pruebas empíricas.[9]

En la investigación y la teoría desarrolladas para entender y explicar la conducta adolescente de correr riesgos, Reyna y Farley (mencionados anteriormente) encontraron que las suposiciones acerca de la toma de decisión racional que son implantadas en teorías como la de la Conducta Problemática no se aplican a todos los adolescentes. Ellos argumentan que los modelos tradicionales que enfatizan las intenciones de conducta consciente y las expectativas, e ignoran las reacciones emocionales inconscientes y cognitivas hacia el entorno, pueden sólo aplicarse a algunos jóvenes. Los jóvenes que conscientemente sopesan los beneficios percibidos y las consecuencias de la conducta riesgosa son receptivos a los modelos tradicionales. Sin embargo, parece que otros jóvenes son capaces de captar un entendimiento de situaciones de riesgo y evitarlas y aun otros que corren riesgos irracionalmente, bajo la influencia de la emoción. El último grupo se describe como buscadores de sensaciones y casi nunca son afectados por intervenciones que atentan con ilustrar las consecuencias aumentadas a la conducta riesgosa.[10]

Además de las propensiones naturales a correr riesgos, está bien documentado que las circunstancias materiales para muchos jóvenes o crean oportunidades para arriesgarse sin necesidad de apoyo emocional o psicológico a través de experimentar la dificultad en la que se está ocupando mediante la conducta de correr riesgos. Los chicos que comienzan con el mal uso de drogas están propensos a tener otros problemas sociales. Discapacidades físicas y psicológicas o problemas de conducta, tales como temas de salud mental, rechazo de los semejantes o alienación, aumentan el riesgo del mal uso de drogas. En contextos sociales donde las familias o los amigos permiten el mal uso de droga, donde existe inestabilidad y conflicto o privación de vecindario, es más probable que los jóvenes se ocupen en conductas de riesgo para la salud.[11]

Estudios recientes obtenidos de análisis de imágenes cerebrales revelan algunos rasgos sorprendentes del cerebro adolescente.

Deborah Yurgelun-Todd y sus colegas del Centro Neurológico de Imágenes del Hospital McLean de Boston, Massachusetts, han usado las imágenes de resonancia magnética funcional para comparar la actividad cerebral de los adolescentes con la de los adultos.

Los investigadores encontraron que al procesar las emociones, los adultos tienen una actividad mayor en sus lóbulos frontales que los adolescentes. Los adultos también tienen una actividad menor en sus amígdalas que los adolescentes. En efecto, a medida que los adolescentes entran en la edad adulta, el foco total de la actividad cerebral parece cambiar de la amígdala a los lóbulos frontales.

Los lóbulos frontales del cerebro han estado implicados en la inhibición de la conducta, la capacidad de controlar emociones e impulsos. También se piensa que los lóbulos son el lugar donde se procesan las decisiones referentes a lo correcto y lo erróneo, como así también las relaciones de causa-efecto. En contraste, la amígdala es parte del sistema límbico del cerebro y está involucrada en las reacciones instintivas internas, incluyendo las respuestas de «enfrentamiento o huida». La actividad más baja en el lóbulo frontal podría conducir a un control deficiente de las conductas y las emociones, mientras una amígdala hiperactiva puede estar asociada con niveles elevados de despertar emocional y toma de decisiones reaccionaria.

Los resultados del estudio de McLean sugieren que mientras los adultos pueden usar los procesos de toma de decisión racional cuando enfrentan decisiones emocionales, los cerebros adolescentes sencillamente aún no están equipados para considerar las cosas del mismo modo. Por ejemplo, cuando deciden si viajan en un auto conducido por un amigo borracho, un adulto puede generalmente dejar de lado su deseo y es más probable que tome la decisión en contra de manejar borracho.

Sin embargo, los lóbulos frontales inmaduros de un adolescente pueden no ser capaces de un enfoque racional tan deliberado, y los sentimientos emocionales de la amistad pueden probablemente ganar la batalla. Como le dijo el doctor Yurgelun-Todd a *U.S. News*:

«El buen juicio se aprende, pero no se puede aprender si no se tiene el material necesario». Esto, por supuesto, no es una excusa para tomar decisiones erróneas.

Jay Giedd y sus colegas del Instituto Nacional de Salud Mental han llegado a conclusiones similares usando una técnica de obtención de imágenes cerebrales que observa más la estructura cerebral que la actividad. Los resultados de Giedd sugieren que el desarrollo en el lóbulo frontal continúa a lo largo de la adolescencia y también hasta los principios de la segunda década de vida. Los investigadores encontraron que el número de neuronas en el lóbulo frontal continuó aumentando a lo largo de la niñez hasta una edad promedio de 12,1 años para los hombres y 10,2 años para las mujeres. Los científicos previamente pensaban que la producción y desarrollo de la materia gris sólo ocurrían durante los primeros dieciocho meses de vida. El hecho de que los cambios aún continúen ocurriendo en el cerebro durante la adolescencia provee cierta evidencia contra ciertas teorías populares que sugieren que nuestros cerebros se fijan durante la niñez temprana. Estos estudios de imágenes del cerebro sugieren que la adolescencia puede proveer una especie de «segunda oportunidad» para refinar el control de la conducta y la toma de decisiones racionales.

Estos estudios pueden ofrecer alguna esperanza a los adolescentes que sufren de problemas de conducta o emocionales. El hecho de que los centros de toma de decisión del cerebro continúen desarrollándose al inicio de la segunda década de vida podría significar que los adolescentes problemáticos aun tienen el tiempo y desarrollo psicológico para aprender cómo controlar sus conductas impulsivas.

A medida que su chico entra en la adolescencia, las amistades se vuelven más importantes que nunca. Para los muchachos, los amigos actúan primeramente como compañeros, personas con quienes pueden jugar al fútbol, compartir una broma, haraganear y escuchar música. Para las chicas, los amigos son personas con quienes pueden compartir secretos, preocupaciones y ansiedades.

Los padres necesitan reconocer el rol clave que representan los amigos y encontrar formas de alentar más que desaprobar a los amigos que su chico lleva a su casa.

Los jóvenes a menudo hablan acerca de la presión de los semejantes y la ven como estresante. Un ejemplo es la presión a participar en actividades sexuales antes de lo que desearían en realidad. El grupo de semejantes influye en los jóvenes por muchas razones diferentes. En primer lugar, los jóvenes están a menudo indecisos acerca de lo que quieren y sobre qué postura adoptar. Necesitan valores y actitudes, por lo tanto, acuden al grupo de sus semejantes para que les provea alternativas a las ofrecidas por su familia. En segundo lugar, los jóvenes pasan mucho tiempo en grupos en la escuela, en el deporte o en otras actividades ociosas, por lo tanto los valores del grupo y la conducta pueden ser muy influyentes. Sin embargo, hay muchas causas más por las que esto ocurre.

No obstante, no todos los adolescentes responden del mismo modo a la presión del grupo de semejantes: los jóvenes de once a catorce años parecen recibir más influencia que los adolescentes mayores. Algunos son simplemente más independientes que otros y pueden resistir mejor la presión. Las investigaciones indican que los que reciben poco apoyo en el hogar tienen mayores probabilidades de ser influenciados por el grupo de semejantes. Los padres y hermanos mayores pueden proveer pertrechos para ayudar a un joven a resistir la presión de los amigos o del grupo amplio de semejantes. Un buen amigo (o más) es también crucial y puede ayudar a su adolescente a poner las cosas en perspectiva. En el mejor de los casos pueden también ser capaces de enfrentar juntos al grupo de semejantes; dos personas pueden resistir la presión mucho más fácilmente que una. Es importante tratar de aceptar que su adolescente tiene la necesidad de «pertenecer» al grupo de amigos y que obligarle a ser diferente puede causarle gran aflicción. Nosotros como padres y líderes de jóvenes necesitamos reconocer que el modo en que hemos estado ayudándoles a tomar decisiones podría no ser el mejor modo. Todos nosotros necesitamos evaluar las metodologías y entender los tiempos e influencias sobre nuestros chicos.

En este momento sería importante volver a la investigación hecha con imágenes cerebrales. La siguiente investigación incluyó jóvenes conectados a una máquina de EEG que mide las ondas cerebrales, luego hacer pruebas que miden la memoria, la atención y la inhibición. La máquina tenía una gorra conectada que tiene ciento veintiocho sensores para registrar la actividad cerebral. Los jóvenes se pusieron la gorra sobre su cabeza mientras se hacían las pruebas. Otra prueba fue llevada a cabo para descubrir cuán bien los jóvenes probados pueden dar la respuesta correcta, evitar la respuesta errónea o no responder nada a un juego de tarjetas didácticas. Los números, palabras o imágenes se iluminaban delante de ellos y ellos tenían o que nombrarlos o efectuar el cálculo indicado en la tarjeta. También había que completar un cuestionario que buscaba distinguir a los corredores de riesgos de los que toman las cosas con calma. El resultado de todas estas pruebas se usó para intentar determinar si los cambios en ciertas partes de nuestros cerebros y las sustancias químicas producidas durante estos cambios realmente afectan nuestra toma de decisiones y nuestra capacidad para corregirnos. Como se mencionó antes la región frontal del cerebro desempeña una función que controla nuestras buenas y malas conductas. Cosas como darle propina al mozo o usar un árbol en lugar del baño. Debido a que esta parte del cerebro tarda tanto en madurar, es posible que eso haga que algunos jóvenes sean más propensos a arriesgarse. Como si eso no bastara, el cerebro experimenta un aumento repentino en los niveles de una sustancia química llamada dopamina durante la adolescencia. La dopamina actúa como un transmisor para que las células de nuestro cerebro se comuniquen. Un aumento en el nivel de la dopamina en el cerebro humano también ha sido vinculado con un incremento en las actividades riesgosas. A esto nosotros agregamos cosas como la pubertad, la presión de los semejantes y el uso de drogas durante este tiempo de crecimiento y concluimos que no es fácil tomar decisiones correctas durante los años de la adolescencia.[12]

Es importante decir que no estamos tratando de excusar a los jóvenes por su conducta riesgosa. No estamos diciendo que estén indefensos al tomar decisiones. Estamos diciendo exactamente que para los jóvenes el proceso de toma de decisiones no es tan simple como puede parecerle a un adulto. Es más fácil para un joven tomar una decisión confiando en su falta de experiencia que tratar de descifrar las consecuencias de cabo a rabo. Considere la decisión de consumir alcohol durante la edad universitaria. Según Henry Wechsler y sus colegas de la Escuela de Salud Pública de Harvard, aproximadamente el veintitrés por ciento de los estudiantes califican como bebedores compulsivos frecuentes o bebedores excesivos frecuentes.[13] Los bebedores compulsivos frecuentes consumen aproximadamente el sesenta y ocho por ciento de todo el alcohol en las universidades y hacen la mayor parte del daño, incluyendo el ocasionado a la reputación de los estudiantes de la universidad en su conjunto. Los datos de Wechsler sugieren que el número de estudiantes que caen en la categoría de bebedores compulsivos frecuentes ha aumentado significativamente durante la década pasada, de aproximadamente el veinte al veintitrés por ciento. Sin embargo, casi siempre se pasa por alto que el número de estudiantes que se abstienen de beber también ha aumentado significativamente, del dieciséis al diecinueve por ciento. Como resultado, los datos pueden girar en dos caminos diferentes, o causar alarma por indicar que hay una epidemia incipiente o elogiar al número creciente de abstemios para la toma de decisiones saludables.

Los efectos del alcohol sobre la función cerebral ciertamente pueden ayudar a explicar por qué los individuos intoxicados a menudo toman malas decisiones. Al día siguiente la persona se lamenta por la mala conducta aunque la intoxicación es la consecuencia común de ese efecto. Dado el impacto del alcohol sobre el planeamiento, la toma de decisiones y el control del impulso tal vez no sea sorprendente que la probabilidad de comprometerse con conductas riesgosas aumente cuando se involucra el alcohol.

De acuerdo a las investigaciones actuales, la presión de los semejantes ha sido sobreestimada e incomprendida. En realidad, los adolescentes son tan variados como los adultos. Y el grupo de adolescentes con quien se rodea un adolescente tendrá influencia tanto positiva como negativa. No es si los adolescentes sentirán la presión de los semejantes, sino qué clase de presión experimentarán. La mayoría de los adolescentes siguen y aceptan el consejo de sus padres más de lo que lo reconocen, particularmente en asuntos de valores morales y religiosos y en cuanto a su futuro. Sin embargo, están muy influenciados por sus semejantes en torno a sus preferencias en cuanto a la música, la moda, el cabello, la pulcritud, las actividades de rutina así como también su elección de amigos.

Varios años atrás un grupo de educadores prominentes y especialistas de la salud llegaron a la conclusión preocupante de que los adolescentes son menos saludables hoy que sus padres cuando tenían la misma edad. Debido a la bebida, las drogas, los embarazos no deseados, la violencia, el suicidio, las enfermedades venéreas y los problemas emocionales, muchos de los adolescentes de hoy «son poco propensos a lograr los altos niveles de logro en la educación requeridos para triunfar en el siglo XXI», según este grupo, formado por la Asociación Nacional del Consejo de Estado y la Asociación Médica Americana.

Casi parecía que la consecuencia era que Estados Unidos estaba levantando una generación perdida, un ejército de Bart Simpsons, posiblemente armados y peligrosos. En lugar de Woodstock, ellos tienen MTV. ¿Hay algo para estos temores, más allá de la ansiedad ritual que cada generación siente acerca de sus sucesores? ¿Es que un número significativo de bebés que nacieron después de la guerra han realmente heredado serios defectos, tal vez de las revoluciones sociales de 1960 y los tempranos setenta? Habiéndoles dado todas las alternativas posibles que tienen, ¿por qué estos jóvenes parecen tan confundidos? ¿Por qué están tomando decisiones equivocadas pensando que son correctas? ¿Por qué están confiando tanto en su falta de experiencia e involucrándose en decisiones riesgosas?

Estas preguntas están siendo estudiadas por científicos sociales, que están encarrilando obstinadamente las vidas y tiempos de cerca de treinta y siete millones de personas entre las edades de quince y veinticinco años. Las respuestas, hasta donde existen, son lo suficientemente incongruentes para hacer que los demógrafos se pregunten si hay un «ellos» allá fuera después de todo.

Unas pocas cosas están claras. Las personas nacidas en la última parte de los años sesenta y la primera parte de los años setenta tienen sexo más temprano que lo que sus padres lo hicieron y se casan más tarde. Compran más condones que lo que compraban sus hermanos y hermanas mayores, pero los más jóvenes de ellos, los de quince a diecinueve años, tienen más bebés. Pasan más tiempo en el colegio pero aprenden menos. Sobre todo, consumen menos drogas que lo que consumieron sus hermanos y hermanas mayores. Pero más de ellos se suicidan, y pelean a muerte, que lo que ocurría en las generaciones pasadas. Muchos subsisten más allá del umbral de la adultez, haraganeando por la universidad y en los hogares paternos del mismo modo que ellos acostumbraban haraganear por las galerías. Hoy tenemos jóvenes de veintisiete años que se comportan como si tuvieran trece.

Andrew Cherlin, sociólogo de la Universidad de John Hopkins, explicó la excesiva delicadeza así: «La mitad de estos chicos pasó algún tiempo creciendo con familias de padres solteros. Esta es la primera generación que siente el impacto total del gran aumento de divorcios».

«Decir que es una generación perdida es bastante extremo», dijo Andrew Kohut, director de investigaciones para la compañía Times-Mirror de Los Ángeles, cuyo estudio de junio sobre la tendencia de los jóvenes de no asistir a las urnas electorales y no prestar atención a las noticias se tituló «La edad de la indiferencia».

«Esta es una generación que no ha sido tocada por ninguna cosa grande», dijo. «No ha sido desafiada. Ahora puede estarse enfrentando con este desafío», agregó, en una pesarosa referencia a la crisis del Golfo Pérsico. Reynolds Farley, demógrafo de la Universidad de Michigan, dijo: «Desde el final de la Guerra de Vietnam, no hemos tenido ningún cataclismo que atemorizara a los jóvenes como la Primera Guerra Mundial, la Segunda Guerra Mundial o la Depresión. Hasta cierto punto —que amplía sus decisiones— uno no se siente amenazado por el servicio militar, no está asustado con las tasas muy altas de desempleo. Hay un impresionante conjunto extenso de alternativas, que puede ser desconcertante o preocupante».

Pero la gama de opciones depende de la situación económica de sus padres. Según los economistas, dos décadas de cierre de fábricas han dejado poco trabajo semiespecializado o no especializado para ser suficiente, a no ser que los jóvenes quieran contemplar la vida como cocineros de hamburguesas. El tema unificado para esta generación sería la vida en una edad de límites. Pero mientras las personas que están cerca de la cima de la escala económica están plagadas de muchas opciones, las que están cerca del nivel más bajo tienen muy pocas. «Puede ser que usted no pueda hacer una declaración general acerca de esta generación porque las posibilidades para los ricos son muy diferentes a las de los pobres», dijo Cherlin.

«Cuando les preguntamos a los estudiantes cuáles son sus aspiraciones, no hay diferencia entre blancos y negros», dijo el doctor Gordon. «Pero hay una enorme diferencia en su expectativa de lograr sus aspiraciones. Un porcentaje más bajo de estudiantes negros e hispanos piensan que pueden».

Y aun varios de esos que eran más sanguíneos les dijeron a los investigadores en entrevistas de seguimiento que se habían vuelto pesimistas. «Tenían una percepción nula del futuro», dijo el doctor Gordon. «Si alguien gana, alguien tiene que perder. El punto de vista tradicional de Estados Unidos sobre el futuro es que si una persona gana, otra gana también».

Si una sensación de horizontes mermados aflige a un extremo de la escala económica, las personas del otro extremo parecen sufrir una especie de vértigo por la enorme expansión de alternativas delante de ellas, particularmente si su vida hogareña ha sido emocionalmente egocéntrica. Ellos están tomándose su tiempo para alcanzar las demarcaciones de la adultez estadounidense. Se casan más tarde. En 1987 el promedio de edad era de veintitrés años para las mujeres y veinticinco para los varones; sus homólogos de 1970 tendieron a casarse tres años más tarde. Cada vez más, tardan cinco años para completar la universidad. Y la mayoría de ellos vive de vez en cuando con sus padres cuando terminan las clases. Pero las razones por las cuales revolotean en el umbral de la madurez parecen más complejas. Para muchos jóvenes los hogares de sus padres parecen refugios emocionales y económicos.

El antropólogo Arnold van Gennep usó la expresión «ritos de paso» en 1909, después de notar la importante analogía estructural entre las ceremonias de nacimiento, pubertad, iniciación, casamiento y muerte. Las ceremonias, argumentaba, involucran tres componentes, ordenados sucesivamente: separación de los individuos o grupos de su condición previa; como participantes en su nueva condición. Así la iniciación en la membresía total es precedida por un período de alienación, mientras la juventud es expulsada desde la niñez y cuidada y forzada a ganar los frutos de la libertad adulta.

Imagine, sin embargo, una situación en la cual el mundo del adulto se nubla: todo lo perteneciente a la adultez se ha vuelto oscuro, prohibitivo, esclavizado. La única libertad yace en la juventud misma. El joven debe forjar una identidad de nada más que de su propia experiencia adolescente, la experiencia de la alienación, en la cual la protección del mundo adulto se ha apartado, y nada se ha puesto en su lugar. La tradición, que representa la continuidad de la tribu, ahora perdió su significado. La juventud debe forjar su propia tradición, sus propias ceremonias de iniciación y membresía, su propio sentido de fraternidad, mientras no herede nada de la habilidad de sus antepasados. Sus decisiones deben ser informales y violentas, para que solo la juventud pueda vivir con las consecuencias; en cuanto al placer sexual, el marco de la juventud debe ocupar el primer plano del ritual, pero el sexo debe estar meticulosamente divorciado del casamiento y del nacimiento de chicos. Su tradición debe formarse a la imagen de él o ella perpetuamente joven, perpetuamente transgresor, perpetuamente riesgoso. Como los jóvenes deciden entre la clase de él o ella, tal juventud será inconsciente de sus fallas. Toda esta conmoción debe significar algo, debe elevarle a él o a ella a un lugar más alto. Pero le deja exactamente donde estaba, al margen de la sociedad, disfrutando de una libertad que está vacía, ya que no tiene meta. Ellos tratan de elevarse con drogas y, como resultado, se hunden más en el vacío. Nuestros chicos, nuestros jóvenes no son malas personas programando destruirnos o destruirse por ese motivo. Ellos están creciendo como individuos que tendrán que enfrentar decisiones en sus vidas que los marcarán para siempre. Nuestro rol es ayudarles a no confiar en sí mismos ni en su falta de experiencia. Nosotros como padres y líderes de jóvenes, debemos ayudarlos a tomar decisiones correctas, que vayan más allá de nuestra propia experiencia, su falta de experiencia o las consecuencias a corto o largo plazo.

Qué Dios nos ayude a guiar a nuestra juventud para que sepan qué es lo correcto y a brindarles los recursos que necesitan para hacerlo.

CAPÍTULO 6

LA RAZÓN PARA «PROTEGER A NUESTROS HIJOS»

Cuando no dejamos que nuestros hijos experimenten las
consecuencias de sus decisiones, los estamos dejando sufrir las
consecuencias de su inmadurez. Nuestros hijos crecen cuando
aprenden cómo arreglárselas con las consecuencias de sus errores.
—Anónimo

INVESTIGANDO en la Internet para este capítulo encontré un foro de discusión en el que los padres reaccionan a una pregunta allí expuesta. La pregunta dice: «¿Por qué los padres suelen ayudar a encubrir crímenes? Un hombre o una mujer joven, descuidado o ebrio, comete un terrible crimen accidentalmente. Los padres lo saben y enfrentan difíciles decisiones tales como delatar a su propio hijo, permanecer en silencio o mentir».

Las diferentes respuestas de los participantes ilustran lo que estoy intentando comunicar. Estas son algunas de las interacciones expuestas en el foro.

Debemos ir – *martes 13 de noviembre*
Si mi hijo cometió un crimen, debe responder por él... Tal vez sea anticuado, pero... de ninguna manera me haría cargo yo o lo encubriría, mejor confesar y superarlo. Estaría sufriendo por mi hijo, porque a pesar de todo sigue siendo mi hijo, pero encubrirlo empeora la situación para el muchacho.

Estelle Edwards – *miércoles 14 de noviembre*
No puedo creer que las autoridades estén llegando a esta comprensión en este día y época. El hecho es que los padres han estado encubriendo e incapacitando a sus hijos por mucho tiempo, ¡especialmente los ricos! ¿Por qué es de repente una noticia?

Make Nylon – *miércoles 14 de noviembre*
Mis padres tenían dificultades suficientes para encubrir sus propios crímenes.

R. Evans – *miércoles 14 de noviembre*
No solamente ayudaría a mis hijos a encubrir un crimen sino que también los ocultaría para evitar su arresto. La sangre llama y el gobierno no es mi amigo.

Considere el último comentario expuesto. «… ayudaría a mis hijos a encubrir un crimen… los ocultaría para evitar su arresto». Hace algunos meses una madre llamó a mi programa de radio y me preguntó si sabía de algún doctor que pudiera ayudar a su hija con su embarazo. Lo que realmente quiso decir fue: «¿Conoce a algún doctor que pueda encubrirnos a todos? ¿Conoce a algún médico de confianza que pueda practicarle un aborto a mi hija?» ¡Fue simplemente intolerable! Usted no quisiera saber mi respuesta. Permítame solo decir que le hablé con franqueza. No hay excusa para encubrir los errores de nuestros hijos. Hoy los padres continúan tratando de proteger a sus hijos de sus malas acciones. Hemos olvidado que las consecuencias nos ayudan a crecer aun cuando sean duras.

Nadie duda de que existen muchas fuerzas que empujen a los padres a invertir tan fuertemente en las consecuencias de sus hijos desde una edad temprana. Pero extrayendo del desarrollo, todo el malestar, la decepción y especialmente los resultados de sus decisiones, sobre todo mientras aumenta la presión por el éxito, resultan ser guiados de un modo opuesto en casi 180 grados. Con pocos desafíos propios, los hijos son incapaces de forjar sus adaptaciones creativas a las situaciones normales de la vida. Eso no sólo hace que tengan aversión al riesgo, sino que los hace psicológicamente frágiles, llenos de ansiedad. Este proceso les roba de su identidad, sentido y la satisfacción por los logros, por no decir de la posibilidad de felicidad real.

Olvídese también de la perseverancia, que no es simplemente una virtud moral sino una habilidad necesaria para la vida.

La severidad de los problemas de salud mental de los estudiantes, ha ido en aumento, de acuerdo a una investigación anual del consejo central de directores. A través de 2007, los problemas más comunes, planteados por los estudiantes, fueron los temas de las relaciones. Es decir, desarrollo mental apropiado, informa Sherry Benton, director asistente del consejo de la Universidad del Estado de Kansas. Pero en 1996, la ansiedad alcanzó la preocupación por las relaciones y ha permanecido como el problema principal. El Centro de Depresión de la Universidad de Michigan, el primero del país, estima que el quince por ciento de los estudiantes universitarios de toda la nación están sufriendo solos ese trastorno.

Los problemas de relaciones interpersonales no han desaparecido sino que su naturaleza ha girado dramáticamente y ha aumentado su severidad. Las universidades informan de aun más casos de persecución obsesiva, de otro modo conocida como acoso, que conducen a la violencia, aun a la muerte. La anorexia o bulimia en su forma subclínica ahora aflige al cuarenta por ciento de las mujeres en algún momento de su carrera universitaria. Once semanas de un semestre, informa el psicólogo Russ Federman, jefe del consejo de la Universidad de Virginia, «todos los cupos citados están llenos. Pero los estudiantes no paran de venir».[1]

El autor Hara Estroff Marano en el mismo artículo de la revista *Psychology Today* (Psicología Hoy) dice: «Pero cuando los padres engañan en nombre de ellos para adelantar a otros chicos», mediante adaptaciones, recomendaciones o encubriéndolos en sus suciedades, corroen completamente su sentido de sí mismos. Ellos sienten que «No puedo hacer esto por mí mismo». Le roban así su propio «sentido de eficiencia». El chico comienza a pensar: «Si necesito todas las ventajas que pueda obtener, entonces tal vez realmente algo pase conmigo». Esto garantiza la depresión.

John Portmann de Virginia siente que los efectos son aun más perniciosos; ellos debilitan todo el tejido de la sociedad. Él ve a los jóvenes debilitarse delante de sus ojos, más receptivos a la muchedumbre, demasiado ansiosos para adaptarse, menos enérgicos en la clase, no dispuestos a estar en desacuerdo con sus semejantes, temerosos de cuestionar a la autoridad, más deseosos de adaptarse a las expectativas de los que están encima de ellos en el próximo rango de autoridad.

El resultado final de engañar a la niñez encubriendo las consecuencias de las malas decisiones de nuestros hijos es extenderla para siempre. A pesar de todas las presiones paternales los hijos retroceden en su propio camino. Y tardan más en crecer.

La adultez ya no comienza cuando termina la adolescencia, según un informe reciente del sociólogo Frank F. Furstenberg y sus colegas de la Universidad de Pennsylvania. Sin embargo, hay un aumento en la tierra de nadie que existe en la postadolescencia desde los veinte a los treinta años, a la que apodan «preadultez». Los que están en ella parecen adultos pero «no lo son completamente aún —adultez que tradicionalmente se define como terminar la universidad, conseguir un trabajo con beneficios, casarse y ser padres—, porque no están listos o tal vez no se les permite hacerlo».

Usando los puntos de referencia clásicos de la adultez, el sesenta y cinco por ciento de los varones había alcanzado la adultez a la edad de treinta años en 1960. En contraste, en el año 2000, el número había disminuído al cuarenta y seis por ciento.[2]

Como adultos, deberíamos hacer saber a nuestros hijos que cometer errores es una parte aceptable de la vida. En vez de ser derrotados por los errores, podemos aprender de ellos. Pero podemos arruinar el proceso si encubrimos las consecuencias de sus errores. Por lo tanto, se debe alentar a los niños a que corran riesgos apropiados aunque eso signifique que cometan errores. Si ven sus errores como experiencias de aprendizaje en lugar de evidencia de su incompetencia, continuarán tomando decisiones. La capacidad de perseverar en las tareas difíciles y recuperarse de los fracasos son signos de que el niño está creciendo y madurando. Los niños confiados y seguros serán adultos exitosos. Adquirirán la capacidad de alentar y sostener a otros a lo largo de los difíciles momentos de la vida. Ayudar a sus hijos a forjarse una autoestima positiva les despejará el camino para tener vidas felices y con éxito. Ninguna otra experiencia puede ser más gratificante para un padre. El problema radica en el hecho de que los padres encubren cada vez más a sus hijos en sus errores, lo que disminuye el rol que representan las consecuencias en la enseñanza de nuestros hijos acerca de la vida. Ellos aprenden que las consecuencias pueden ser manipuladas y aun quitadas con suficientes recursos y la ayuda de otras personas, especialmente sus padres. Esto, por supuesto, causa un número de problemas en su desarrollo de adultos maduros. Considere una porción de un artículo de www.mainlinenews.com acerca de la protección de los padres con los hijos y las malas decisiones de estos.

> El 16 de septiembre, por lo menos cincuenta estudiantes de la escuela de secundaria local, asistieron a una fiesta en nuestra comunidad en la que los menores consumían alcohol. Muchos de ellos eran estudiantes del último año. Como siempre, la fiesta se realizó en una casa donde no estaban los padres. Al poco rato, se derramaron las bebidas, las bolsas de basura desbordaban sobre el piso y la comida yacía desmenuzada en las alfombras. Pero el «destrozo» de la casa fue el menor de los problemas.
>
> Un vecino llamó a la policía y, cuando llegaron, los adolescentes se dispersaron. Se internaron entre los arbustos, corriendo de prisa por las calles oscuras y saltando cercos. Como era una fiesta grande, muchos chicos se escaparon, ocultándose, corriendo y aun manejando a pesar de haber estado bebiendo.
>
> Lo más molesto fue que una veintena de padres condujeron ayudando a huir a sus hijos. Un observador adulto describió la escena así: «Los padres agarraban por los brazos a sus hijos borrachos y los metían dentro de sus autos. Era algo ¡surrealista!» Un oficial comentó: «Hemos visto madres y padres llegando para "rescatar" a sus hijos, pero este fue un grupo particularmente grande de padres».

Mi duda es que algunos padres piensan que tienen que actuar como sus hijos para ganar su aprobación. Recuerdo que uno de mis compañeros de secundaria siempre estaba en problemas con el director. Nosotros teníamos que usar nuestros uniformes, que incluían pantalones grises, camisa blanca y suéter azul. Este compañero en particular nunca usaba su uniforme. Iba a la escuela con pantalones cortos, medias de distinto color, zapatos deportivos, pelo teñido de dos colores, un aro y una camiseta de color brillante. No importaba cuántas veces el director le hablara, él se rehusaba a usar el uniforme. Finalmente decidieron llamar al padre. Este se apareció con pantalones cortos, medias de color diferente, zapatos deportivos, pelo teñido de dos colores, un aro y una camiseta de color brillante. Me pregunto si esperaba ayudar a su hijo pareciéndose a él. Los hijos no necesitan que los padres actúen como ellos o que los rescaten de sus errores. Necesitan adultos maduros que puedan amarlos y que sepan cuándo el amor debe ser severo.

El artículo continúa diciendo:

> Los padres que flagrantemente ostentan leyes para «proteger» a sus adolescentes de la policía les están diciendo a sus hijos que quebrantar la ley y estropear las casas de las personas es aceptable, y que deberían evitar recibir las consecuencias de sus conductas.

Muchos chicos ya han interiorizado estos mensajes. Cuando una fiesta es «disuelta», ellos saltan por las ventanas y se arriesgan a herirse. Manejan ebrios o se van con alguien. Si son abordados por la policía, algunos adolescentes siguen el consejo de sus padres y rehúsan a que les tomen la prueba de alcoholemia o responder preguntas. Ellos saben que su familia contratará un abogado para que los libere. ¿Qué están le diciendo estos padres a nuestra comunidad acerca de hacerse responsables de la salud y el bienestar de todos nuestros hijos? Están socavando el trabajo de miles de personas que se preocupan. Los policías que disuelven las fiestas para prevenir que los chicos se lastimen están apoyados por educadores, consejeros guía, oficiales antidroga, enfermeras de escuela, trabajadores sociales, terapeutas en droga y alcohol, doctores, jueces y voluntarios comunitarios cuyo trabajo es ayudar a los chicos a llegar sin riesgo a la adultez.

Estos padres están mal encaminados. Piensan que están salvaguardando el futuro de sus hijos ayudándoles a evitar pagar el pato. La universidad, donde prolifera el beber hasta el hartazgo, está a la vuelta de la esquina. ¿Cómo estarán preparados sus hijos para tomar decisiones saludables, responsables y éticas como jóvenes adultos en el mundo real?

Es hora de que los padres estén a la altura de la tarea de elevar a sus hijos a ciudadanos honrados de nuestra sociedad. Dejarlos en libertad bajo fianza sin problemas les enseña lo contrario.[3]

Permitirles a nuestros hijos sentir dolor, sufrir las consecuencias, lidiar con contratiempos es parte de una vida saludable. Esta es una noción extraña para la mayoría de los padres modernos. En nuestro deseo de proteger a nuestros hijos de las realidades duras de la vida, los escudamos del mecanismo esencial de arreglárselas por sí mismos, de la capacidad de conformarse con el fracaso. Poner a nuestros hijos en libertad bajo fianza, puede robarles la oportunidad de recuperar sus pérdidas. Esto no significa que usted deba eludir sus responsabilidades. Aun necesita estar allí en los momentos cruciales.

Es natural para los padres que quieran proteger a sus hijos. Esa inclinación nos da placer cuando nos ponen al recién nacido en nuestros brazos la primera vez y continúa aun después que dejan el hogar y comienzan a vivir por su cuenta. Cuando somos padres, proteger a nuestros hijos se vuelve nuestra responsabilidad más importante. Después de todo ellos están indefensos, por lo menos al principio, y somos penosamente conscientes de que sin nosotros, perecerían. Pero esto no es verdad cuando ellos crecen. Recuerdo una madre que me dijo que su hijo adolescente no podía dejar de mentir. Le pregunté otra vez si pensaba que su hijo tenía alternativa al respecto. Ella me miró y con lágrimas en sus ojos dijo: «Mi hijo no puede superarlo». Ella estaba tratando a su hijo como a una víctima. No importaba si el chico aprendió a vivir una vida de mentiras ya que su madre nunca lo hizo responsable de sus malas decisiones.

Cuando nuestros hijos crecen, debemos comenzar a quitar esa protección poco a poco, particularmente cuando se refiere al área de la disciplina. Enseñarles a los chicos que sus acciones tienen consecuencias y permitirles experimentarlas en situaciones cuidadosamente dispuestas puede ser una de las herramientas más valiosas para el cuidado de los hijos que los padres puedan utilizar.

Los padres que ponen a sus hijos en libertad condicional les están produciendo un gran perjuicio. Esos hijos pueden crecer creyendo que sus acciones no tienen consecuencias. Creen que siempre aparecerá alguien para resolver el enredo que provocaron, sacarlos del problema y protegerlos de las duras realidades de la vida. Posteriormente están desprevenidos para la adultez.

El amor firme no es duro para el niño, es duro para mami y papi, también. Es muy difícil. Nadie quiere escuchar al escolar promedio lamentándose de la mala calificación que obtendrá en el proyecto que pospuso y, por supuesto, «¡Es todo por TU culpa!» E imagínese la vergüenza cuando los amigos descubran que el hijo pasó una noche en la jaula para borrachos en la cárcel del condado. Es mucho más fácil ceder que tratar con los rollos.

En una de sus cartas, el doctor Jim Taylor nos recuerda que muchos padres han confundido ayudar a la autoestima de sus chicos con irresponsabilidad.

La autoestima es el factor del desarrollo más incomprendido y más incorrectamente usado de los pasados treinta años. Los expertos en estar detrás de los niños durante el inicio de la década de los 1970 decidieron que todos los esfuerzos de nuestra sociedad deberían estar dedicados a ayudar a los niños a fortalecer su autoestima. Yo no podía estar más de acuerdo. Se había descubierto que los niños con autoestima podían funcionar mejor en el colegio y los deportes, tener mejores relaciones interpersonales, y tener tasas menores en problemas de conducta.

Desafortunadamente, estos mismos expertos les dijeron a los padres que la mejor manera de desarrollar la autoestima era asegurarse de que los chicos siempre se sintieran bien consigo mismos. A los padres se les dijo que amaran, elogiaran, reforzaran, recompensaran y alentaran a sus niños sin importar lo que hicieran. Desafortunadamente, este método formó niños egoístas, malcriados y con derechos.

También se dirigió a los padres a creer que tenían que asegurarse de que sus niños nunca se sintieran mal consigo mismos porque eso lastimaría su autoestima. Por lo tanto hicieron todo lo posible por proteger a sus niños de todo lo que podía crear malos sentimientos. Los padres no regañaban a sus niños cuando se portaban mal. Los padres no disciplinaban a sus hijos cuando no hacían su mejor esfuerzo en el colegio. En suma, no hicieron que sus hijos se responsabilizaran de sus acciones, particularmente si cometían errores o fracasaban: «Cielos, ¡eso lastimaría la autoestima de mi pequeño!»

Los colegios y las comunidades se tragaron el anzuelo en ese intento mal dirigido a forjar la autoestima «protegiendo» al niño de los malos sentimientos acerca de sí mismos. Por ejemplo, se cambiaron los sistemas de calificaciones del colegio. Recuerdo que entre sexto y séptimo grado mi escuela media reemplazó la I de Insuficiente por NM (Necesita Mejorar). ¡Dios guarde que me sienta mal por fracasar en algo! En los deportes se eliminaron los estados de los equipos, los ganadores y los perdedores por la creencia de que perder lastimaría la autoestima del niño. Mi sobrina de cuatro años vino un día a casa después de un torneo de fútbol con una cinta que decía «Primer ganador». Cuando le pregunté qué había hecho para merecer tan maravilloso premio, ¡ella dijo que todos obtuvieron uno! Aunque Woody Allen dijo una vez que el noventa por ciento del éxito consiste en solo comparecer, es el diez por ciento restante, la parte que requiere trabajo duro, disciplina, paciencia y perseverancia, lo que constituye el verdadero éxito. Los niños están siendo dirigidos a creer que, según la visión de Woody Allen, pueden ser exitosos y sentirse bien consigo mismos con solo asistir. Pero eso no es suficiente en la sociedad exigente de hoy en día. Por el hecho de recompensar o solo por mostrarse, no están aprendiendo lo que realmente implica ser exitoso; por lo que mostrarse o exponerse en definitiva no forjará autoestima alguna.

El supuesto beneficio de esta mentalidad es que la autoestima de los niños está protegida. Si éstos no son responsables de todas las cosas malas que les ocurren, entonces no se pueden sentir mal consigo mismos y su autoestima no será lastimada. Esta creencia ha sido apoyada por la cultura de la victimización en la que vivimos: «No es mi culpa, no es culpa de mi hijo. Pero alguien tiene que ser responsable y nosotros vamos a demandarlo». En su intento deficientemente concebido de proteger la autoestima de los hijos, nuestra sociedad ocasionó lo mismo que tomó para prevenir tales dolores, niños con autoestima baja, sin sentido de responsabilidad y con los problemas emocionales y de comportamiento que esto acarrea.

El doctor Jim Taylor habla acerca de la importancia de ayudar a nuestros hijos a hacer crecer su autoestima con algo que llama un «sentido de responsabilidad de sus acciones», que sus acciones son importantes, que sus acciones tienen consecuencias; «si hago cosas buenas, ocurren cosas buenas, si hago cosas malas, ocurren cosas malas, y si no hago nada, no ocurre nada». La antítesis de este método son los niños echados a perder, si ellos hacen bien, mal o nada, obtienen lo que quieren. Por desdicha, sin este sentido de responsabilidad, los niños están totalmente incapacitados para la adultez ya que en el mundo real nuestras acciones sí tienen consecuencias.

Ese sentido de responsabilidad y la autoestima que lo acompaña son las dos caras de la misma moneda. Si los niños no asumen la responsabilidad de sus errores y fracasos, no pueden ser responsables de sus éxitos y logros. Y sin esa responsabilidad, no pueden sentirse realmente bien consigo mismos ni experimentar el significado, satisfacción y alegría de ser dueños de sus esfuerzos. Además, sin el deseo de asumir responsabilidad, los niños son verdaderas víctimas; son débiles para cambiar las cosas malas que les puedan ocurrir. Con el sentido de responsabilidad, los niños aprenden que cuando las cosas no van bien, tienen la fuerza para poder hacer cambios en su vida para mejorarlas.

El objetivo es elevar a los niños con ambos componentes de la autoestima real, en los que no solo se sientan amados y valorados, sino también tengan ese sentido de responsabilidad altamente desarrollado. Sí, ellos se sentirán mal cuando cometan errores y fracasen. Pero, ¿quiere que sus niños no se sientan mal cuando se salgan de los carriles? ¿Cómo aprenderán qué es lo que no deben hacer y lo que necesitan hacer para mejorar las cosas en el futuro? Contrariamente a la creencia popular, estas experiencias forjarán —no lastimarán— su autoestima. Permitiéndoles asumir la responsabilidad de sus vidas, como también de los logros y los tropiezos, sus niños adquieren la capacidad de cambiar las malas experiencias, y crear y saborear las buenas experiencias.[4]

Es importante detenerse aquí por un minuto y decir que puede haber algunas personas que puedan alegar: «¿No nos dice la Biblia que debemos ser responsables los unos de los otros? ¿No dice que debemos sobrellevar los unos las cargas de los otros? Sí, nosotros tenemos la responsabilidad de sobrellevar las cargas de los otros. Gálatas 6.2 afirma: «Sobrellevad los unos las cargas de los otros, y cumplid así la ley de Cristo» (RV).

Pero este versículo muestra nuestra responsabilidad hacia los otros, no una responsabilidad por ellos. Esto habla acerca de las cargas, enormes pesos que son tan pesados para los demás que no pueden llevarlas por sí solos. Nuestra responsabilidad hacia ellos es ayudarlos en tiempos de necesidad, así es como mostramos nuestro amor por ellos. Pero solo tres versículos más adelante, en Gálatas

6.5, la Palabra de Dios dice que cada cual llevará su carga. Eso significa que nosotros tenemos que llevar lo que nos pertenece. De lo que somos responsables.

Cada cual llevará su carga.

Noten la diferencia entre carga y peso. Un peso es con lo que tenemos que tratar diariamente, algo que podemos manipular, aunque eso requiera algún esfuerzo, como una mochila que llevemos en una caminata. Nadie la llevaría por nosotros. Tenemos que asumir la responsabilidad de nuestra vida diaria y somos responsables de llevar los pesos que vengan con ella. Los problemas surgen, cuando las personas actúan como si sus cargas fueran algo que ellas pueden llevar solas y rehúsan la ayuda, o como si sus pesos diarios fueran demasiado pesados para ellos o algo que no deberían llevar, o a la inversa, si nosotros rehusamos ayudar a otros en necesidad o si quitamos los pesos de otros que deberían llevar ellos mismos. Los resultados de estas acciones son o dolor constante o irresponsabilidad crónica. Si queremos evitar eso para nosotros, necesitamos determinar dónde comienza y dónde termina nuestra responsabilidad. Existe una gran diferencia entre esconder o encubrir las consecuencias de nuestros hijos y ayudarles a lo largo de etapas duras a pesar de las consecuencias. Queremos que nuestros hijos aprendan a ocuparse de sus errores. Con respecto a la conducta de ellos encontramos lo que afirma Gálatas 6.7-8. Para ayudarnos a entender las consecuencias.

Todo lo que el hombre sembrare, eso también segará. (RV)

Esto no es una amenaza sino una ley «natural». Si estudiamos, aprenderemos un montón. Si vamos a trabajar, se nos pagará. Si actuamos amorosamente, tendremos relaciones más estrechas. Por el lado negativo, podemos esperar fracaso, pobreza o una gran cantidad de problemas como consecuencia de la irresponsabilidad, ocio o falta de autocontrol. Proverbios 15.10 declara: «La disciplina es molesta para aquél que deja el camino».

El problema es que las personas siempre han tratado evadir esta ley natural de la siembra y la siega. Y aparentemente algunos tuvieron éxito. Pero esto solo puede ocurrir si alguno interrumpe la ley en la vida de otra persona. Nosotros somos quienes tomamos decisiones y quienes tenemos que soportar las consecuencias. A lo largo de la Biblia se nos recuerda el hecho de que somos responsables por las decisiones que tomemos. Deuteronomio 30.19-20 indica:

> A los cielos y a la tierra llamo por testigos hoy contra vosotros, que os he puesto delante la vida y la muerte, la bendición y la maldición; escoge, pues, la vida, para que vivas tú y tu descendencia, amando a Jehová tu Dios, atendiendo a su voz, y siguiéndole a él; porque él es vida para ti, y prolongación de tus días; a fin de que habites sobre la tierra que juró Jehová a tus padres, Abraham, Isaac y Jacob, que les había de dar. (RV)

A menudo no nos gusta aceptar las consecuencias de nuestras decisiones. En Mateo 20.13, por ejemplo, un trabajador se enoja por recibir el salario por el que había accedido a trabajar, porque otros aparentemente habían obtenido una mejor paga. En la vida de hoy, a menudo tratamos de desconocer nuestra decisión diciendo: «Tengo que» o «No puedo», en vez de declarar con sinceridad: «Estoy decidido a» o «No quiero». Nosotros tratamos de descargar la responsabilidad de nuestras decisiones sobre otros o sobre las circunstancias. Como resultado, a menudo nos sentimos presionados a tomar decisiones que no nos gustan. Dios no quiere eso. Puede ser más fácil seguir la tendencia o a la gente que nos rodea, solo porque no queremos salir fuera de lo común. Pero esto ciertamente no nos dará la vida realizada que deseamos. Sea que lo sintamos o no, tenemos que darnos cuenta de que somos responsables por nuestras decisiones. Nuestros hijos necesitan aprender esto con las suyas. Si lo hacemos así, tomaremos pocas decisiones por las que nos lamentaremos más tarde y seremos felices a largo plazo.

La Biblia nos enseña que si nos excedemos de los límites divinos, habrá consecuencias. Uno de los pasajes más conocidos acerca de esto es Romanos 6.23: «Porque la paga del pecado es muerte». (RV)

Así como la Biblia asigna consecuencias para ciertas conductas, necesitamos justificar nuestros límites con consecuencias, de otro modo las personas descubrirán que pueden excederlos siempre que quieran. En un mundo ideal, las personas aceptarían sus límites sin amenaza alguna por las consecuencias. Pero los padres son dolorosamente conscientes del hecho de que los hijos casi nunca aceptan límites si no son «forzados». Muchos adultos no son mucho mejor en ese sentido.

Si usted experimenta que sus límites no son respetados, necesita comunicar las consecuencias y, aun más importante, continuar con ellas. Cuántas vidas de jóvenes adultos podrían haber cambiado si los padres hubieran continuado con su amenaza: «No más dinero si abandonas otro trabajo sin tener otro empleo». En 2 Tesalonicenses 3.10 Pablo ordena que si alguno no quiere trabajar, que tampoco coma. Dios no permite una conducta irresponsable, por tanto tampoco nosotros deberíamos permitirla. Por supuesto, las consecuencias de traspasar un límite deberían ser apropiadas y nunca una venganza por un mal comportamiento.

Algunas personas tienen dificultades para dejar que las consecuencias desempeñen su papel en las vidas de sus hijos por las malas experiencias que tuvieron con sus propias consecuencias. Tener que aceptar las consecuencias de nuestras decisiones no es placentero, porque nadie disfruta realmente de encargarse de sus errores.

Desarrollar chicos emocionalmente saludables y equilibrados no es fácil, porque podemos crear un gran daño; tanto en la falta de apoyo que ayude a nuestros hijos a lo largo de sus consecuencias o cubriéndoles de sus errores. Todos decepcionamos a nuestros hijos hasta cierto punto y, probablemente, todos hemos descubierto en qué nos decepcionaron nuestros padres. Pero la buena noticia es que los daños pasados no tienen que quedarse con nosotros. Podemos llevarlos a Dios que nos sanará.

Las personas que han sido lastimadas por sus errores a menudo tienden a desconocer el mal sentimiento y lo proyectan en otros. Al sentir su propio dolor en otros, evitan poner límites en otros, ya que imaginan lo devastadores que serían para ellos. Conocen poco acerca de lo que realmente causa dolor en los otros porque nunca dudan que los sentimientos de los demás puedan ser diferentes a los propios. Nunca deberíamos proyectar nuestros propios sentimientos en nuestros hijos ni asumir que sabemos exactamente cómo sienten ellos. Es un insulto a su individualidad. A pesar de lo bien que los conozcamos, son diferentes a nosotros.

Una incapacidad de tratar con las consecuencias cuando las encubrimos por nuestros hijos puede convertirse en una relación idolátrica para ellos. Si el bienestar emocional de nuestros hijos depende únicamente de estar allí todas las veces para protegerlos de sus errores, entonces algo en esta relación está severamente fuera de equilibrio. Aunque ciertamente nos necesitemos uno al otro, nadie más que Dios es indispensable. Si consideramos que una persona importante es responsable de pagar nuestra fianza y nos desesperamos si no lo hace, creamos una dependencia enfermiza. No deberíamos hacer eso nunca, ya que lesiona nuestra libertad y desarrollo tanto espiritual como emocional. En esencia, usted les da a otros el control de su vida y la responsabilidad de ella. Es en ese momento que me gustaría traer un tema importante directamente relacionado con nuestras familias. Esa incapacidad de encargarse de las consecuencias que pueden transformarse en relación idólatra tiene muchas caras. Una de ellas se llama codependencia.

Es un pecado esparcido mediante acciones y palabras, culpa y favoritismo, abuso y negligencia. Causa baja autoestima, enojo, depresión, suicidio, enfermedad, incapacidad para trabajar, paranoia y hasta muerte.

Lo peor de este pecado es que es difícil de identificar. Como el globo negro que lentamente se transforma en Veneno, en la película Spiderman III, y que reclama a sus víctimas emoción por emoción, hasta que su víctima no puede distinguir más entre el veneno y ella misma. Y si no se lo detecta crece hasta que consume a su víctima y sus conocidos, convirtiéndolos a menudo en completamente ineficaces en la vida.

Puede encontrarse en las instituciones más altas del conocimiento, en la iglesia, en el gobierno y en el hogar. Sin embargo, su control no tiene poder en aquellos que lo identifican y deciden alejarse.

He aquí hay algunas definiciones de la Internet para ayudarnos a entender la codependencia.

1. Sufrimiento o disfunción que está asociada o resulta de enfocarse en las necesidades y conductas de otros. [5]
2. Un grupo de conductas inadaptadas y compulsivas aprendidas por miembros de la familia para sobrevivir en un entorno emocionalmente doloroso y estresante. Estas conductas son

transmitidas de generación en generación ya sea que el alcoholismo esté presente o no.

3. La codependencia es un concepto popular de psicología del programa de consejería Doce pasos. Un «codependiente» se define someramente como alguien que presta demasiada atención, y a menudo de forma inapropiada, a personas que dependan de él o ella.[6]

En el círculo de la codependencia, las personas básicamente establecen una estructura de dependencia familiar enfermiza, el uno del otro, en lugar de Dios. En lugar de enfocarse en Dios, la familia comienza a concentrarse en la persona que necesita o reconocimiento o ayuda, la persona que abusa o enferma comienza involuntariamente a establecer la posición en la vida de lo que le corresponde a Dios.

Los miembros de la familia a menudo se motivan con el uso de la culpa y las emociones u otra manipulación. Existe una gran angustia emocional. Los miembros, a menudo, sufren desórdenes de ansiedad e incapacidad para controlar la presión. A menudo todos los miembros se automedican, de un modo u otro, volviéndose dependientes no solo de la estructura enfermiza, sino de medicamentos y del abuso de otras drogas. Cuando las presiones se tornan demasiado grandes, encuentran aislamiento físico, escapismo virtual mediante videojuegos, películas, música, pornografía, literatura trágica y casi todas esas novelas pornográficas como un medio para sobrellevar su dolor interior y la baja autoestima que acompaña a la estructura codependiente de la familia. Fuera de la estructura familiar, la familia encuentra estructuras disfuncionales similares en el trabajo, la religión y la amistad. En la iglesia o el trabajo, el pastor o el supervisor o jefe se transforma en la figura central a quien todos tratan de agradar, y quien normalmente de manera inconsciente comienza a ejercer más y más influencia en las vidas de los codependientes, que se encuentran a sí mismos viviendo para agradar a esta persona e incapaces de tomar decisiones fuera de su aprobación y dirección.

Esta es la persona enferma cuyas adicciones, enfermedad o secretos son apoyados por la familia. Como mínimo un miembro de la familia se transforma en el héroe y salvador, el campeón de la familia. Otro miembro se transforma en el payaso, y el otro en el rebelde o la oveja negra. Aunque esos roles pueden ser asumidos en diferentes momentos por cualquier miembro de la familia, el ciclo de enfermedad continúa, con el hombre asumiendo el papel que sólo Dios puede desempeñar como Salvador del mundo, y la familia poniendo presión para anular el uno al otro para que funcione. En última instancia el héroe sufre un tipo de crisis emocional y la familia se reformula con alguien más que toma el papel de salvador. Las personas acostumbradas a la estructura de familia codependiente involuntariamente la buscan en cada salida y encuentro social. Los codependientes buscan iglesias, trabajos y amistades que sean similares a su estructura familiar.

Para escapar del círculo de la codependencia hay algunos temas subyacentes, mitos y verdades que deberían ser tratados.

1. **Agradar al hombre.** La mayoría de los codependientes se sienten realmente responsables de cómo se sienten otras personas. Una vez conocí a una joven que no podía decir «no» a los muchachos que la invitaban a salir porque, aunque no quisiera brindarles una cita, se sentía terriblemente culpable si decía «no» y, en su mente, corría el riesgo de lastimar los sentimientos de los muchachos. No es necesario decir que se encontró en terribles aprietos que lastimaron los sentimientos de las personas mucho más que si hubiera hablado y hecho lo correcto. Usted no puede hacer feliz a todo el mundo.

2. **Mi vida es trágica por otras personas que me la han echado a perder.** A decir verdad, cada uno de nosotros somos responsables ante Dios por nuestras vidas. El doctor Scott Peck, en *Un camino sin huellas,* dice que el primer paso hacia la recuperación es hacerse responsable de sus propias acciones.

   Si queremos cambiar los modelos del pasado no es suficiente señalar los errores cometidos. Debemos reconocer que aún somos responsables de esas acciones. ¡Nosotros tenemos una alternativa! ¡Nosotros tenemos una responsabilidad! ¡Y LOS ESFUERZOS HUMANOS NO SON SUFICIENTES!

3. **Es mi responsabilidad mantener a nuestra familia unida.** La verdad es que mi tarea es seguir a Dios. Él es el único que mantiene todas las cosas juntas (1 Juan). Recientemente estaba hablando con una querida amiga de Perú. Ella me dijo

que a su cuñado le gustaba beber mucho, pero que cuando se emborrachaba maldecía y se descontrolaba. Ella había adoptado una postura para proteger a sus hijos decidiendo no invitar a los miembros de su familia a su casa ni a pasar tiempo con él. Él tomó represalia diciéndole a la familia que ella había destruido la unión entre todos. Esta es una típica situación de codependencia. ¿Quién estaba en falta? ¿Mi amiga? ¿Los chicos por ser tan sensibles? ¿El cuñado alcohólico? ¿No deberíamos llegarnos al enfermo alcohólico y hacerle concesiones? ¿No necesita buenas influencias y aceptación para que él vea la bondad de Dios y se vuelva a Dios para que lo ayude? Realmente, como dice sabiamente el doctor James Dobson: «El amor debe ser firme». La tarea de mi amiga fue honrar a Dios protegiendo a su familia. Eso es, sus hijos y esposo. El cuñado, en vez de aceptar la responsabilidad de sus acciones y cambiar su conducta para que pudiera ser aceptable socialmente, simplemente trató de poner al resto de la familia en contra de la única persona que había hecho lo correcto.

¿Qué es lo que provoca las adicciones? ¿Por qué no podemos parar? ¿No es Dios lo suficientemente grande? Vemos a los que no tienen hogar durmiendo en las alcantarillas y mendigando por las calles y a las personas cojeando dañadas por el abuso de las drogas, sin embargo la adicción continúa. ¿No son las consecuencias suficientes para pararnos? Vemos personas con sobrepeso por todas partes, aun nosotros comemos en exceso y sufrimos enfermedades a causa de eso. El alcoholismo, los pecados sexuales, la pornografía, las palabrotas, la glotonería, la homosexualidad, los chismes, las conductas abusivas y otros innumerables pecados acosan a las personas de todas las religiones. ¿Cómo es eso? Si conocemos el resultado final de tal conducta, entonces ¿por qué hacerlo?

4. Todos hablan de los demás. La evaluación pública de mis amigos, compañeros de trabajo y otros es sana y normal. La verdad es que hablar acerca de otros se llama chisme. Es un pecado. Si usted no puede decir nada bueno, no diga nada. Una de las caras feas de la codependencia es la conversación maliciosa. Ella brota de los sentimientos intensos de falta de

mérito y de la falta de confianza y estima personal. Los amigos y enemigos igualmente son elogiados y luego desacreditados en la misma oración. «Tal y tal es hermoso pero... » «Ella es tan inteligente y superdotada PERO...»

En el Salmo 15, David escribe:

Jehová, ¿quién habitará en tu tabernáculo? ¿Quién morará en tu monte santo? El que anda en integridad y hace justicia Y habla verdad en su corazón. El que no calumnia con su lengua. Ni hace mal a su prójimo. Ni admite reproche alguno contra su vecino. Aquel a cuyos ojos el vil es menospreciado. Pero honra a los que temen a Jehová. El que aun jurando en daño suyo, no por eso cambia. Quien su dinero no dio a usura. Ni contra el inocente admitió cohecho. El que hace estas cosas, no resbalará jamás. (RV)

¿Es posible que usted esté buscando a Dios pero que Él no le esté respondiendo? ¿Puede ser que la razón sea que su discurso hacia Él sea ofensivo?

Isaías 59 declara:

He aquí que no se ha acortado la mano de Jehová para salvar, ni se ha agravado su oído para oír; pero vuestras iniquidades han hecho división entre vosotros y vuestro Dios, y vuestros pecados han hecho ocultar de vosotros su rostro para no oír... (v. 3b) vuestros labios pronuncian mentira, habla maldad vuestra lengua. (RV)

Dice Isaías que el resultado es que nosotros nos encontramos en el siguiente aprieto (59.9-15):

Por esto se alejó de nosotros la justicia, y no nos alcanzó la rectitud; esperamos luz, y he aquí tinieblas; resplandores, y andamos en oscuridad. Palpamos la pared como ciegos, y andamos a tientas como sin ojos; tropezamos a mediodía como de noche; estamos en lugares oscuros como muertos. Gruñimos como osos todos nosotros, y gemimos lastimeramente como palomas; esperamos justicia, y no la hay; salvación, y se alejó de nosotros. Porque nuestras rebeliones se han multiplicado delante de ti, y nuestros pecados han atestiguado contra nosotros; porque con nosotros están nuestras iniquidades, y conocemos nuestros pecados: el prevaricar y mentir contra Jehová, y el apartarse de en pos de nuestro Dios; el hablar calumnia y rebelión, concebir y proferir de corazón palabras de mentira. Y el derecho se retiró, y la justicia se puso lejos; porque la verdad tropezó en la plaza, y la equidad no pudo venir. (RV)

En el capítulo 58 Isaías escribe:

Clama a voz en cuello, no te detengas; alza tu voz como trompeta, y anuncia a mi pueblo su rebelión, y a la casa de Jacob su pecado. Que me buscan cada día, y quieren saber mis caminos, como gente que hubiese hecho justicia, y que no hubiese dejado la ley de su Dios; me piden justos juicios, y quieren acercarse a Dios. ¿Por qué, dicen, ayunamos, y no hiciste caso; humillamos nuestras almas, y no te diste por entendido? He aquí que en el día de vuestro ayuno buscáis vuestro propio gusto, y oprimís a todos vuestros trabajadores. He aquí que para contiendas y debates ayunáis y para herir con el puño inicuamente; no ayunéis como hoy, para que vuestra voz sea oída en lo alto. ¿Es tal el ayuno que yo escogí, que de día aflija el hombre su alma, que incline su cabeza como junco, y haga cama de cilicio y de ceniza? ¿Llamaréis esto ayuno, y día agradable a Jehová? ¿No es más bien el ayuno que yo escogí, desatar las ligaduras de impiedad, SOLTAR LAS CARGAS DE OPRESIÓN, Y DEJAR IR LIBRES A LOS QUEBRANTADOS, Y QUE ROMPÁIS TODO YUGO? (RV)

Isaías continúa describiendo lo que le es aceptable y placentero en los versículos 58.9-12:

Entonces invocarás, y te oirá Jehová; clamarás, y dirá él: Heme aquí. Si quitares de en medio de ti el yugo, el dedo amenazador, y el hablar vanidad; si dieres tu pan al hambriento, y saciares el alma afligida, en las tinieblas nacerá tu luz, y tu oscuridad será como el mediodía. Jehová te pastoreará siempre, y en las sequías saciará tu alma, y dará vigor a tus huesos; y serás como huerto de riego, y como manantial de aguas, cuyas aguas nunca faltan. Y los tuyos edificarán las ruinas antiguas; los cimientos de generación y generación levantarás, y serás llamado reparador de portillos, restaurador de calzadas para habitar. (RV)

5. Mito: Usted llegó a conocer bien a alguien y esa es la persona con quien se casó. La verdad es que la personalidad NO es el carácter.

Para el codependiente es especialmente difícil forjar el carácter. Existe la presión constante, por lo menos en el mundo cristiano, de mal interpretar el equilibrio entre ser agradecido por lo que Dios hizo por usted y ser orgulloso. Parece que creemos que si nos reprendemos y nos odiamos a nosotros mismos somos humildes ante los ojos de Dios. De algún modo pensamos que estamos agradando a Dios cuando estamos al final de nuestra tolerancia con nosotros mismos. Pero yo no pienso más que Dios se agrada con ese pensamiento. David dijo, en el libro de los Salmos, que nosotros fuimos hechos «formidables y maravillosos». Si no somos agradecidos por lo que Dios hizo por nosotros, ¿cómo podemos aceptarnos? ¿Cómo podemos amar al que nos hizo de una manera tan tremenda? Y, si el fundamento de nuestra capacidad para amar a otros, es nuestra aceptación y amor por nosotros, cual es el paralelo que Jesús hace claramente cuando dice: «Amarás a tu prójimo como a ti mismo», entonces, si fracasamos en amarnos, ¿cómo podemos amar a otros?

Cuanto más tiempo estoy en el ministerio, tanto más me convenzo de que todas las personas han sufrido dolor y una aplastante mayoría de las personas ha sufrido algún tipo de maltrato, ya sea físico, emocional, sexual, racial o espiritual. Todos han experimentado dolor. Dolor es dolor. El dolor lastima. Todos sabemos que lastima. Vivimos en un mundo caído, y aunque el plan de Dios para su creación no fue experimentar dolor, lo sufrimos. El esplendor y la bondad divinos se muestran en el hecho de que «sabemos que a los que aman a Dios, todas las cosas les ayudan a bien, esto es, a los que conforme a su propósito son llamados...» Solamente un Dios bueno y generoso pudo hacer algo maravilloso del desastre en el que se habían transformado nuestras vidas. Satanás solo puede matar y destruir. ¡Él no puede crear ni reparar lo que destruye! Dios el Creador puede sacar lo bueno de una creación que se volvió desagradable, puede extender la gracia a aquellos que no la tienen, y sanar a los que han sido quebrantados y desechados por el hombre. Él nos ofrece a todos Su mano derecha todopoderosa. ¿La tomaremos y dejaremos que cure aquello que el hombre y Satanás han unido sus fuerzas para destruirlo? Él puede sacarnos a nosotros, a nuestros hijos y a nuestros amigos fuera del pozo que hemos cavado y llevarnos a Su luz eterna.

La incapacidad de aceptar las consecuencias y encubrir los pecados de otros es una clara indicación de un problema de responsabilidad. A veces las personas se acostumbran tanto a rescatar a otros de cualquier problema que tengan, que ellos realmente creen que la responsabilidad de su bienestar es problema de otro.

Uno de los principales obstáculos que nos impiden dejar que nuestros hijos enfrenten las consecuencias de sus decisiones es nuestro sentimiento de obligación. Es difícil decirle que no a alguien que ha sido amable con nosotros, porque nos remuerden los sentimientos de culpa. Sentimos eso porque si hemos recibido algo ahora debemos algo. Nada puede ser peor que eso. Si recibimos algo como un regalo, amor, dinero, esfuerzos o tiempo deberíamos aceptarlo como lo que es: un regalo sin obligaciones. Todo lo que se necesita realmente es gratitud por algo que fue provisto con amor. Pero muchas personas tienen dificultades con los regalos. Creen que siempre tienen que devolver algo. Y así nunca dejan el hogar, nunca cambian de trabajo ni de amigos, y nunca cambian de iglesias aun cuando eso sería un paso maduro. En casos extremos las personas no quieren ni siquiera aceptar más regalos porque no tienen ni tiempo ni dinero para devolver otro. Este es un pensamiento retorcido. Los regalos deben ser aceptados con agradecimiento, no con un sentimiento de deuda.

Realmente, el mundo comercial utiliza el hecho de que tanta gente tenga dificultades para aceptar regalos como parte de una estrategia de mercadeo. Ellos primero ofrecen algo gratis y después que uno lo acepta, le piden que compre sus productos. Y uno cae en esa trampa porque la persona que nos dio el regalo «hizo tantos esfuerzos». ¿Es ese nuestro problema? El regalo era gratuito y nosotros no tenemos ninguna obligación de tomarlo. Por supuesto, hay muchas personas que no dan desinteresadamente sino con el fin de obtener algo de nosotros. Usted siempre puede ver la diferencia por la manera en que reaccionan a sus agradecimientos sinceros. Si el dador se ve lastimado o enojado, entonces no tenía la intención de que fuera un regalo sino un préstamo o una inversión. Si la gratitud es suficiente, probablemente recibió un regalo sin condiciones. Lo mismo ocurre con los hijos, usted nunca está obligado a dejarlos en libertad bajo fianza ni a encubrir sus errores sin importar cuán lindos sean o cuánto le devuelvan. Esto, por supuesto, se aplica a cualquiera que haya sido amable con usted. Si una generación de padres continúa poniendo a sus hijos bajo fianza sacándolos de las consecuencias naturales de sus malas decisiones, los hijos nunca crecerán. Serán como muchos jóvenes de hoy que no se preocupan por las circunstancias porque sus padres les enseñaron que se preocuparían por sus errores y dificultades. Esto nos lleva a la última razón por la cual creo que las consecuencias no son suficientes para ayudar a nuestros hijos a tomar decisiones correctas.

CAPÍTULO 7

LA RAZÓN: «ESCUCHE A SU CORAZÓN»

Engañoso es el corazón más que todas las cosas, y perverso;
¿quién lo conocerá?
—JEREMÍAS 17.9 (RV)

Hay camino que al hombre le parece derecho; pero su fin es
camino de muerte.
—PROVERBIOS 14.12 (RV)

LUEGO de investigar sin éxito, durante varios meses, sobre el tema de los sentimientos fuera de control o de los motivos por los que no se puede confiar en nuestros sentimientos, me convencí de que el tema necesitaba ser considerado y evaluado con mayor profundidad. Pareciera que todos los que hablan al respecto en realidad están animando a otros a que confíen en sus sentimientos al momento de tomar decisiones. Hay cientos de blogs y sitios de la Internet personales con historias sobre lo bueno que resulta confiar en los sentimientos. Consideremos este artículo de autor anónimo.

> A la mayoría de nosotros nos enseñaron que no vale la pena confiar en los sentimientos. Nos convencieron de que la lógica, la razón y la calma racionalidad son el resumen de la confianza y la madurez.
>
> Para mí, lo opuesto es la verdad. A veces la fría racionalidad es una pared falsa que oculta asuntos y motivos de inmadurez

más profundos. En estos casos, la racionalidad no es más que una máscara de ella misma. Muchas personas que creen que están más allá de las emociones, simplemente están cubriendo un sinnúmero de sentimientos no resueltos.

La mayoría de nosotros no confiamos en las emociones ni las comprendemos porque no nos han permitido expresarnos plenamente desde que nacimos. Nuestras reacciones sentimentales y naturales han sido negadas, ignoradas, sobornadas u ocultadas por vergüenza.

Ya sea con buenas intenciones o no, este tipo de trato es como una demoledora que aplasta nuestro espíritu infantil y nuestra sabiduría natural. En un mundo grande y misterioso, empezamos a dudar de nosotros mismos y a creerle a la gente que nos rodea. Si no lo ponemos en práctica, olvidamos lo que los sentimientos nos dicen.

Los sentimientos le informan lo que necesita y lo que debe hacer. Si siente frío, hace algo para calentarse. Si tiene hambre, hace algo para conseguir comida. Los sentimientos son esenciales para vivir.

Los sentimientos siempre son válidos. La sensación del sentimiento sucede en el cuerpo y por lo tanto es real. Lo que puede variar es la interpretación de su significado, pero el sentimiento en sí es tan verdadero y evidente como el cielo encima de nuestras cabezas.

Aun cuando sus sentimientos parezcan caóticos, impredecibles y difíciles de entender, eso no significa que sean imaginarios ni tontos. Ignorarlos o desecharlos no va a hacer que desaparezcan sino que quizás hasta los haga más fuertes.[1]

Las decisiones, tal como se nos presentan en la vida cotidiana, son claramente importantes para nuestro crecimiento como individuos. Se produce un alto grado de manipulación cuando dichas decisiones dependen de nuestras emociones debilitadas. Debemos investigar qué efecto tienen en nosotros. Hacen que nuestra mente se encuentre desequilibrada, turbulenta y confundida, debido a lo cual nos comprometemos con las cosas y respondemos a ellas de manera errada y distorsionada. Cada vez que se toman decisiones basadas únicamente en los sentimientos, la predisposición hacia esas emociones perturbadoras se afianza aun más, lo cual asegura su continuidad.

Todos conocemos personas que toman decisiones en base a los sentimientos. Sobre todo la gente joven se inclina a utilizar sus sentimientos o sus cambios hormonales para tomar decisiones. Los estimula, los hace infelices y destruye su tranquilidad. Es bastante fácil reconocer las malas decisiones y ver cómo nos lastiman porque su destructividad es manifiesta. Pero resulta mucho más difícil y somos también reacios a reconocer el daño que provocan los sentimientos descontrolados porque es un enemigo disfrazado de amigo. Al comienzo, cuando surge un deseo o una emoción, es bastante placentero, pero con el tiempo nos lleva directo a un problema. Se quiere poseer lo que se ha fabricado y salimos a buscar algo que, en efecto, no existe. Fracasar al no poder conseguir lo que deseamos nos frustra y rápidamente nos sentimos enojados. La confusión o la ignorancia simplemente estimulan el deseo y el enojo y son la raíz de muchas malas decisiones.

Tomemos solo dos sentimientos que afectan terriblemente las decisiones: el enojo y el orgullo. Estos nos impiden desarrollar un interés genuino en los demás. El enojo echa a perder nuestra felicidad. El enojo nos hace sentir paranoicos cuando estamos con otros y puede producir todo tipo de ideas falsas respecto de su comportamiento hacia nosotros. El orgullo depende de nuestro falso concepto del «yo» y del «mío». Este sentimiento inflado de superioridad puede enfocarse en lo interno o externo, alto o bajo, bueno o malo. La ignorancia es un estado confuso de la mente que malinterpreta la existencia de las cosas. Al igual que ella, la duda puede concentrarse en los mismos aspectos y es un estado de ambivalencia sobre si las cosas realmente son como se las describe o no.

Si somos complacientes con esas emociones confusas y nos permitimos ser guiados por alguna de ellas, lo único que van a hacer es lastimarnos a nosotros y a los que nos rodean, ahora y en el futuro. Son nuestros verdaderos enemigos, haciéndonos esclavos y robándonos nuestra libertad. Cuando se toman decisiones dejando de lado las verdades absolutas y confiando en las emociones descontroladas, las cosas pueden empezar a ir mal realmente rápido. Si nuestros hijos no aprenden cómo relacionarse con esas emociones confusas y hostiles, nunca van a crecer ni a alcanzar la madurez. Lo único que van a hacer es daño, a menos que comencemos a aprender a controlar nuestras emociones y a tomar decisiones basadas en lo que es correcto a pesar de los sentimientos. Ningún enemigo convencional nos puede hacer semejante daño. Lo máximo que puede hacer un enemigo común es frustrarnos por un breve periodo, pero las emociones descontroladas nos asegurarán la desdicha para toda la vida. Podemos mantener conversaciones, hacer concesiones, llegar a un acuerdo y firmar un trato con un enemigo convencional, pero es completamente inútil favorecer y hacer concesiones a un sentimiento descontrolado. Es importante establecer buenas relaciones con nuestros hijos y sostenerlas todo el tiempo posible, pero tenemos que romper toda relación con las emociones descontroladas tan rápido como sea posible. Nos lastiman física, espiritual y mentalmente, arruinan nuestra felicidad y lo único que traen es dolor.

Para que nuestros hijos logren tomar decisiones correctas debemos ser cuidadosos y capaces de identificar las emociones descontroladas, reconociendo cómo actúan y cuál será un antídoto efectivo. Dado que el tener nuestras mentes y nuestros corazones llenos de la verdad de Dios es el factor decisivo para tomar las decisiones correctas, debemos constantemente guardar nuestra mente, dirigiéndola hacia lo que es constructivo y lejos de lo que es negativo. Debemos enseñarles a nuestros hijos que decidan absorber lo que es bueno. Esto se logra concentrando intencionalmente nuestra atención en lo que es positivo, con cuidado a fin de detectar cualquier impulso negativo, ya sea físico, verbal o mental, en el preciso momento en que comience. La Biblia lo describe así en el libro de Filipenses 4.8:

> Por lo demás, hermanos, todo lo que es verdadero, todo lo honesto, todo lo justo, todo lo puro, todo lo amable, todo lo que es de buen nombre; si hay virtud alguna, si algo digno de alabanza, en esto pensad. (RV)

Es importante señalar que en muchos casos la razón es considerada confiable y segura en todas las situaciones. Miles fueron llevados a la muerte debido a que sus ideas y creencias fueron juzgadas como equivocadas por gente que fría y lentamente dio sus razones «no emocionales» para justificar sus acciones. La razón puede ser como una roca y la emoción puede ser como el agua, pero ambas pueden ser utilizadas para bien o para mal, para el acuerdo o el conflicto, para la búsqueda sincera de ideas o la manipulación intencional de la muerte de otros. El hecho de que las rocas sean más fáciles de mover, sostener o investigar, no las hace más inofensivas. Aunque las emociones pueden volverse apasionadas y pueden derivar en decisiones erradas y resultados devastadores, también sucede lo mismo con la razón. En nombre de ella los niños mueren de hambre para proteger sistemas económicos complejos, los antiguos feudos fundamentaron tantos supuestos hechos históricos como la cruda emoción ha hecho con repugnante continuidad, y muchas personas son golpeadas y castigadas debido a diferencias en sus sistemas de creencias.

Casi siempre, más allá del temperamento inherente de su adolescente, los años de la adolescencia son aquellos en los que se forma la identidad y se produce una transición entre el niño que era y el adulto en el que se está convirtiendo. Una muchacha lo describió así: «A veces siento que mi cuerpo está bastante adelante de mi cerebro. Paso la mitad de mi tiempo soñando con muchachos y la otra mitad deseando volver a estar en el campo de deportes con mi amiga disfrutando nuestros viejos y tontos juegos».

Esa transición de la niñez a la adultez es un tiempo de incertidumbre, especialmente para su adolescente. Andrew Boutros, director de Enfoque a la Familia, Australia, comentó recientemente cómo durante esos años los adolescentes van descubriendo cuáles son los rasgos de la personalidad que mejor les resultan. En esencia están «probando» diferentes comportamientos (basados en sus temperamentos innatos y en el carácter que han venido desarrollando hasta el momento) tratando de determinar cuál les queda mejor y les permite sobrevivir en su entorno.

Rob Parsons, en su libro *Teenagers! What Every Parent Has to Know* (Adolescentes: Lo que todo padre debería saber), explica que a veces el simple hecho de entender por qué se comportan de determinada manera nos ayuda a ver de dónde vienen. Clarifica lo que está sucediendo dentro de ellos y cómo se deben de estar sintiendo. Parsons considera que esta etapa crítica de desarrollo, así como los «terribles dos años», tiene un propósito (y un marco temporal), y que saber eso aliviará la culpa que muchos padres sienten y servirá como recordatorio de que usted no es un mal padre si su adolescente pierde la cabeza cada tanto. Aunque su adolescente parezca loco a veces (¡de vez en cuando se sienten así!), uno de los mejores regalos que puede hacerle durante esos años turbulentos es tener esperanza en su futuro, «...si bien ambos, usted y su adolescente, pueden tener motivos para ponerse cínicos, trate de mantener vivo el sueño de que lleguen a formar una relación estable y un hogar feliz».[2]

En definitiva, el niño necesita mensajes cargados de fe para contrarrestar los mensajes provenientes de diferentes fuentes: los medios, sus semejantes e incluso adultos bien intencionados. Estos últimos, si no se presta atención, pueden tener efectos devastadores en la autoestima de un niño y en su actitud frente a la vida. Usted es muy importante para sus hijos. Por lo tanto, no olvide dedicar tiempo para cargarle las baterías y mantener llena la esperanza que Dios nos ofrece a todos en Su Palabra.[3]

Esto verdaderamente coincide con lo que Pablo escribió a la iglesia en Filipos, cuando exhorta a los hombres a que encuentren una razón para estar agradecidos y luego a regocijarse dando gracias a Dios. En las buenas y en las malas debemos «Regocijarnos en el Señor siempre. Otra vez digo [Pablo]: ¡Regocijaos! ... Por nada estéis afanosos, sino sean conocidas vuestras peticiones delante de Dios en toda oración y ruego, con acción de gracias. Y la paz de Dios, que sobrepasa todo entendimiento, guardará vuestros corazones y vuestros pensamientos en Cristo Jesús» (Filipenses 4.4-7, RV). Un niño que sabe cómo hacer esto enfrentará el mundo con calma y esperanza. Un padre que aprende a regocijarse en todas las circunstancias, en vez de aferrarse a sus sentimientos, refrescará los años de crianza de su hijo con la gracia y el optimismo tan necesarios para esclarecer la visión y ayudarlo en su adolescencia.

Hace poco tiempo, nuestra familia tomó una decisión basada en los sentimientos. Tenemos una vecina que ha sido muy solidaria con nosotros. Una vez se ofreció a cuidar nuestro conejito alemán mientras hicimos un breve viaje. Cuando le tocó a ella viajar, le pidió a mi esposa que cuidásemos de sus dos queridos pericos. Uno de los periquitos tenía el típico aspecto de los machos pero, según explicó mi vecina, este perico era especial. Aparentemente, en una oportunidad se había escapado de su jaula y voló hasta una ventana. El impacto contra esta lo dejó semiparalizado por un tiempo. Luego de algunas radiografías, remedios y fisioterapia que incluyó masajes diarios, el perico recobró el uso de su pata y ahora, en efecto, se veía perfectamente normal. Era más que un pájaro para la familia. Era un sobreviviente. Un símbolo de esperanza. Un símbolo de vida en la casa. Cuando mi vecina le preguntó a mi esposa, ¿cómo podría ella negarse? Se *sentía* en deuda con ella. La vecina había cuidado, ¡y cómo!, de nuestro conejito rencoroso, impulsivo y macho. Mi esposa se *sentía* culpable. *Sentía* la profunda confianza que le tenían. Pero no se libró de sus presentimientos. Mi hermosa esposa le explicó a la vecina: «Tenemos un gato». Ella respondió: «Pero no va a poder meterse en la jaula. Los pájaros van a estar bien». Así que mi esposa se dejó llevar por sus sentimientos. Recibimos a los pájaros y luego de una divertida semana, una hora antes de que mis amigos llegaran a retirarlos, los encontramos fuera de su jaula. Muertos. ¿Asesinados por el gato? ¿De un ataque al corazón por el miedo? ¿Del impacto contra el ventilador o la ventana? No sabemos. Pero algo sí sabemos. ¡No debimos haber escuchado nuestro corazón!

Tomamos una decisión consciente aunque sabíamos cuáles podían ser las consecuencias. En este caso, nuestros sentimientos ignoraron las consecuencias y tomaron la decisión de hacer algo que produjo terribles consecuencias. En general podemos decir que el autoengaño es la adquisición y la conservación de una creencia o de una idea, a pesar de una fuerte evidencia contraria, motivada por deseos o emociones que favorecen la adquisición y la retención de dicha creencia o idea. Algunas investigaciones argumentan que el autoengaño es un proceso complejo que se prolonga en el tiempo y que quien se autoengaña puede conscientemente empezar a engañarse a sí mismo y creer «cualquier cosa», conociendo o creyendo en esa «x cosa» y luego, en el camino, perder su creencia en esa «x cosa», ya sea olvidando por completo su intención originalmente engañosa, o mirándola como la causa, aunque accidental, de su verdadera creencia, a la cual hubiese llegado de todas maneras.[4]

Una pregunta que los filósofos han procurado responder es de qué manera una misma y única razón de autoengaño puede explicar tanto creencias agradables como desagradables.

Si se busca una única razón, parecería que el autoengaño no puede requerir que se desee una creencia engañosa en sí misma.[5] Algunos investigadores han afirmado que la creencia desagradable puede ser generada por temor o por celos. Mi temor a que mi casa se incendie puede motivar mi falsa creencia de que dejé la hornalla prendida. Esta creencia desagradable sirve para evitar lo que se teme, dado que me lleva a confirmar si apagué la hornalla.[6]

Otros investigadores sostienen que la creencia desagradable debe servir para reducir cierta ansiedad relevante; en este caso la ansiedad de que mi casa se esté incendiando.[7] No obstante, otros argumentan que, dado que en la mayoría de los casos la creencia desagradable en sí misma no ayuda a reducir sino a incrementar la ansiedad o el temor, el propósito de esa creencia no puede ser reducir estos sentimientos. En cambio, sostienen que pensamos que la creencia sirve para hacer que los intereses y objetivos del agente sean más probables que no, en mi caso, preservar mi casa. El hecho de que yo evalúe y confirme una creencia desagradable se puede explicar desde el punto de vista de los costos que asocio con la posibilidad de cometer un error, lo cual está determinado según mis intereses y objetivos más relevantes. Si falsamente creo que dejé la hornalla encendida, el costo es relativamente bajo. La molestia que me produce confirmar que estaba apagada. Si falsamente creo que no dejé la hornalla encendida, el costo es extremadamente alto, mi casa puede ser destruida por el fuego. La falta de simetría entre estos costos relativos puede dar cuentas de mi manipulación de la evidencia confirmando la creencia falsa de que dejé la hornalla encendida.[8] Recurriendo a reciente investigación empírica, algunos investigadores defienden un modelo de este tipo, ya que el mismo confirma el rol que tienen los deseos y las emociones en los casos de autoengaño distorsionado. Los modelos intencionales de autoengaño distorsionado son los que predominan, ya sea que el deseo, la emoción o alguna combinación de estas actitudes desempeñen un papel dominante en dicho autoengaño, que su influencia simplemente desencadena el proceso o que continúe guiándolo a través del resto de las circunstancias controversiales.[9]

Debemos estar de acuerdo en que los que se autoengañan son responsables de sus acciones, dado que se aferran a la creencia engañosa generalmente dándose cuenta de que la evidencia demuestra lo contrario. Aun cuando la intención sea indirecta, como cuando uno intencionalmente busca evidencia a favor de «algo» o elude encontrar o evaluar evidencia en su contra, los que se autoengañan parecen intencionalmente burlarse de sus propios estándares normales de recolección o evaluación de evidencia. Así que, mínimamente, son responsables de dichas acciones u omisiones. Todo debido a que sus emociones y sentimientos los dirigen sin tener en cuenta las consecuencias. Otros argumentan lo contrario, sugiriendo que si mi ansiedad, temor o deseo desencadena un proceso que inevitablemente me lleva a aferrarme a la creencia engañosa, no puedo ser considerado responsable por sostener esa creencia. ¿Cómo puedo ser responsable de procesos que funcionan sin mi conocimiento y que actúan sin mi intención? La mayoría de los que se aferran a esas razones, sin embargo, consideran que los que se autoengañan son responsables de episodios particulares de ese tipo de conducta, o por sus defectos de cobardía o de falta de autocontrol, que son los que lo generan, o ambos. Ser moralmente responsable en el sentido de ser objeto de reconocimiento o de culpa requiere, al menos, tener control sobre las acciones en cuestión. Uno de estos investigadores, por ejemplo, sostiene que muchas fuentes de prejuicios son controlables y que los que se autoengañan pueden reconocer y resistir la influencia que tiene la emoción y el deseo sobre la adquisición y la retención de su creencia, particularmente en temas que consideran importantes, desde el punto de vista moral u otros.[10]

Sea cual fuere el caso, los que se autoengañan son blancos apropiados para la censura. Tienen que ser considerados responsables de su engaño. Tomemos el caso de una madre que se engaña a sí misma convenciéndose de que su marido no abusa de su hija porque no puede tolerar el pensamiento de que sea un monstruo. ¿Por qué la culpamos? Aquí confrontamos el nexo entre la responsabilidad moral del autoengaño y la moralidad del autoengaño. Más allá de la manera en que ella llegó a este punto, de qué proceso o emociones afectaron sus acciones, ella es responsable por encubrir el abuso. Aunque algunas instancias del autoengaño parezcan moralmente inocuas, la mayoría de los investigadores han señalado que el impacto de tomar decisiones basadas en sentimientos es terrible y provoca autoengaño y consecuencias espantosas. El autoengaño ha sido considerado objetable porque permite que se lastime a otros y a uno mismo, corrompe la conciencia, viola la autenticidad y pone de manifiesto una nociva falta de coraje y de autocontrol que debilitan paulatinamente la capacidad de actuar con compasión. El autoengaño, por consiguiente, debilita o desgasta la decisión, reduciendo nuestra capacidad de autoexaminarnos y cambiar.[11] Si yo me autoengaño respecto de acciones o prácticas que lastiman a otros o a mí mismo, mi capacidad de asumir la responsabilidad y de cambiar disminuye notablemente. Joseph Butler, en su conocido sermón: «Sobre el autoengaño», enfatiza las maneras en que el autoengaño actúa sobre nuestra moral y conducta, «la autoignorancia» impulsada por el excesivo «egoísmo», no solo facilita las acciones nocivas sino que también impide la posibilidad de cambio, ya que no nos permite verlas. Butler sostiene: «Dicha ignorancia debilita todo el principio del bien… y corrompe la conciencia, la cual es la guía para la vida» («Sobre el autoengaño»). Los filósofos existencialistas como Kierkegaard y Sartre, de maneras muy diferentes, miraban el autoengaño como una amenaza contra la «autenticidad», dado que los que se autoengañan no logran hacerse responsables de sí mismos ni de sus compromisos pasados, presentes y futuros. Al robarnos nuestros propios principios, el autoengaño puede también amenazar la integridad moral.[12] Más aun, el autoengaño también denota cierta debilidad en la personalidad que nos hace reaccionar al temor, la ansiedad o el deseo de placer influyendo en la adquisición y la retención de nuestra creencia, de manera que favorece estas emociones y deseos antes que la precisión. Dicha cobardía epistémica y falta de autocontrol pueden inhibir la capacidad de los que se autoengañan para estar alertas y utilizar sus principios morales, influenciando sus creencias en determinadas situaciones, consecuencias o compromisos, o pueden opacar los principios en sí mismos. Por todos estos motivos, y miles más, los filósofos han considerado que el autoengaño es objetable en sí mismo o por las consecuencias que tiene sobre nuestra capacidad para moldear nuestras vidas.

Aquellos que condenamos la toma de decisiones basada en escuchar a nuestros corazones (autoengaño), la consideramos moralmente objetable, y sostenemos que tenemos cierto grado de control sobre el autoengaño o, al menos, sobre el temperamento que nos inclina hacia él. Esto no vincula al autoengaño con lo intencional, sino que se refiere a que éste puede evitarse, ya que los que se autoengañan pueden reconocer y encontrar razones para resistir a su influencia mediante una mirada crítica. No obstante, debemos notar que el autoengaño presenta una seria preocupación aun cuando uno lo reciba sin intención, debido a que los que se autoengañan pueden, sin embargo, verse obligados a superarlo. Si el autoengaño está bajo el control de los que se autoengañan, entonces estos pueden ser razonablemente culpados por persistir en sus creencias engañosas frente a situaciones de índole moral.

Evaluar el autoengaño y sus consecuencias en nosotros mismos y en los que nos rodean es una tarea difícil. Requiere, entre otras cosas: determinar el grado de control que tienen los que se autoengañan; de qué se trata el autoengaño; cuán arraigado está; y cómo escapar de su trampa. En vista de los muchos problemas morales potencialmente devastadores asociados al autoengaño, estas son cuestiones que demandan nuestra continua atención. Es importante criticar constantemente a los medios masivos y nuestros hijos necesitan los recursos necesarios para cuestionar y criticar todas las influencias que enfrentan cada día en este mundo que sigue promoviendo que escuchemos nuestros corazones como la fuente de las buenas elecciones.

Claramente, cuando Jeremías dijo: *Engañoso es el corazón más que todas las cosas, y perverso; ¿quién lo conocerá?* (17.9, RV), *él* se refería al corazón en sentido figurado, como el centro de nuestra vida emocional, y señala que las emociones no siempre son dignas de confianza. El lineamiento del mundo, el cual hemos mencionado varias veces y podemos encontrar en las distintas consideraciones populares, es: Escuche a su corazón. Se nos dice que confiemos en nuestros sentimientos en vez de confiar en Dios y Su palabra. Nuestra intuición humana, nuestras emociones, se convierten en nuestro árbitro de la verdad.

Cualquier psicólogo le dirá que la química del cerebro humano hace que sus emociones fluctúen, a veces de manera violenta, en varias direcciones. No puede confiar en sus emociones. Tomemos a un suicida, esa es una emoción. O a un adolescente que fácilmente es inducido a probar o usar drogas, se trata de sus emociones, la actitud de «no me importa», o el afloramiento de la emoción «rebelde».

¿Y la depresión, la ansiedad, los desórdenes bipolares, la esquizofrenia y otros trastornos? Algo es seguro, estos afectan las EMOCIONES. No puede confiar siempre en sus emociones. Lo pueden engañar. Necesitamos ser guiados por PRINCIPIOS ABSOLUTOS. Confiando en nuestras emociones, las cosas de pronto se sienten «bien», y «no tan mal». De pronto sentirse culpable por engañar a su cónyuge no se siente «tan mal», esa emoción puede fluctuar, y siente que tiene cierto «derecho» a tener otras parejas. Hemos visto muchas familias en programas de televisión que tienen una pareja que se siente emocionalmente con el derecho de hacer esto. Él o ella no están siguiendo un PRINCIPIO ABSOLUTO, sino sus EMOCIONES.

Nuestras emociones no son estables, ni siquiera en los más buenos. Un día estamos animados, otro cansados; un día inquietos, otro tranquilos; un día culpables, otro nos sentimos con ciertos derechos. Esto se debe a que la química del cerebro se modifica de acuerdo a las situaciones externas, a lo que ingresa en nuestros cuerpos, y también según lo que nuestros cuerpos no llegan a producir.

Esta actitud es la raíz del movimiento que cree que «no hay absoluto», de la generación tipo «Estoy bien, estás bien», o de la generación del «yo primero». Esta actitud ha arruinado muchas vidas.

Considere un artículo que salió recientemente en el *Washington Times*, titulado: «Hacer lo correcto».

¿Alguna vez han visto una foto del corazón de alguien? Todos hemos dibujado lindos corazones en tarjetas y cosas por estilo, pero el que está dentro de nuestro cuerpo se ve un poco diferente. No es tan perfecto, y es redondo. ¡Pero hace un trabajo impresionante para mantenernos en funcionamiento! Si pone su mano sobre su pecho en el lugar correcto, podrá sentir su corazón latiendo. Nuestros corazones bombean sangre a través de nuestro cuerpo para que podamos hacer todas las cosas que hacemos durante el día. ¿Alguna vez escuchó a alguien decir «en lo profundo de mi corazón», o «desde el fondo de mi corazón», o «con todo mi corazón»? ¿Sabe lo que significan esas curiosas expresiones? Permítame que las describa. Si usted dice: «Te amo con todo mi corazón», significa que ama a esa persona mucho, muchísimo. Si dice: «Eso es lo que quiero decir desde el fondo de mi corazón» significa que usted realmente, verdaderamente piensa eso. Y si dice: «Lo sé, en lo profundo de mi corazón», significa que lo sabe absoluta y positivamente.

Hay cosas que sabemos «en lo profundo de nuestros corazones». Por ejemplo, sabemos que hacer lo correcto,

> en vez de lo incorrecto, es absolutamente, positivamente, lo
> mejor que podemos hacer. Sabemos que en el fondo, ayudar a
> alguien es lo correcto y que lastimarlo es incorrecto. También
> sabemos que llevarnos bien con nuestros amigos es mucho
> mejor que pelear con ellos y además mucho más divertido.
> Seguir las reglas es lo correcto, mientras que desobedecerlas
> es lo incorrecto. ¡Está clara la idea! Así que, la próxima vez
> que le cueste decidir qué es lo correcto y qué lo incorrecto,
> escuche su corazón. ¡Su corazón tiene la respuesta correcta,
> absoluta y positivamente![13]

No debemos seguir nuestras emociones. Debemos seguir los lineamientos establecidos que son los principios absolutos de Dios, y luego tratar de detectar por qué emocionalmente no nos «cae bien» ese lineamiento, dado que no es Dios el que está equivocado, sino nosotros.

El fuerte contraste entre lo que Dios dice y lo que el mundo nos quiere hacer creer está claro en las Escrituras, las últimas palabras de David a su hijo Salomón fueron:

> Yo sigo el camino de todos en la tierra; esfuérzate, y sé
> hombre. Guarda los preceptos de Jehová tu Dios, andando en
> sus caminos, y observando sus estatutos y mandamientos, sus
> decretos y sus testimonios, de la manera que está escrito en
> la ley de Moisés, para que prosperes en todo lo que hagas
> y en todo aquello que emprendas; para que confirme Jehová
> la palabra que me habló, diciendo: Si tus hijos guardaren mi
> camino, andando delante de mí con verdad, de todo su corazón
> y de toda su alma, jamás, dice, faltará a ti varón en el trono de
> Israel. (1 Reyes 2.2-4, RV)

En un reciente documental sobre los nuevos descubrimientos en lo que se refiere al complejo funcionamiento del cerebro humano (como mencioné anteriormente), el narrador describe el raro caso de un hombre que tenía los centros ópticos del cerebro separados de los centros emocionales, debido a una lesión. Los síntomas eran alarmantes. Estaba convencido de que su madre era una impostora. Admitía que la mujer que afirmaba ser su madre tenía exactamente el mismo aspecto que su madre, pero de todas maneras insistía en que no lo era. Le sucedía lo mismo con su departamento. Lucía igual que el suyo, estaba en la misma dirección, pero no era el suyo. ¿Eran sus alucinaciones esquizofrénicas? No. Él era totalmente normal, excepto por las conexiones rotas entre estas dos partes de su cerebro: la parte que interpretaba lo que estaba viendo, y la parte que le decía cómo sentirse respecto de lo que estaba viendo.

Los científicos descubrieron, a partir de ese caso y de otros similares, que ver implica sentir. Cuando él miraba a su madre, ella se veía como siempre, pero no había satisfacción emocional que acompañara a la imagen. Lo mismo sucedía con su departamento. Sorprendentemente, la ausencia de los componentes emocionales normales tenía el poder suficiente como para anular su mente racional, de manera que él llegaba a creerle al escenario impostor. Sus emociones, o en este caso, la falta de ellas, moldeaban su realidad. Las emociones no son malignas. Son un don de Dios. Dios tiene emociones. Siente alegría, tristeza, enojo. Jesús tenía emociones. Lloró cuando murió su amigo Lázaro. Tuvo compasión cuando vio a las multitudes buscando guía espiritual. Se enojó cuando captó los pensamientos de los fariseos. Imagine una vida sin la capacidad de sentir afecto, felicidad, asombro, temor. Qué aburrido sería. Las emociones son parte de nuestra vida porque fuimos creados a la imagen de Dios. Pero no deberían controlarnos.

¿Qué pasaría si le dijeran que cierta persona es mentirosa y no tiene cura? ¿Cómo se relacionaría con ella? Con mucho cuidado. Sería escéptico respecto de todo lo que le dijera. Siempre buscaría corroborar lo que le dijo antes de aceptarlo como confiable. No haría nada respecto de lo que le dijera sin antes haber verificado en profundidad la información. Puede ver a qué me refiero. Dios dice que nuestras emociones son engañosas. Deben ser tratadas con una saludable dosis de escepticismo.

Una de las diferencias entre los sexos, y es bueno saberlo si está casado o si quiere estarlo algún día, es que las mujeres son mucho mejores que los hombres (siempre hay excepciones) para percibir los aspectos e influencias emocionales en cualquier situación. El hombre sabio prestará atención a su esposa cuando ella le hable sobre las emociones. El hombre sabio prestará atención a su esposa siempre, pero especialmente cuando se trate de las emociones. Mi esposa me ha tenido que explicar muchas veces cómo lo que hacía o decía afectaba las emociones de los otros. Yo no lo veía. Ella sí. Cuántas veces los maridos o los novios se encuentran diciendo: «Ella tenía razón». También es cierto, y vale la pena tenerlo en mente, que los adolescentes no son buenos para interpretar los aspectos emocionales que están más allá de las expresiones faciales. Al mirar una pintura en la que un adulto fácilmente podrá identificar que una persona está enojada y no serán capaces de distinguir esa emoción en la pintura. Tenemos que enseñarles a nuestros adolescentes que cuando ellos sienten que es el fin del mundo, en realidad no lo es, y que esas emociones agobiantes pronto desaparecerán.

Las emociones son una bendición cuando nos informan sobre nuestra realidad, y una maldición cuando la construyen. Tenemos que ser muy cuidadosos y evitar poner nuestra confianza en lo que nuestras emociones nos dicen. Cuando nos sentimos temerosos o ansiosos, necesitamos saber que esos sentimientos pueden ser lentes que en realidad distorsionan la situación real. Cuando tenemos ganas de darnos por vencidos, debemos recordar que el viejo dicho, «Las cosas se verán mejor por la mañana», es literalmente cierto, porque casi siempre nos sentimos más optimistas cuando estamos descansados. Cuando nos sentimos estresados, tenemos que cuidarnos de no actuar o hablar con nuestra irritación. Cuando estamos en medio de la exasperación del momento, debemos tomarnos el tiempo para que las cosas se calmen antes de tomar decisiones apresuradas. Recordemos que el corazón es engañoso, pero Dios siempre es veraz.[14] En este sentido, sólo necesito concluir este capítulo recordando que cuando las emociones afectan la forma en la que tomamos decisiones, dejamos las consecuencias a un lado.

CAPÍTULO 8

FORJE LA GRANDEZA

Nada vale la pena hacer si las consecuencias no son serias.
—George Bernard Shaw

Puedes hacer cualquier cosa en este mundo si estás preparado
para asumir las consecuencias.
—W. Somerset Maugham

Hacer las cosas correctas sin importar las consecuencias es una
gran prueba de carácter e integridad.
—Jeffrey D. De León

Es importante que nos preparemos para lo siguiente que vamos a leer. Las historias que vamos a estudiar relatan acontecimientos históricos que marcan nuestras vidas aun cuando hayan pasado miles de años. Estas historias ilustran una gran cantidad de verdad acerca de lo importante que son las decisiones y cómo muchas de esas decisiones aun siendo correctas acarrean consecuencias malas. Mi punto aquí será temerario para mucha gente. Precisamente porque estoy sugiriendo que debido al hecho de que a las nuevas generaciones de adolescentes no les importan las consecuencias, sería algo bueno si se les guía de una manera correcta. En este capítulo quiero enfatizar una vez más que no sólo creo en la verdad sino que también confío en ella. Creo totalmente que la verdad nos hace libres. Creo firmemente que la verdad de Dios no sólo nos enseña lo que está bien sino que nos da el poder para hacerlo. Empecemos con una bella historia de una hermosa joven.

ESTER

El relato bíblico de Ester parece una historia sin Dios. Dios no interviene, no se presenta como personaje en el libro y ni siquiera se refieren a Él. Sin embargo, la «conciencia de Dios» está reflejada con el libro entero.[1]

La historia de Ester comienza con una gran celebración. La intención es clara: el poder y la riqueza del rey persa Asuero debían celebrarse por ciento ochenta días, seis meses enteros. Asuero ofrece un banquete para todos los habitantes de su ciudad capital, con bebidas al gusto de cada persona. Esta fiesta revela mucho del carácter del monarca. De acuerdo con Fox, él «tiene una obsesión con el poder», que lo lleva a intentar «comprar honor con una ostentosa generosidad».[2]

La decisión de que todo debe pasar de acuerdo a como lo deseemos, es el primer acontecimiento de una serie, en los que Asuero no ejercita su poder, pero los otros hacen lo que se les plazca. El rey nunca dice que no. Aunque el texto nunca condena explícitamente lo que Asuero hace, existe, de acuerdo a Fox, una condena implícita.[3]

El primer paso que descubre la vanidad de Asuero en su derroche poder es tomado de una figura no esperada. La celebración de Asuero necesita un clímax especial: la aparición de la reina. Aunque Vasti rehúsa presentarse, su decisión es el comienzo de la historia. El rey se enfurece y llama a sus consejeros. Ellos exageran lo que Vasti hizo, manifestando la idea de que no sólo ha afectado al rey, sino también a los príncipes del reino. Su acto ha sido transformado de una culpa individual a una crisis nacional y una amenaza a la existencia del orden social.[4] Todas las mujeres oirán lo que ha sucedido, seguirán su ejemplo y mirarán con desprecio a sus esposos. Entonces el poder real de Vasti debe ser dado a otra persona, que sea mejor que ella. Literalmente: Que el rey le dé poder real a su vecino, que es mejor que ella, las palabras son muy similares a las de 1 Samuel 15.28 (YHWH ha rasgado de ti el reino de Israel, y lo ha dado a un prójimo tuyo mejor que tú). Así como David será mejor rey que Saúl, Ester será mejor reina que Vasti. La similitud implícita sugiere que Dios está involucrado en el reemplazo de la reina.[5]

Aunque el consejo del siervo está de acuerdo con la desobediencia de la reina, la carta real actual tiene un tono diferente, más generalizado. Cada hombre debe ser amo y Señor en su hogar y hablar su propio idioma. Hay un cambio de atención desde el comportamiento de la reina y las mujeres hacia la actitud deseada en el hombre. Nada se dijo acerca de los hechos que llevaron a tan extraña orden, aunque la historia de rechazo de Vasti sin duda sería famosa en todo el reino. Sólo la primera parte de la carta real tiene un nexo directo con lo que se dijo antes. El riesgo de que todas las mujeres despreciaran a sus esposos es «evitado» señalando que los esposos son señores y amos en sus propios hogares. Que la carta sea dirigida «a cada nación en su propio idioma» no tiene nada que ver con el incidente de Vasti, pero sí da un acercamiento al significado de la carta real. Esto es en realidad lo que está en juego: el poder y sus relaciones. La relación entre hombre y mujer es el modelo para las relaciones de poder en todo el reino. Así como el monarca tiene poder sobre su reina y puede ejecutar órdenes en muchos idiomas a muchas naciones, también hombres de menos poder ejercitan el poder sobre sus mujeres, cada cual en su propio idioma. Con esta carta real, las relaciones de poder se dejan una vez por todas disparejas y abiertas a la explotación, para el avance de la gloria y el poder de los poderosos. Gloria y poder es lo que Asuero quiere lograr con su demostración de riqueza y la belleza de su reina. De acuerdo a sus consejeros, honor le será dado a cada hombre si el acto de la reina es condenado (cp. Ester 1.20). El poder debe quedarse en el centro, con el hombre en su casa, y el rey y sus consejeros en su reino.

Vasti, habiendo desafiado la estructura existente de poder, paga el precio: nunca más verá a su esposo; su estatus real será eliminado. La reina se ha ido, ¡que viva la nueva reina! Además de ser la manera inicial en que Ester se convirtiera en reina, esta escena también demuestra las circunstancias en las que ella tenía que desenvolverse. Estará en las manos de un rey que puede ser fácilmente manipulado, las decisiones serán tomadas arbitrariamente y cualquier señal de iniciativa particular será castigada.

Vasti ya no es más reina. Antes de que el rey cambie de parecer, su sirviente le sugiere un tipo de concurso de belleza. Después de un tratamiento de belleza que dura un año entero, las candidatas son traídas al rey para que sean sus mujeres por una noche. En ese momento de la historia, Mardoqueo es introducido como uno de los exiliados que fueron capturados por Nabucodonosor. Después de su primo, también se menciona a Ester. Ella es hermosa y «placentera a la vista» (v. 7). Esta descripción indica que es una posible candidata para el concurso de belleza, especialmente desde que Vasti fue descrita con la misma expresión (Ester 1.11) y también porque la primera cualidad para entrar al harem era que llegara a él (Ester 2.2-4). Que el reinado esté vacante, y que Ester llene los requisitos para ser elegida son, en efecto, llevados a corte y eso le place al rey, pero una de las muchas coincidencias que lleva a la salvación de los judíos. Si Ester no hubiera sido tan bella, no la habrían traído a la corte, nunca hubiera conocido al rey y, por supuesto, nunca hubiera sido reina ni hubiera estado en posición de salvar a su gente. ¿Coincidencia? O ¿deberíamos leer: actividad divina entre líneas (cp Fox: 240-41)? Ester es llevada como una más al harem real. El rey se enamora y la escoge a ella como reina en lugar de Vasti, pues Ester «es buena a su parecer» (Ester 2.9).

Ahora aparece Amán en escena. Aunque este es favorecido por Asuero, Mardoqueo rehúsa rendirle honor. Cuando los sirvientes le preguntan por qué, él declara que es judío. Esto podría ser interpretado como una señal de que Mardoqueo rehúsa doblar su rodilla a otro que no sea Dios. Esto igualmente no es muy bueno. Doblar la rodilla era una manera particular de saludo a una persona importante (como el rey). No es muy probable que Mardoqueo, que «se sentaba a la puerta del rey», se rehusara a saludar, aun ante el rey (cp. Fox: 44). La «ovación» es para los reyes (1 Samuel 24.9), pero muchas veces el verbo indica debilidad, ser forzado: doblar rodilla porque uno no es capaz de estar de pie. Quizás Mardoqueo decidió no doblar rodilla ante el enemigo de su gente. De cualquier forma, como en el caso de Vasti, rehusar dar honor a una persona poderosa es peligroso. Al igual que Vasti, en efecto, todas las mujeres deben estar bajo la autoridad de sus esposos, y en este caso la reacción de Amán va mucho más allá que una reacción sola de Mardoqueo. El segundo hombre en poder después del rey quiere venganza. Así que ordena un día de destrucción y acusa a los judíos de ser un peligro para el reino: Ellos seguirán sus propias leyes y desobedecerán las del rey.

Cuando su suerte se conoce, la gente ayuna. Aunque nuevamente no se menciona a Dios, esta es una actividad religiosa, que puede ser interpretada como un clamor (a Dios) por ayuda. Mardoqueo entra en acción. Va al palacio a informar a Ester, cuya labor se parece a la de Moisés: ir al rey para salvar a su gente. El diálogo entre Ester y Mardoqueo le recuerda a uno, una historia vocacional. Como Moisés (Éxodo 3-4), Ester se opone a sus responsabilidades. Argumenta que el riesgo que corre al ir al rey es la pena de muerte. No es Dios, sino Mardoqueo el que refuta sus argumentos. Él está convencido de que aun sin Ester la gente será salvada, aunque sea literalmente sin ella, ella no sobrevivirá. Es Mardoqueo quien manda a Ester al rey, y tiene que ir sola, aunque le puede costar la vida.

En su apelación a Ester, Mardoqueo menciona una posible salvación «desde otro lugar». Como argumenta Fox, esto significa otra persona o personas que puedan llegar al rescate. Esta profunda confianza en la salvación de la gente tiene que ser basada en la creencia de que Dios no va a destruir a su pueblo completamente. De otra manera, también es posible que Mardoqueo esté confiado en que los judíos son sobrevivientes, que pueden ayudarse el uno al otro independientemente de lo que les pase. Fox concluye que el autor del libro de Ester está creando una «teología de posibilidades (de providencia)». El lector debe decidir si Dios está activo en los acontecimientos de Ester (o su propia) vida.[6]

Ester se corre el riesgo. En lugar de pedir por su gente, invita al rey a una celebración íntima. Este retraso ofrece la oportunidad para un conflicto mucho más complicado entre Amán y los judíos. Asuero le pregunta a Amán —que ha venido a buscar la ejecución de Mardoqueo—, cómo puede honrar a un hombre. Amán tiene tanta confianza que ni siquiera puede imaginar que otra persona aparte de sí mismo sea el hombre escogido. Así que, el rey le manda realizar todo lo sugerido... pero para Mardoqueo. Amán, lleno de odio, obedece. Ester al fin pide por la vida de su gente. Cuando el rey escucha que Amán ha planeado la muerte de Mardoqueo, hace que Amán sea colgado en lugar de Mardoqueo, en el mismo sitio que Amán había preparado para el judío. Esto de cualquier forma no significa que la gente haya sido salvada. La orden previa no puede ser revocada.

Las cartas que mandan Ester y Mardoqueo les permiten a los judíos que se defiendan a sí mismos y destruir también a sus enemigos. El texto se asemeja a la orden de Amán, pero se le han hecho algunos cambios importantes (Fox: 102). Los judíos se pueden defender a sí mismos, y la gente que corre el riesgo de ser asesinados son precisamente aquellos que aflijan a los judíos. El contexto para todo esto es todo el reino de Asuero, y la gente que debe estar lista para el día son los judíos. La gente que no es judía del reino persa es ahora puesta en una situación difícil. La versión griega del texto evita el problema al no ofrecerle opción: la carta de Ester y Mardoqueo anula la de Amán y ordena a los persas ayudar a los judíos. Pero el texto hebreo retiene la idea de que la ley de los medas y los persas no puede ser anulada. Legalmente los persas entonces son obligados a destruir a los judíos, pero a la misma vez ponen en riesgo sus propias vidas, puesto que los judíos se pueden defender a sí mismos.

Relacionemos esto con el tema de tomar decisiones pese a las consecuencias. La celebración del cambio sería incompleto si las relaciones de poder se quedaran igual. Los cambios en la historia no significan que las personas asumieran otro rol: Ester reina en lugar de Vasti; Mardoqueo queda como segundo hombre en lugar de Amán; las víctimas son los de la nación y no los judíos. Dentro de los límites de los que se desafían y piensan está la posibilidad de que sea precisamente por la falta de conocimiento de las consecuencias de sus acciones, por eso la gente tomó decisiones contra otros. Mardoqueo contra Amán, Ester contra Amán y Asuero, etc. En esta historia, Ester se involucra personalmente con su gente. Está involucrada con su primo. Ester fue porque su primo la animó que así lo hiciera, y más aun, ella buscó el apoyo de su gente, al pedirles que ayunaran por ella (Ester 4.16). Las acciones de Ester siguen la intención de salvar a su pueblo (Ester 8.6).

Mardoqueo, rehusando capitular hacia el mal confrontándose a sí mismo en Amán, manda a Ester a actuar en favor de su gente. Cuando él está en una posición de hacer esto, él mismo se convierte en una gran persona, temido por otros líderes. Pero al mismo tiempo, Mardoqueo es importante para su gente; la travesía por la felicidad de su gente y el ruego por la paz de sus descendientes guían su liderazgo (Ester 10.3). Debemos considerar el hecho de que las relaciones (entre Ester, Mardoqueo y su gente) y el ejemplo personal de Mardoqueo se convierten en elementos clave en el proceso de tomar decisiones. Todos sabemos que la decisión de Ester fue la correcta aunque las posibles consecuencias pudieron haber sido muy malas para todos aquellos directa o indirectamente involucrados.

La historia de Ester tiene muchas enseñanzas, una es cómo vivir y luchar en un mundo gobernado por otras normas y valores, mientras uno mantiene su propia identidad. Aunque nunca se menciona a Dios, muchas claves llaman la atención del lector a la posibilidad de que Dios está activamente trabajando aquí. ¿Permitirá Dios a un rey extranjero que se presente a sí mismo como divinamente favorecido? ¿No está el reemplazo de Vasti por Ester en las manos de Dios? ¿No es el ayuno también un clamor a Dios por ayuda? ¿No está su convicción de que los judíos serán salvados basada en la experiencia de que Dios nunca defrauda a su pueblo? ¿No se presenta a Ester como la heroína, escogida por Dios, destinada a salvar a su gente? ¿No es el nombre de «Ester» (Soy escondida), más que un recordatorio del juicio de Dios, también insinuando la posibilidad de que Dios esté escondido y activo en la historia? La de Ester es la historia de la destrucción del mal y la historia del sueño que Dios tiene para su pueblo. De generación en generación, hasta hoy, debería celebrarse que Dios está presente en situaciones de injusticia, en individuos que actúan, revirtiendo la suerte de la gente para salvarlos. Está claro que las relaciones interpersonales se convierten en una clave.

DANIEL

La historia de Daniel comienza dándonos un contexto histórico (Daniel 1). Por este tiempo (605 A.C.), la independencia de la nación dividida de los israelitas estaba esencialmente terminada. Israel ya había caído y Judá alternaba entre ser un vasallo de Egipto o de Babilonia. El breve periodo del retorno de Judá a Dios, bajo Oseas, ya había terminado también. El período bíblico para este relato claramente muestra que Judá estaba moral, espiritual y políticamente en bancarrota.

Hay por lo menos dos momentos en los que Nabucodonosor toma a Daniel y sus amigos en cautiverio. Una teoría asume que los hebreos nobles fueron apresados para asegurar la continua obediencia de Judá. La otra teoría asume que los nobles eran preparados para posiciones administrativas en caso de que Babilonia tuviera que ir a tomar el control total de Judá. No importando la razón, el relato pone en claro que Daniel, Ananías, Misael y Azarías fueron llevados a la capital de Babilonia y parece que nunca más vieron su tierra natal de nuevo.

Muchos de los expedientes dicen que Daniel y sus amigos eran adolescentes cuando fueron tomados en cautiverio. Puede ayudar a entender mejor esto si se piensa con una perspectiva de que estos muchachos estaban en el primer año de secundaria, cursando materias a nivel universitario, enseñados en un país y en un idioma extranjero. A nuestro mejor entendimiento, estos muchachos nunca más se beneficiaron de la guía de los padres o de una sinagoga. Como parte del proceso de asimilarlos a la cultura babilónica, sus nombres fueron cambiados.

No requiere de mucha lógica decir que Daniel no se encontraba en una situación ideal que sostenía los valores y las verdades que aprendió desde su niñez, aun así la Escritura dice que «se decidió» a no degradarse a sí mismo. Nabucodonosor específico que los jóvenes comieran porciones de su mesa. Daniel sabía que la comida era prohibida para los judíos pues había sido sacrificada a ídolos. La fe de Daniel y sus convicciones fueron violadas desde el principio de su cautiverio. Él sabía lo que la ley decía y tenía que decidir cómo actuar (Levítico 11. 45-47).

Daniel se propuso en su corazón obedecer a Dios puesto que era la respuesta correcta. Aunque Daniel había decidido no degradarse a sí mismo, tenía todavía que determinar cómo procedería. Podría ser desafiante y rebelde o podría buscar una concesión de los que tenían autoridad sobre él. Daniel escogió lo segundo y Dios lo honró. El joven encontró el favor a los ojos de Aspenaz, el jefe de los eunucos. Daniel buscó el permiso para comer una dieta vegetariana. Aunque esto nos parezca una pequeña acción, Aspenaz sabía que sería un tema de vida o muerte. Miremos sus palabras de nuevo:

> El principal oficial de la corte dijo a Daniel: Estoy con temor de mi señor el rey, quien ha señalado el alimento y la bebida para ustedes ¿por qué entonces, debería él ver sus rostros con apariencia decaída en comparación con los demás jóvenes que son de su misma edad? Entonces ustedes van a hacer culpable mi cabeza ante el rey. (Daniel 1.10)

Podemos estar seguros de que Babilonia tenía un bajo número de reincidencia de los que desafiaban los mandatos del rey. La desobediencia al rey era castigada rápida y decisivamente. Daniel estaba pidiendo demasiado y tenía que ser sabio. Daniel propuso una prueba de diez días. Puso su confianza en Dios y confió que sacudiría a Aspenaz. Daniel sabía que Dios podía transformar el corazón de su superior si lo decidía así. El acercamiento humilde y respetuoso, combinado con la oración en busca del favor de Dios, ganó el día.

Ahora era tiempo para que el rey pagano comenzara una serie de lecciones, que como veremos, le harían confesar que no hay Dios como Jehová. Daniel y sus amigos aparecieron ante el rey y tuvieron que demostrar los resultados de tres años intensivos de estudio. Estos jóvenes tenían como propósito seguir a Dios, se aplicaron a sus estudios, respetaron las autoridades puestas sobre ellos y Dios los bendijo por todas sus obras para Su gloria. ¿Como fueron calificados? Veamos otra vez el versículo 20:

> Y en lo que respecta a todo asunto de sabiduría y entendimiento que el rey inquiría de ellos, hasta llegó a hallarlos diez veces mejores que todos los sacerdotes practicantes de la magia y los sortílegos que había en toda su reino. (Daniel 1.20)

Nabucodonosor sabía el resultado pero Daniel y sus amigos conocían la razón. La prueba para los cuatro jóvenes no terminó ahí. Todos enfrentaban decisiones clave que incluían consecuencias terribles por hacer lo correcto. Consideremos a los amigos de Daniel primero.

Los poderosos guardias empezaron a atar a Sadrac, Mesac y Abed-Nego con cuerdas y en cuestión de segundos echaron a los jóvenes en un horno. En un momento estaban relativamente seguros, hasta en privilegiados puestos, como oficiales en el gobierno de Babilonia. En otro momento los echaron brutalmente para que sufrieran una muerte segura en un infierno.

Las Escrituras pintan una viva imagen de este hecho y describen los acontecimientos que le preceden. El rey Nabucodonosor se encontró a sí mismo en una lucha psicológica y política por proteger su orgullo y poder como líder de Babilonia.

Algunos habían determinado sacar al reino de la influencia de los jóvenes cautivos judíos, Daniel, Sadrac, Mesac, Abed-Nego y cualquiera que fuera como ellos, que hubieran sido ordenados a servir a sus captores babilónicos cuando el reino de Judá cayó. Nada los detendría hasta no ver a esos jóvenes eliminados del gobierno de Nabucodonosor, aunque significara matarlos.

En apariencias, los enemigos habían triunfado. Ellos sabían que los jóvenes judíos se mantendrían fieles a su Dios y se rehusarían a hincarse ante cualquier ídolo (Daniel 3.1-7). La desobediencia de los jóvenes al mandato captó la atención de su monarca. Dirigiéndose a los jóvenes, Nabucodonosor preguntó:

> ¿Es verdad, Sadrac, Mesac, y Abed-Nego, que rehúsan servir a mis dioses, o adorar la imagen dorada que he erigido? Aunque me han dicho esto, me resulta muy difícil creer. Por eso les daré otra oportunidad. Salvarán sus vidas si después de que escuchen a mis músicos tocar, se postran ante la imagen dorada y adoran a mis dioses. Su única alternativa es ser echados vivos al ardiente horno de fuego. Ahora ¿cuál dios, incluyendo el suyo, puede librarlos de mis manos? (Daniel 3.14-15).

El rey Nabucodonosor no era alguien a quien se le podía discutir. Era un rey orgulloso con una visión temperamental y ambiciosa. Aumentar su enojo podría traer una muerte dolorosa y segura de acuerdo a ciertas fuentes judías como el Haggadah (material narrativo en el Talmud y otras escrituras rabínicas). Esta y otras fuentes mencionan ejemplos de su crueldad y brutalidad.

Sadrac, Mesac y Abed-Nego conocían el temperamento del rey. También sabían que podían obedecerle y vivir, o desobedecerle y morir.

Mientras los tres hombres enfrentan la interrogación de Nabucodonosor, naturalmente se preguntaban cuál sería su suerte. De cualquier forma no perdieron tiempo en responderle al decreto del rey: adorar a la imagen dorada o ser tirados al horno ardiente.

> Oh Nabucodonosor, respecto a esto no estamos bajo necesidad de devolverte la palabra. Si este es el caso, nuestro Dios, a quien servimos, es capaz de rescatarnos del horno ardiente

y de tu mano, oh rey. Pero si no, sea sabido oh rey que a tus dioses, y a la imagen de oro que has erigido ciertamente no adoraremos. (Daniel 3.16-18)

Su respuesta sirve como un verdadero ejemplo de fe. Ellos sabían que Dios podía librarlos de la muerte segura que enfrentaban, pero no sabían si extendería sus vidas físicas. Ellos se resguardaban en la sabiduría de Dios y en su juicio para poner su suerte en sus manos. Aun cuando la consecuencia de su decisión fuera la muerte.

Estaban firmes en su determinación de obedecer el mandato de Dios de no adorar a ningún ídolo (Éxodo 20.4-5). Arriesgarían su vida antes de desobedecer a Dios. Sabían que figuradamente estaban firmando su muerte con su terca respuesta al decreto real.

El rey no lo sabía en ese momento, pero los tres jóvenes judíos tenían un poder más fuerte de su lado que cualquier poder al que Nabucodonosor pudiera acudir. Nabucodonosor cometió un grave error al desafiar a Dios, diciendo: «¿cuál dios podrá salvarlos de mi mano? (Daniel 3.15). Había, sin quererlo, transformado su confrontación con estos jóvenes en una confrontación con Dios.

Furioso con su respuesta, Nabucodonosor ordenó la ejecución en el horno: «El habló y ordenó que calentaran el horno siete veces más de lo que normalmente se calentaba» (Daniel 3.19). Los tres judíos estaban firmes y juntos fueron lanzados como leños al horno. Las llamas eran tan calientes que los guardias que los echaron perecieron del calor. Los tres jóvenes se perdieron de vista cuando cayeron entre las llamas. Pero, entonces, ¿qué era aquello? El sorprendido Nabucodonosor vio no tres sino cuatro hombres desatados y sin quemaduras entre las llamas. Más sorprendente aun, en las propias palabras de Nabucodonosor, la cuarta persona era «como el Hijo de Dios».

Nabucodonosor llegó tan cerca como pudo a la boca del ardiente horno. «Sadrac, Mesac y Abed-Nego, siervos del más ALTO Dios, salgan y vengan aquí», exclamó (v. 26). Los tres hombres salieron del horno ardiente y se pararon delante del asombrado rey y del tumulto de oficiales. No sólo ninguno de los tres había sufrido daño, ni siquiera uno de los cabellos en sus cabezas había sido tocado. Su ropa no estaba dañada, el olor de las llamas no estaba con ellos» (v. 27).

Nabucodonosor había sido testigo de un milagro. El compañero divino de los jóvenes judíos en las llamas los había librado de todo peligro. Dios los había protegido en la fuerte prueba. Nabucodonosor dijo:

> ¡Bendito sea el Dios de Sadrac, Mesac, y Abed-Nego, que envió su ángel y libró a sus siervos que confiaban en él, y han frustrado la palabra del rey, y han rendido sus cuerpos, para no servir ni adorar a cualquier dios excepto su propio Dios. Por lo tanto hago un decreto que cualquier persona, nación, o tribu que hable cualquier cosa inapropiadamente contra el Dios de Sadrac, Mesac, y Abed-Nego sean cortados en pedazos, y sus casas sean hechas un montón de ceniza, porque no hay otro Dios que puede librar de esta manera. (Daniel 3.26-29)

Es asombrosa la manera en que estos jóvenes tomaron la decisión correcta aunque sabían que la consecuencia era terrible. Sabían que Dios podía librarlos, pero eso no los movió hacia lo correcto, sino que fue la hermosa relación que tenían con Dios.[7]

El capítulo 6 de Daniel narra otra asombrosa decisión basada en las relaciones. Recuerde que ahora tiene entre ochenta y noventa años. Los medas y los persas han conquistado Babilonia, han matado a Belsazar y elevado a Daniel a una posición de poder y autoridad. Ahora la valentía de Daniel y la confianza en Dios sería probada (Daniel 6.1-28). «Le plació a Darío nombrar a ciento veinte sátrapas (príncipes o gobernadores) para reinar en el imperio, con tres administradores sobre ellos, uno era Daniel. Ellos les rendían cuentas para que el rey no sufriera pérdida. Ahora era Daniel el que se distinguía de los demás administradores y sátrapas por sus excepcionales cualidades, por las que el rey planeó ponerlo sobre todo el reino».

Veamos cómo el éxito de Daniel saca a gente celosa de sus escondites (v. 4). Por eso los administradores y sátrapas trataban de encontrar elementos para acusar a Daniel en su conducta, en cuestiones de relaciones gubernamentales, pero no les fue posible. No encontraron corrupción en él, porque era confiable y no era corrupto ni negligente.

Notemos el carácter que forma a alguien correcto, confiable, honrado y atento. Ese es el carácter que los empleadores valoran y la gente celosa odia. Los celosos buscan avanzar pisoteando a otros, no con méritos.

Finalmente estos hombres dijeron: «Nunca vamos a encontrar bases para acusar a este hombre Daniel, al menos que tenga que ver con la ley de su Dios» (v. 5). Entonces los administradores y los sátrapas fueron al rey y dijeron: «Oh rey Darío, ¡viva para siempre! Los administradores reales, prefectos, consejeros y gobernadores estamos de acuerdo que el rey debe reforzar el decreto de que cualquiera que ore a cualquier dios u hombre, excepto a ti, durante los próximos treinta días, oh rey, debe ser lanzado a la guarida de los leones. Ahora oh rey, da un mandato y ponlo por escrito para que no pueda ser alterado. De acuerdo con las leyes de los medas y los persas, que no pueden ser revocados» (v. 8). Entonces el rey Darío lo puso por escrito.

Una de las realidades de la vida es que la gente mala no soporta ver que la buena tenga éxito. El buen carácter de una persona lo separa de las masas mediocres. No es que se crea mejor, sólo es que la vida exhibe las decisiones excelentes que sigue tomando.

Las acciones excelentes son grandes sin importar las consecuencias, porque forman el carácter que brilla con excelencia. Es el tipo de carácter que pone a la persona por cabeza y no por cola. El avance divino y el éxito no vienen por suerte. Vienen a aquellos que tienen por hábito tomar las decisiones correctas. Aun cuando las consecuencias no se vean para nada bien.

Para Daniel, orar era un estilo de vida. Era su primera línea de defensa, no la última opción para pedir ayuda. Sus enemigos sabían que Daniel seguro oraría. «Entonces estos hombres fueron como grupo y encontraron a Daniel orando y pidiéndole a Dios ayuda. Luego fueron al rey y le hablaron a él sobre su decreto real: "¿No hiciste publicar un decreto que durante los treinta días próximos cualquiera que ore a cualquier dios u hombre, excepto a ti, o rey sería tirado en la fosa de los leones?" El rey contestó: «El decreto sigue y de acuerdo con las leyes de los medas y los persas, no puede ser revocado» (vv. 11, 12).

En el versículo 13 leemos: «Entonces ellos le dijeron al rey: Daniel, que es uno de los exiliados de Judá, no te obedece a ti oh rey, ni al decreto que pusiste por escrito. Él todavía ora tres veces al día». Cuando el rey escuchó esto, estaba muy angustiado; estaba determinado a rescatar a Daniel e hizo todo esfuerzo, hasta que el sol se ocultó, para salvarlo» (v. 14).

En versículos 15-16 leemos: «Los hombres fueron como grupo al rey y dijeron: Recuerda, o rey, que de acuerdo con la ley de los medas y los persas ningún decreto u orden que el rey dé puede ser cambiado. Entonces el rey dio la orden, y trajeron a Daniel y lo echaron en el foso de los leones. El rey le dijo a Daniel: Que tu Dios, a quien le sirves continuamente, te rescate».

Si este fuera el fin para Daniel, el testimonio del pagano rey habría demostrado que Daniel terminó su vida bien. Me encantan las palabras del rey: «Que tu Dios, a quien has servido continuamente, te rescate» (v. 17). Una piedra fue traída y colocada en la boca del foso, y el rey selló la misma con su propio sello real y con el de los nobles, para que la situación de Daniel no fuera cambiada. Entonces el rey regresó a su lugar y pasó la noche sin comer y ningún tipo de entretenimiento le fue llevado. Y no pudo dormir. El versículo 19 dice: «Al aclarar la mañana, el rey se levantó y fue rápidamente al foso de los leones. Cuando llegó, llamó con angustiosa voz: Daniel, siervo del Dios vivo, tu Dios, a quien sirves continuamente, ¿ha sido capaz de librarte de los leones?»

La piedad de Daniel causó una grande impresión en el rey. Una vez más le dijo «quien le sirves continuamente te rescate». Parecería que desde su cumpleaños número trece, y por los siguientes setenta y cinco años, Daniel continuó tomando decisiones que le ayudaron a fortalecer su fe. Las disciplinas espirituales hechas de corazón pueden atraer a la gente a nuestra fe en Dios. Las disciplinas espirituales hechas de una manera legalista hacen que nuestra fe moleste.

Notemos la inamovible declaración de fe de Daniel. Daniel contestó: «Oh rey, ¡viva para siempre! Mi Dios mandó a su ángel, y tapó la boca de los leones. No me han dañado, porque fui encontrado inocente delante de sus ojos, tampoco he hecho algo malo contra ti, oh rey» (v. 21). El rey se sintió emocionado y dio órdenes para que sacaran a Daniel del foso. Entonces fue sacado Daniel y no se le encontró mancha ni lastimadura, porque confió en su Dios. Los versículos siguientes dicen: «Al mandato del rey, los hombres que acusaron falsamente a Daniel fueron traídos y arrojados al foso de los leones, junto con sus esposas y niños. Y antes de que llegaran al piso del foso, los leones los cubrieron y les destrozaron todos sus huesos».

Notemos la consecuencia negativa de que Daniel permaneciera en la verdad. Fue enviado al foso de los leones aunque no fue lastimado.

Una vez más no tomó su decisión basándose en el hecho de que Dios enviaría a su ángel. Tomó la decisión basado en su relación con Dios. También me gustaría sugerir que su relación con el rey lo motivó a hacer lo correcto. Daniel estaba consciente de que su relación con el monarca era una manera extraordinaria de predicarle al rey. Sabemos en efecto que eso hizo algo en el corazón del rey. Los versículos 25-26 indican:

> El rey Darío escribió a todas las personas, naciones y hombres de toda lengua alrededor de la tierra: ¡Que prosperes abundantemente! Yo doy un mandato en cada rincón de mi reino que todos deben temer y dar reverencia al Dios de Daniel. Pues él es el Dios viviente y vive por siempre; su reino no será destruido, su dominio jamás se acabará.

JOSÉ

A veces cuando leemos las historias antiguas de los personajes de la Biblia (especialmente en el Antiguo Testamento) es fácil olvidarse de que eran personas reales como nosotros. No son héroes de la fe porque son seres humanos perfectos sino porque decidieron seguir a Dios aun cuando enfrentaban una presión asombrosa para que hicieran lo opuesto.

La vida de José nos provee un ejemplo hermoso de una persona que se compromete a vivir con Dios sin importar las circunstancias que encuentre. José exhibe el carácter de Dios a través de su fidelidad, integridad, pureza y misericordia, aun cuando es forzado a soportar presión y dificultad.

La historia de José se encuentra en Génesis, capítulos 37 al 50 y cada incidente de su vida nos enseña algo acerca del carácter de Dios. Para este estudio, nos concentraremos en los capítulos 37 y 39.

La Biblia nos dice que José era odiado por sus hermanos, que estaban celosos de él. Era apenas un adolescente cuando decidieron matarlo y cruelmente arrojarlo a un pozo. José debe haberse sentido muy dolido y aterrado cuando hicieron eso, pero fueron aun más allá y lo vendieron como esclavo. La mayoría de nosotros ni siquiera podemos imaginar la experiencia de la traición y el temor que José debió haber sentido, al ser arrancado de su familia, su hogar y todo lo que conocía sólo para ser vendido en esclavitud en una tierra que no era la suya.

Génesis 39.1-6 nos dice que Potifar, un oficial de Faraón, compró a José. También nos dice que el patrón de José podía ver que el Señor estaba con José, entonces al cabo del tiempo lo hizo administrador de todas sus posesiones y también su casa. Es obvio que José era un esclavo fiel y confiable o Potifar no le hubiera confiado su casa. Pero estos versículos también indican algo acerca de la actitud de José aunque no está escrito de una manera directa. A pesar de todo lo que le pasó, mantuvo un corazón agradecido y confió en Dios absolutamente, aun en las circunstancias más dolorosas fue forzado a seguir firme.

Si puede, trate de imaginar la situación de José. Es obvio que la mayoría de las personas que estuvieran en sus zapatos se hubieran desanimado, enojado, atemorizado, se hubieran sentido llenos de lástima y con deseos de vengarse. El comportamiento santo de José durante esas pruebas nos enseña muchas maneras en que podemos vivir nuestra fe, aun cuando estemos bajo presión, especialmente porque las cosas se pongan mucho más difíciles.

En Génesis 39.7 se nos presenta el próximo problema de José, la esposa de Potifar. Ella desea a José y le ruega que se acueste con ella. José pudo haber accedido fácilmente a la tentación de esta misteriosa mujer. Era un hombre joven, lejos de casa y ella quizá muy atractiva. Pudo haber usado la soledad, la amargura o la lástima como una excusa para ceder a la tentación. Y como estaba completamente solo en otro país, nadie hubiera sabido. No se nos dice exactamente lo que ella dijo pero es posible que haya usado las mismas tácticas que el diablo emplea con todos nosotros, incluyendo desde apelar a su necesidad de amor hasta el confort de sus «ideales anticuados», hasta amenazarlo con acusarlo de desobediencia. Pero José no accedió. Veamos las palabras de Potifar en los versículos 8 y 9:

> Pero él rechazó y dijo a la esposa de su amo, espera, debido a quien soy mi amo no tiene ninguna preocupación por mí sobre cualquier cosa en la casa, y él ha puesto todo lo que él tiene a mi cargo. Ninguno hay más grande en esta casa que yo, ni me ha prohibido nada excepto a ti, porque tú eres su esposa. Entonces ¿cómo puedo hacer este mal y pecar contra Dios?

Finalmente, la esposa de Potifar esperó el momento en que todos los otros siervos estuvieran fuera de la casa e hizo una última maniobra para acostarse con José tomándolo por las ropas y ordenándole que durmiera con ella. José tuvo sólo unos segundos para decidir si mantendría su integridad y pureza o si las cambiaría por unos momentos de placer. La decisión de José en el momento de la prueba y la tentación pudo afectar su futuro y el de Israel para siempre. Pero decidió huir, «se fue de ahí» (v. 12), y dejó a la tentadora con sus ropas en su mano. Corrió, sin saber qué iba a pasar por hacer lo correcto, motivado por su relación con Dios. Por un momento imaginemos que estuviéramos escondidos en el palacio el día que eso sucedió, y hubiésemos tenido la habilidad de detener la escena en el momento que la esposa de Potifar alcanza a agarrar las ropas de José. En ese instante paramos la escena y caminamos hacia José y le decimos las consecuencias que le esperan por no haber dormido con ella. Luego nos escondemos y dejamos que siga la escena. ¿Qué cree que José hubiese hecho? Yo creo fuertemente que hubiera corrido, porque no era la consecuencia de su decisión lo que lo motivó a hacer lo correcto. Eran sus relaciones. Sus relaciones con Potifar y su relación con Dios (vv. 8, 9).

Como ocurre constantemente cuando una persona de Dios gana una batalla contra el pecado y hace lo correcto, no hubo medalla ni fiesta ni aplauso esperando a José. En efecto, en su furia y vergüenza, la esposa de Potifar mintió y lo acusó de haber intentado violarla. Entonces José, siendo un hombre justo que confiaba en Dios, fue arrestado (Salmo 105.18) y arrojado a una miserable prisión hasta que tuvo treinta años de edad, porque hizo lo que era correcto.

Muchos cristianos de hoy tendrían dificultades para identificarse con una persona como José, que temía, amaba y confiaba en Dios tanto que estaba convencido en obedecerle aun cuando no ganara ni siquiera un premio en esta tierra. A veces se nos olvida que la vida del cristiano trae pruebas y sufrimiento también. De cualquier modo si confiamos en Dios mientras las experimentamos, cambiaremos nuestra, a veces vacía fe por compasión, carácter, sabiduría, paciencia y profunda fe en Jesús, esa que no puede ser sacudida. En José vemos a una persona que modeló estos rasgos de una manera hermosa porque caminó en santidad, esperó pacientemente y mantuvo un corazón sensible ante el Señor. Podemos decir honestamente que las consecuencias no eran tan importantes como su relación con Dios.

María de Nazaret

Una de las verdaderas «grandes» mujeres de la Biblia es María, la madre de Jesús. Era una mujer de fe, valentía, humildad, alabanza y oración. Era una buena esposa y madre, y una discípula ejemplar de Cristo. Estas cosas extrabíblicas que han sido dichas o escritas de ella harían a cualquier cristiano evangélico evitar estudiar su vida, lo cual en realidad es una lástima porque fue una asombrosa persona. Podemos aprender muchísimo de la mujer que fue escogida por Dios para dar a luz a su Hijo.

No sabemos cuán frío, ni quizás cuán nevado, estuvo ese día de diciembre en Galilea, cuando la joven mujer fue sorprendida por el ángel Gabriel. Sí sabemos que María tendría que haber sido una adolescente, con alrededor de doce o catorce años de edad. Podemos saber su edad porque estaba comprometida, aunque no casada todavía, con un hombre llamado José; ella era físicamente madura para tener y criar al Hijo de Dios, algo que hizo al menos un par de años sin mucha ayuda familiar. Aunque doce a catorce años nos puedan parecer muy pocos, era común en los tiempos bíblicos que las mujeres estuvieran casadas a esa edad; si hubiera tenido mucho más que catorce años, habría sido muy vieja para casarse en aquella cultura. Podemos mejor entender el gran valor y fe de María cuando comprendemos que no era una mujer de mediana edad ni experimentada, sino una joven mujer de fe que aceptó el desafío de ser llamada la madre de Jesús, el Cristo.

Cuando el ángel Gabriel se le apareció a María le dijo: «¡Salve, muy favorecida! El Señor es contigo» (Lucas 1.28, RV). El ángel le dijo que había «hallado gracia delante de Dios» (Lucas 1.30, RV), y que sería llena del Espíritu de Dios y daría a luz el prometido Mesías, cuyo «reino no tendrá fin» (v. 33, RV). Aunque no sabemos muchos detalles de la vida de María, podemos darnos cuenta por el texto que aun cuando tenía una edad corta, estaba familiarizada con las Escrituras, y habría entendido inmediatamente la inmensidad de la obra que se le pedía. Ella también hubiese sabido, sólo que en parte, el precio que tendría que pagar por ser la madre del Mesías. Consideremos por un momento las consecuencias de aceptar el reto. Su testimonio sería extraviado porque ella estaría embarazada, sin haberse casado. ¿Qué dirían sus padres? ¿Qué pasaría con su vida? ¿Qué pasaría con lo que ella quería? Parte del precio que pagó fue la duda, las sospechas y el rechazo que experimentó por su concepción virginal. Ni María ni los creyentes estaban esperando un parto virginal. Isaías 7.14 se cita en Mateo 1.23 (La virgen dará luz a un hijo y será un varón…), y por eso los cristianos se dan cuenta de que Isaías en parte estaba pronosticando un parto de una virgen. Pero en su contexto, el «hijo» en Isaías 7 nació durante la vida de Isaías (Isaías 7.15-17), y no existe registro histórico que los judíos estuvieran esperando un parto de una virgen hasta que en realidad pasó.[8]

Cuando le dijeron que tendría un hijo, María dijo: «¿Cómo puede ser esto, si no he conocido varón?» (Traducción del autor.) María estaba confundida, cómo quedaría embarazada si no estaba teniendo relaciones sexuales con ningún hombre. El ángel le dijo que concebiría de Dios mismo (Lucas 1.35). María creyó lo que el ángel Gabriel le dijo, pero se tuvo que haber preguntado que sería difícil, y hasta imposible lograr que las personas le creyeran. En una exclamación de fe ella le dijo al ángel: «He aquí la sierva del Señor, que se haga de acuerdo a tu palabra» (Lucas 1.38, traducción del autor).

La humildad de María y su fe brillan en su exclamación. Ella se refirió a sí misma como la sierva de Dios, indicando que se sometía a su voluntad completamente, sometía su agenda, aun su vida, a Dios. En la cultura bíblica, los sirvientes no eran comprados, ni tenían la libertad de quedarse o irse, como quisieran, ni se les pagaba el trabajo. También notemos en este contexto que el esclavo era propiedad sexual del dueño, algo que devastaba muchos matrimonios en el mundo antiguo. María no pensó en ella misma como una sierva que puede dejar el trabajo si no le convenía la paga. No, ella pensó en sí misma como esclava de Dios, dispuesta a hacer lo que Él le pedía. Un mejor ejemplo de fe no puede ser igualado por nadie. Una vez más es importante notar que no consideró las consecuencias para hacer lo correcto. Aun si suponemos que las consideró, no cambiaron su manera de hacer lo correcto.

Inmediatamente después de que el ángel le dijo a María que concebiría de Dios, ella partió de Nazaret y se fue al sur, a la parte montañosa de Judea, a la casa de una prima llamada Elizabet, que era descendiente de Aarón (Lucas 1.39-56). La Escritura no nos dice por qué fue a visitar a Elizabet, pero podemos asumir que era para prepararse para la tormenta que sabía que empezaría cuando se supiera que estaba embarazada.

La Escritura nunca nos dice por qué escogió a Elizabet para visitarla por tres meses. Ella ha de haber orado y obtenido la dirección de Dios, o quizá porque Gabriel mencionó a Elizabet cuando le dijo a María que daría a luz al Mesías prometido. La Escritura tampoco nos dice hasta qué grado luchó con esa incertidumbre, tal vez preocupación, hasta temor de lo que le podría pasar cuando se supiera de su embarazo. Ella también ha de haber luchado con la idea de cómo decirle a Elizabet y si ésta le creería. Qué gran peso se le habrá quitado de encima cuando entró a la casa de Elizabet y apenas dijo: «Hola», Elizabet con voz fuerte proclamó que María y el niño eran benditos de Dios. Lucas 1.42b-45 (v. 42b)… «Bendita eres entre todas las mujeres y bendito es el fruto de tu vientre (v. 43). Pero ¿por qué soy tan favorecida, que la madre de mi Señor venga a verme a mí? (v. 44) Desde que el sonido de tu saludo alcanzó mis oídos, el niño dentro de mí saltó de alegría (v. 45) Bendita aquella quien ha creído lo que el Señor le ha dicho que será hecho» (paráfrasis del autor).

María respondió a la profecía de Elizabet con un bello salmo. Si vino por revelación el texto nunca lo dice, y aunque lo dijera, sabemos que lo que vino de su boca estuvo en su corazón. El salmo de María revela mucho sobre ella. María y Elizabet eran grandes mujeres de fe, una muy joven, la otra anciana y convivieron tres meses juntas, hablando y orando por lo que habría de venir. Sin duda hicieron lo mejor para preparar a María para las luchas, tribulaciones y momentos felices de ser la madre del Mesías. María sabía muy poco, aun su embarazo virginal era inesperado y esta piedra de tropiezo para los judíos —el camino de paz y amor que su hijo tomaría—, sería también una piedra de tropiezo para ella. Esto parece ser mucho para una adolescente, pero lo hizo no importando las consecuencias.

Después de haber pasado tres meses con Elizabet, regresó a Nazaret, sabiendo que se dirigía a una tormenta. La gente de Nazaret no sería como Elizabet. No, a ellos los sorprendería, dolería y dudarían. Es un testimonio de valor y de fe de la joven María, que fue a casa a enfrentar a los parientes, sabiendo cómo sería la situación. Podemos imaginar la escena. El embarazo de María es descubierto, probablemente porque su vientre estaría creciendo después de tres meses, y también porque su aspecto cambió algo. Sin duda hubo gritos, preguntas interminables y mucho llanto. El rabí probablemente fue llamado para ver si había algo de un parto virginal en el Antiguo Testamento. Al fin a José se le avisó. Tampoco él creyó la historia de María. ¿Le podemos juzgar? ¿Quién creería aquello? Pero el temor que José tenía de Dios, quedó demostrado con su reacción ante la situación. No fue duro, no quiso que María fuera públicamente avergonzada, él estaba contento con hacer del divorcio un asunto tranquilo de familia. Sin duda María oró por sabiduría y paz, y Dios fue bueno, mostrándole a José en un sueño que María realmente había concebido de Él.

Sabiendo la verdad acerca de María, José actuó decisivamente y la tomó como su esposa (Mateo 1.24). En ese momento María tenía un esposo que lo era en efecto: un amigo, un aliado, un confidente. José era un hombre de Dios que valoraba la verdad sobre la conveniencia. Sabemos esto porque José sería incluido en la tormenta que azotó a María y su hijo por nacer. Es interesante ver que han pasado dos mil años desde que nació Jesús, y todavía hay tormentas que azotan alrededor de la verdad de quien es Él. Una tormenta a la que alguna gente entra por la gracia de Dios y por querer saber la verdad, y que otros evitan, normalmente porque «no les gusta el conflicto».

La tormenta de la duda, el coraje y la falta de fe alrededor de María y José, fue quizá la razón por la que no regresaron a Nazaret después que Jesús nació en Belén. Ellos se quedaron en Belén por casi un año y medio, hasta que el ángel les dijo que se fueran a Egipto para salvar la vida del pequeño Jesús. Por su parte, María y José tenían cosas mejores que hacer que tratar de explicar la situación a los dudosos familiares en Nazaret. Tenían que empezar a criar al Hijo de Dios, que no sólo era el Salvador del mundo, sino de ellos también. Hay una lección para nosotros en la forma en que José y María vivieron, porque mucha gente gasta su vida tratando de justificar sus acciones ante otra que se enoja y que nunca queda satisfecha. Como José y María, necesitamos empezar a hacer la obra de Dios, y no distraernos por quejumbrosos.

Los dos, José y María, reconocieron el tremendo significado del nacimiento del Mesías, y el Evangelio de Mateo pone en claro que no tuvieron relaciones sexuales hasta después que Jesús nació. Dice Mateo

1.25: « Pero no la conoció hasta que dio a luz a su hijo primogénito; y le puso por nombre Jesús».

En el mundo de hoy, cuando parece que un gran porcentaje de cristianos no esperan hasta el matrimonio para tener relaciones sexuales, la disciplina y el enfoque de María y José sobresalen como ejemplo brillante, enseñando que si queremos de verdad, podemos seguir no sólo la ley de Dios, sino Su corazón también. Después de todo no había ninguna ley que prohibiera tener relaciones sexuales después del matrimonio, pero los dos sabían lo que era obvio: si tenían relaciones sexuales, les darían lugar a otros a pensar y dudar que María en realidad hubiera concebido de Dios. Por eso esperaron hasta que Jesús naciera para tener relaciones, hubo entonces dos acontecimientos: una concepción virginal y un parto virginal del Hijo de Dios.

No es sorprendente que la adolescente que Dios escogió para que fuera la madre de su único Hijo creciera y madurara hasta llegar a ser un importante miembro de la iglesia primitiva. De cualquier forma, no hay evidencia de que publicara ni se diera a conocer como la «madre de Jesús». La humildad que mostró en su juventud, cuando se llamó a sí misma la sierva de Dios, todavía estaba presente, cuando ya a edad mediana, se paró al pie de la cruz y miró a su Hijo y Señor. No hay evidencia de que entendiera más que los otros discípulos. Como el resto, parece claro que no entendió su muerte sustituta por toda la humanidad. De cualquier forma, silenciosamente aceptó su instrucción de ir a la casa con el apóstol Juan (Juan 19.25-27) y comprendió la apropiada distancia en su relación con Jesús cuando éste le llamaba «mujer».

La última mención de María aparece en Hechos 1.14, después de que su Hijo ascendiera al cielo. Los discípulos estaban en Jerusalén cuando ella fue contada entre ellos. Su obra como la madre del único Hijo de Dios había culminado. Mucha gente hoy se va a los extremos para llegar a ser «alguien grande». María nos enseñó que la verdadera grandeza viene al poner nuestra vida en las manos de Dios y al obedecer lo que nos llama a hacer. Ella aceptó el reto que Dios le planteó pasando por alto las dificultades y vivió con humildad y gran fe, aun llegando a ser discípula de su Hijo, el Cristo. No se puede ser más grande que eso.[9]

CAPÍTULO 9

DECISIONES RELACIONALES

> Todos los hombres exitosos se han puesto de acuerdo en una cosa, fueron agentes causantes. Ellos creyeron que las cosas no suceden por suerte, sino por ley; que no hubo un eslabón débil o roto en la cadena que une el principio y al final de los hechos.
>
> —RALPH WALDO EMERSON

CONSIDERE la escena siguiente. Supongamos que un día una persona con mucho valor decide pedirme si podría llevar a una de mis hijas al cine. Seguramente me convencería porque mi hija recién cumplió cuarenta y cinco años y estamos celebrando su cumpleaños (es un chiste malo). Mi hija sale con su enamorado acompañado de sus hermanos mayores para protegerla (de nuevo estoy bromeando). Supongamos que están en el cine y sus hermanos se distraen con la película. Justo en ese momento, el enamorado de mi hija decide tocarla donde no debería. ¿Qué es lo que debería motivar a mi hija a tomar la decisión correcta? ¿Qué versículo utilizará esta vez? (1 Timoteo 5.22). ¿No impongas con ligereza las manos…? Esto no tiene nada que ver con el tema. Este versículo se refiere a no imponer manos con ligereza en el ministerio. Entonces, ¿Qué quiero que haga mi hija? Quisiera que le propinara un puñetazo en la nariz y se fuera pensando: ¿Cómo pude hacer tal cosa en contra de Dios y de mis padres? Sé que suena irreal para algunas personas, porque algunos sugieren que debemos mantener distancia con nuestros hijos. Otros sugieren que nuestros hijos no deben considerarnos como amigos porque somos figuras de autoridad para ellos. Consideren lo que escribe una madre en un blog de la Internet:

Hoy en día, a los padres les gusta tomar el camino fácil de culpar a la televisión, los videojuegos, la Internet, la música rap y hasta McDonald's por todos los problemas de sus hijos. Hasta incluso, se aliaron con los maestros para diagnosticar a sus hijos con la extremadamente famosa moda de turno: «Attention deficit disorder» (ADD) (desorden de falta de atención). Asumo que este es un gran tema para romper el hielo en las reuniones de padres, y también los libera, tanto a los padres como a los maestros, de su responsabilidad de disciplinar. Muchos padres parecen estar desinteresados en pasar tiempo, educar a sus hijos y tomar decisiones duras (que son las decisiones correctas para sus hijos), y prefieren dejar que sus hijos decidan ya que ellos saben lo que es mejor para ellos.

Honestamente, hay una razón por la cual los padres tienen esa responsabilidad especial. No se llaman «mejores amigos» porque ese trabajo pertenece a otra persona. Los padres ganan ese nombre extravagante siendo padres y criando a sus hijos hasta que al fin puedan ser capaces de tomar las decisiones correctas.[1]

De acuerdo a una reciente encuesta de Synovate, en la que participaron mil padres y sus hijos, cuarenta y tres por ciento de los padres dicen que quieren ser los mejores amigos de sus hijos, mientras que un cuarenta por ciento les compraría todo lo que ellos quisieran si pudieran.

La jueza Glenda A. Hatchett, del programa televisivo nacional Jueza Hatchett dijo: «Ser amigo de su hijo es una manera de evitar conflictos, responsabilidad y dolores en la crianza, pero ¿será la manera exitosa de criar a los hijos? ¿Cómo hace para saber el momento en que uno tiene que ser padre o amigo con el hijo? Su rol como padre en este planeta no es ser amigo de tu hijo, sino padre. No estoy sugiriendo que la relación entre padres e hijos sean adversas, sin embargo, que exista una clara comprensión de quién es el que está al mando». Hatchett, que también es la autora del best seller para padres *Di lo que quieres decir y lo que quieras decir dilo, siete estrategias simples para ayudar a nuestros hijos por el camino de los propósitos y las posibilidades* (Harper Collins), dice que: «una buena señal para saber cuándo tiene que comportarse más como padre, es cuando su hijo y usted siempre piensen igual».

De acuerdo con Hatchett, el péndulo de la paternidad ha oscilado hacia un extremo porque a algunos padres de la próxima generación no les gusta criar a sus hijos como padres, sino como amigos.

> Muchos de nosotros tuvimos padres estrictos, es por eso que los padres están diciendo que no serán estrictos con sus hijos. Entonces, algunos padres no les dan tareas para hacer a sus hijos, porque detestaban hacerlas cuando eran niños.

Ella continúa:

> Los niños están diseñados para probarlo (como padre) y usted tiene que establecer lineamientos, porque si no establece parámetros… cuando tengan que vivir en el mundo y con ciertas reglas establecidas así como también expectativas, les patearán en el trasero y terminarán en la corte, o no podrán mantener un trabajo porque no pueden entender que deben llegar a las nueve de la mañana.

Hatchett advierte que, cuando los padres tratan de ser amigos de sus hijos, eso transmite una señal confusa, porque cuando los hijos hacen algo malo y los padres deben aplicar un castigo, los chicos no van a comprender el cambio de roles. «Y es importante que los padres sean coherentes con sus roles». «Mi rol en este mundo no es ser amiga de mi hijo, sino madre, una madre que forje una relación positiva, amorosa, de contención y de nutrimento», afirma Hatchett. «Mi rol es muy claro; como padre, yo soy el que tiene el control».[2]

La socióloga, autora y comunicadora motivacional Bertice Berry, dice que si no está enseñándole a su hijo respeto y responsabilidad, es probable que esté siendo su amigo y no su padre.

> Como socióloga y madre, una de las cosas que más me preocupaba era que mis hijos pudieran tener más de lo que yo tuve, pero que tuvieran el mismo respeto y responsabilidad que yo tenía cuando no tenía nada. A quien mucho se le da, mucho se le exige. Así que en un principio les expliqué a mis hijos que, mucho se les había dado, de modo que mucho les será exigido. Así que si piden algo, deben hacer más para obtenerlo, para que lo cuiden y lo aprecien.

La doctora Berry dice que los padres que desempeñan el rol de amigos de los hijos para lograr lo que éstos quieran, en realidad no hacen lo correcto porque eso puede darles un sentimiento de preponderancia, que lleva a la «arrogancia y la ira» cuando se introduzcan al mundo sin ninguna clase de capacidad forjada. «Dios no nos da todo lo que pedimos, porque no podemos manejarlo (es más, nos puede matar)».[3] Pero, ¿acaso Dios no nos llamó amigos? En nuestra relación con Dios emerge una relación de amistad estrecha y eso no significa que Dios deje de ser nuestro Padre o no puede ser nuestro Padre porque también haya elegido ser nuestro amigo. Considere lo que explica MacArthur:

> La amistad que tenemos con Jesús es obviamente increíble, en especial cuando nos damos cuenta de que podemos tener una relación íntima y personal con el Hijo de Dios, que es responsable de crear y sostener el universo. Es sorprendente el hecho de comprender la verdad acerca de qué significa ser amigo de Jesucristo.

Santiago afirmó que «la amistad con el mundo es enemistad hacia Dios» (4.4; NASB). El hombre elige, durante su vida, si quiere ser amigo de Jesucristo o del mundo. Ser amigo de Cristo implica amistad con la Trinidad y «gozo glorioso e inexplicable» (1 Pedro 1.8).

En Juan 15, Jesús les habla a sus amados discípulos después que Judas se retirara para traicionarlo (Juan 13.21-30). Los once discípulos que se quedaron son representados como las ramas perennes en la analogía que Jesús expresó en los versículos previos del capítulo 15. Conscientes de la inminente partida de Jesús, los corazones de los discípulos se llenaron de tristeza. Pero para consolar sus corazones, Jesús les dice que ellos son sus amigos personales, íntimos y amados.

En Juan 15.15, Jesús declaró: «Ya no os llamaré siervos, porque el siervo no sabe lo que hace su señor pero os he llamado amigos»(RV). La amistad es el tema de los siguientes versículos. Jesús identifica a sus verdaderos discípulos como los amigos creyentes que permanecen y llevan fruto, en el sentido mayor que el significado de esta palabra implica. Ese sentido de intimidad lleva aparejado otros términos. En el Nuevo Testamento, los creyentes eran llamados «hijos de Dios» (Romanos 8.19) e «hijitos de Dios» (1 Juan 3.1). Somos considerados tan importantes como hermanos, hermanas y madres de Jesús (Marcos 3.35) y somos llamados sus hermanos (Hebreos 2.11). Los creyentes también son llamados discípulos (del griego *mathetes* o «aprendices»; Juan 8.31) y ovejas (Juan 10.27). Todas estas imágenes varían en el grado de intimidad que el creyente tenga con Dios. Las dimensiones de esta relación de amor serán limitadas por el conocimiento de la persona de Jesucristo.

El significado implícito de ser «amigos» en el versículo 15 se compara con ser «sirvientes» (del griego *douloi* o «esclavos»). Más allá que los considere sirvientes, Jesús los eleva a una posición de amigos. El sirviente no tenía una posición humillante; el término sirviente era utilizado generalmente para referirse a gente que servía a Dios. Por ejemplo, Moisés, Josué y David fueron descritos para nosotros como sirvientes de Dios. En el Nuevo Testamento, tanto Pablo como Santiago tomaron como un honor ser «un sirviente de Dios» (Tito 1.1; Santiago 1.1). Pero Jesús dijo: «Tengo algo mejor aun para ustedes: una relación íntima de amistad conmigo». En el Antiguo Testamento, sólo Abraham había sido llamado amigo de Dios (Isaías 41.8). Él tenía una relación única con Dios, como el Padre de Israel. Pero Jesús otorga una intimidad especial en el Nuevo Testamento a los amigos creyentes.[4]

Este es exactamente el punto que quiero establecer respecto a la decisión correcta que mi hija tiene que tomar en el cine. Relaciones, relaciones, relaciones, eso es todo. Si Dios me considera su amigo y puedo disfrutar esa relación con Él, eso significa que como padre puedo trabajar y proyectar el desarrollo de una buena relación (amistosa) con mi hijo.

Uno de los versículos más citados en las Escrituras es Juan 3.16, 17:

> De tal manera amó Dios al mundo, que ha dado a su Hijo unigénito, para que todo aquel que en él cree no se pierda, sino que tenga vida eterna. Dios no envió a su Hijo al mundo para condenar al mundo, sino para que el mundo sea salvo por él.

No soy un experto en hermenéutica pero es bastante claro que este pasaje pone el énfasis en «todo aquel que en él cree», pero también la Biblia afirma que los demonios creen y tiemblan (Santiago 2.19): «Tú crees que Dios es uno; bien haces. También los demonios creen y tiemblan»(RV).

Entonces, ¿cuál es la diferencia entre la creencia de los demonios y la nuestra? Una es que ellos tiemblan y nosotros no. ¡Qué lástima! ¡También deberíamos temblar! Aparentemente ellos tiemblan porque lo conocen hasta el punto que los hace tenerle temor. Pero el punto es que los demonios no tienen una relación con Dios. Nosotros aceptamos nuestra condición de pecadores y le pedimos que nos perdone y salve nuestras vidas, lo que nos trae a la palabra «salvo» en el versículo 17. Este versículo dice que Él no vino a condenar al mundo sino a salvarlo. Si consideramos lo que implica la palabra «salvo», debemos pensar en la pasada, presente y futura salvación. Él vino a salvarnos de nuestro pasado (la condición de condenados que teníamos antes que nos salvara. Justificación, somos declarados justos solo por sus méritos en la cruz y su resurrección). Él también nos vino a salvar de nuestro presente (nuestra naturaleza pecaminosa lucha contra nuestra nueva naturaleza (santificación, el proceso de llegar a ser más como Él a través de nuestra relación). Y su salvación también afecta nuestro futuro (cuando lo veamos cara a cara. Glorificación, cuando convierta nuestros cuerpos en cuerpos glorificados). Por donde lo veamos, Dios es un Dios que se relaciona. Desde el principio nos diseñó para que fuéramos seres que se relacionaran.

Aclaremos que esto no significa que no vamos a ser padres también. No creo que esto deba ser una cosa o la otra. No creo que se deba elegir entre ser padre o amigo. Creo firmemente que podemos tener una amistad saludable (relación) con nuestros hijos y cumplir perfectamente a la misma vez nuestro papel de padres. Además, todos sabemos que las malas influencias nos llevan a tomar malas decisiones. De la misma manera como las buenas relaciones nos llevan a tomar decisiones correctas. Josh McDowell en su libro *Es bueno o es malo* explica que la Biblia nos enseña acerca de los preceptos y los principios. La Biblia contiene próximamente seiscientos preceptos (leyes) que fueron sintetizados en Diez Mandamientos (preceptos). Estos están relacionados directamente con los principios universales que se aplican en los preceptos. Un ejemplo de esto sería: El precepto «No matarás», está relacionado directamente con el principio de la «inviolabilidad de la vida». Lo mejor acerca de la relación entre preceptos y principios es la PERSONA que yace tras los mismos. En otras palabras, queremos ir más allá de los preceptos y principios y llevar a la gente a la Persona detrás de ellos. Siguiendo con el precepto «No matarás» y el principio de «inviolabilidad de la vida» necesitamos ir a la persona de Dios, que es vida. Al final, lo que debiera movernos a hacer lo que es correcto es la persona de Dios, Su naturaleza y carácter. Cuanto más crezca en mi relación con Dios, mejor será mi toma de decisiones porque serán coherentes con lo que Dios es.

Un ejemplo de esto sería la decisión que tuvimos que tomar respecto a dónde iremos después de graduarme del programa doctoral en Chicago. Teníamos varias opciones. Consideramos nuestra relación con Dios como la clave para decidir. Nos preguntamos si Dios es un Dios estratégico. La respuesta es: por supuesto que lo es. Por naturaleza, Dios elige cosas estratégicamente ya que es un Dios de propósitos. Él sabe lo que quiere y cómo conseguirlo. Él fue estratégico en su plan de cómo salvarnos y continúa siéndolo. De todas las opciones que teníamos nos preguntamos: ¿cuál es la más estratégica para el propósito o misión que Dios nos dio en ese punto de nuestras vidas? De pronto, la decisión no era tan complicada como pensábamos. Decidimos mudarnos a la ciudad donde vivimos hoy porque continúa siendo estratégico para el propósito o misión que tenemos. Es coherente con la persona de Dios. Nunca podemos estar errados si lo que hacemos es congruente con la persona de Dios. Considere todas esas decisiones tomadas por Ester, Daniel (sus amigos), José y María de Nazaret. Todas eran coherentes con Dios. Eran decisiones relacionales. Eran relaciones motivadas por vínculos armados no por consecuencias. En última instancia, lo que queremos como padres es proveer un ambiente en donde nuestros hijos puedan conocer a Dios y tengan la libertad para darlo a conocer a otros. En última instancia, queremos que la relación de nuestros hijos con Dios motive sus decisiones. Pero creo que la relación con nuestros hijos es fundamental en ese proceso de crecimiento en el conocimiento de Dios. Seremos un instrumento para presentarles al Dios real. El Dios que realmente se interesa por ellos y no sólo quiere involucrarse en el gran problema que tenemos como pecadores, sino también que quiere ser su Señor y amigo. De repente, los valores que les enseñamos, los principios, la moral y las consecuencias juegan un papel, pero no son la clave para ayudarles a tomar buenas decisiones.

Un factor significativo entre la relación padre-adolescente es el tiempo invertido en ellos. Es una creencia común en nuestra sociedad que los hijos necesitan, pero no reciben suficiente tiempo y atención de los padres.[5] Los investigadores suponen que hubo una erosión en los compromisos sociales dentro de nuestra cultura, incluyendo una disminución en la importancia de nuestras relaciones familiares, y que niños y adolescentes han sufrido como resultado de este cambio. Nuestras familias están produciendo pocos hijos, tienen menos contención social y de la familia extendida, y tienen una capacidad mayor para proveer a sus hijos de tecnología, transporte, empleos comunitarios y aparatos mediáticos que podrían reducir aun más la cantidad de tiempo que puedan pasar con sus padres. El tiempo de familia llegó a ser similar a una «recarga de combustible» en que los miembros de la familia rápidamente se apresuran para entrar y salir de la casa y tomar recursos para el suceso siguiente. El tiempo que las familias pasan juntas suele ser por momentos o por coincidencia, y ocurre solo cuando sus vidas ocupadas se interceptan.[6]

La atmósfera frenética llega a ser muy evidente cuando uno observa todos los avisos publicitarios acerca de cosas que ocupen menos tiempo, atajos y adaptaciones para la escasez de tiempo. Los padres pasan más tiempo en sus oficinas, vuelven a casa cansados y se encuentran siendo incoherentes con sus hijos, lo cual lleva a otros problemas.[7]

Los maestros reportan un aumento de problemas de disciplina e interrupciones en las clases, y se dice que la totalidad del bienestar de los hijos ha declinado.[8] Se ha creado un llamado de urgencia, respecto a la calidad de tiempo que pasan los padres con sus hijos, esperando que esas interacciones de alta calidad sean compensatorias para que reduzcan su totalidad y prevengan el desarrollo de la inadaptación.[9] El «mito» del tiempo de alta calidad tiene a los padres buscando una respuesta para sus problemas. Muchos tratan de argumentar diciendo que tienen tiempos de calidad, cuando en realidad se necesita cantidad para tener calidad de tiempo.

Aunque no tengamos una indicación clara de cuánto tiempo se requiere para ser un padre eficaz o cuánto esfuerzo tienen que hacer los padres para ser eficaces, sí tenemos indicaciones de las investigaciones acerca de lo que pasa cuando los padres están, o no están, cumpliendo las tareas mencionadas anteriormente de invertir tiempo construyendo relaciones saludables con sus hijos. La tarea de los padres como apoyo general, físico y afectivo, y como proveedores de contacto y compañerismo, son componentes de lo que llamamos contención de padres.[10] Se descubrió que esta construcción está positivamente relacionada con el desarrollo cognitivo, los logros académicos, el comportamiento moral, la autoestima y un foco de control interno. Las investigaciones también indican que la falta de contención de los padres está asociada a los comportamientos negativos como delincuencia, desviación, abuso de drogas, baja autoestima y otros comportamientos conflictivos. El investigador Steinberg reporta resultados similares, indicando que los adolescentes que están cerca de los padres tienen puntos más elevados que sus compañeros en patrones de autoestima, independencia, aptitudes de comportamiento, desenvolvimiento escolar y bienestar psicológico. Estos mismos adolescentes también tienen menos puntos en patrones de depresión, abusos de droga y desviaciones.[11]

Cuando se evalúa la variable del tiempo, los adolescentes que pasan más tiempo con sus familias, y menos con sus amigos, tienen calificaciones más altas, tienen menos faltas en la escuela, y son vistos por los maestros como personas más involucradas intelectualmente. Los padres que invierten tiempo en sus adolescentes pueden encontrar que esto reduce los problemas de conducta en muchas maneras.[12]

Un aspecto clave para este factor temporal es mantener una comunicación franca y sincera durante el tiempo de calidad que buscamos con nuestros hijos. Los adolescentes pueden llegar a dar la impresión de que no necesitan de la ayuda de sus padres a medida que crecen, pero la mayoría la desean. Un adolescente que está intentando establecer su identidad y autonomía, probablemente se ofenda por cualquier cosa que se parezca a un sermoneo o lección.

Debemos ser flexibles a la hora de guiar a nuestros hijos en esta fase de sus vidas. Permítale saber que usted se interesa por él y desarrolle un vínculo con su adolescente para que entienda que usted está intentando comprenderle. Incluso aunque no entendamos todo lo que atraviesan, por no estar en sus zapatos. No debemos entender todo por lo que ellos pasan para amarles y demostrarles que realmente nos interesamos por ellos y que podemos ayudarles. Cuando nuestros adolescentes se sienten conectados con nosotros, son menos agresivos. Quizás tengamos que darles espacio, pero al final, debemos comunicarles nuestras expectativas.

Nuestros hijos deben poder relacionarse con nosotros. Los adolescentes de hoy y sus padres son muy diferentes de los de hace quince y veinte años atrás, sin embargo sus necesidades primarias de ser respetados, aceptados, comprendidos y confiados son las mismas.

Debemos demostrarles a nuestros hijos que los respetamos y que respetamos sus opiniones. Los intereses de nuestro hijo describen esencialmente lo que él es, y cuando tomamos parte activa en esos intereses estamos participando activamente en la vida de nuestro adolescente.

La esencia de todas las comunicaciones es la necesidad de ser un buen oyente. Una de las mejores cosas que podemos hacer como padres, y como confidentes, es ser oyentes activos. Debemos escuchar cuidadosamente e intentar mantener nuestra atención en lo que están diciendo. Debemos intentar utilizar nuestra intuición paterna para descifrar el mensaje, los temores y las aprensiones subyacentes. Debemos comunicarnos con franqueza para conectarnos en un nivel más profundo.

Para mantener una relación positiva con nuestros adolescentes a medida que hacen la transición de la juventud a la adultez, es importante que reevaluemos nuestro pensamiento y nuestras percepciones. Nuestro adolescente está buscando su individualidad, y como padre puedo apoyar esa búsqueda siendo tanto amigo y confidente como padre. Descubriremos que nuestra relación con nuestros adolescentes, incluso durante tiempos de dificultad, será uno de los momentos más emotivos y enriquecedores para nosotros como padre.

En esta instancia, sería bueno agregar más ciencia al cuadro porque sabemos que el pensamiento del adolescente emerge en fases. En la primera fase, la capacidad desarrollada de pensar hipotéticamente produce pensamientos no impuestos con ilimitadas posibilidades. Es más, el pensamiento temprano del adolescente se despreocupa de las presiones de la realidad.[13] Durante las fases siguientes, el adolescente aprende a regular mejor sus pensamientos, calculando el producto de su razonamiento contra la experiencia y el impresionante monitoreo o inhibidoras cogniciones, según sea apropiado. Alrededor de los últimos años de la adolescencia, muchos individuos tienen la capacidad de razonar de maneras que se comparan a la de un adulto. Sin embargo, queda claro que el surgimiento de esta habilidad depende en gran parte de la experiencia, y por eso no aparece alrededor de todas las situaciones dominantes en forma simultánea. Pero todos esos cambios se viven mejor si los adolescentes tienen relaciones fuertes alrededor de ellos para darles algún tipo de estabilidad en todo ese proceso. Sencillamente, el pensamiento adulto se suele utilizar en áreas donde los adolescentes tienen más experiencia, conocimiento y una fuerte influencia de los padres mediante relaciones positivas.[14]

Durante el desarrollo, los adolescentes adquieren conocimientos más elaborados, una amplia y variada experiencia en diferentes escenarios (ej.: hogar, escuela, deportes). El desarrollo de habilidades en diferentes ámbitos elevados de la vida, refuerza el pensamiento y la opinión madura. La experiencia y la habilidad de generalizar les otorgan a los adolescentes más desarrollados dos importantes avances en la facultad de razonar. Mayor experiencia y un sistema más desarrollado para organizar y almacenar memorias de experiencias, lo que le permite al adolescente recordar y comparar con una mayor cantidad de experiencias la situación nueva. Este proceso aumenta cuando las experiencias están directamente relacionadas con relaciones significativas. Adicionalmente, un aumento en la capacidad de abstraer y generalizar permite a los adolescentes razonar sobre situaciones que no han experimentado directamente.

El desarrollo de la cognición mayormente se produce por la maduración sinérgica de la exigencia de la capacidad de la memoria, atención selectiva, detección de errores, inhibición y, por supuesto, relaciones significativas, las cuales han sido mostradas para desarrollar cambios de maduración en la estructura y funcionamiento del cerebro.

Como mencionamos anteriormente, quizás el descubrimiento reportado más consistentemente relacionado con el desarrollo del cerebro de un adolescente es la disminución de la materia gris y el aumento de materia blanca en toda la corteza cerebral, pero sobre todo en la parte frontal de la corteza.[15] La parte prefrontal de la corteza es muy importante para el desarrollo humano, en gran parte por su función de comprensión favorable respecto al proceso cognitivo, social y emocional en la adultez. La evidencia convergente del desarrollo prolongado y la organización de la corteza prefrontal durante la niñez y la adolescencia, pueden sugerir un importante paralelismo entre el desarrollo del cerebro y su desarrollo cognitivo.[16]

Mientras el cerebro madura, comenzando con el recién nacido, sus neuronas desarrollan la sinapsis, lo que vincula una neurona con otra para transmitir información entre ellas. Al principio este crecimiento es desinhibido. Sin embargo, a medida que el infante crece, el cerebro comienza a eliminar algunas sinapsis entre neuronas para ayudar a transmitir información más eficientemente. La sinapsis y las neuronas que fueron activadas más que nada durante el crecimiento son las que serán preservadas. La reducción sináptica es la eliminación de sinapsis en el cerebro que son utilizadas con menor frecuencia, facilitando el crecimiento de un cerebro más eficiente. Una diferencia llamativa respecto al desarrollo de la corteza prefrontal relacionada a otras áreas corticales es la continuación de reducción sináptica en la adultez temprana. Esta disminución en la densidad sináptica durante la adolescencia coincide con la aparición de nuevos fenómenos cognitivos y emocionales entrelazados que incluye relaciones. El segundo proceso que toma lugar durante este tiempo es la fortificación de conexiones sinápticas que permanecerán en la adultez. Hubo especulaciones acerca de que ese proceso «úsalo o piérdelo» pueda representar al comportamiento y, en última instancia, la supresión fisiológica de comportamiento inmaduro que ha llegado a ser obsoleto por las demandas nuevas de la adultez.[17] Uno puede imaginar que una respuesta a un hecho en el medio ambiente será potenciada por exposiciones repetitivas y fortalecimientos subsiguientes de la relación entre ese hecho y la relación conectada a la respuesta apropiada. La maduración retrasada de esta región del cerebro permite al individuo adaptarse a las demandas específicas de su único medio ambiente influenciado por relaciones significativas.[18]

Por ejemplo, el adolescente aprende a asociar las «mariposa» en el estómago con las primeras interacciones con su «proceso digestivo» y luego con pensamientos referentes a sus «ansias». Los jovencitos pueden describir el sentimiento de la «mariposa» en su estómago, pero la mayoría serían incapaces de atribuir la causa de sus sentimientos a cualquier cosa abstracta como un encuentro. En este punto del desarrollo, el asunto somático que fue asociado con el castigo por violar una ley, es reemplazado por un sentido de culpa visceral. Pero es aquí donde las relaciones significativas pueden hacer un aporte reemplazando ese sentimiento de culpa con el deseo de honrar a esa persona tan significativa (Dios o los padres). El surgimiento de la marca somática capacita al adolescente para evitar cometer transgresiones ya que ellas pueden anticipar cómo podría sentirse después del hecho. Pero también porque provee una oportunidad para honrar tan significativa relación. El niño que vacila ante la trasgresión de una de las reglas de sus padres experimentará el crecimiento de una excitación de la amígdala, vigilancia aumentada, un aumento de las palpitaciones y tensión muscular, todo ello requerido para la respuesta de «pelea o huye». En contraste, el adolescente que vacila ante la trasgresión de una de las reglas de sus padres va a experimentar la reacción física de alguien que está a punto de comer algo que anteriormente comió descompuesto, o más específicamente una actividad aumentada en la anterior provisión de cíngulos y de ínsula, acompañada de alguna forma de aflicción gástrica. En este punto «sentirse mal» ha tomado un nuevo significado, uno resguardado en el proceso cognitivo y emocional del individuo que, esperamos, estará relacionado a un motivador positivo para honrar al otro importante en lugar de solo sentir culpa. La culpa ha sido transformada ahora de «espera hasta que tu padre llegue a casa» a «yo me siento absolutamente enfermo en relación a lo que ha pasado». Esto, otra vez esperamos que sea influenciado por relaciones saludables. El desarrollo de razones abstractas también capacita al adolescente a reflejar en esta más reciente interacción sobre desarrollo cognitivo y emocional y a establecer la fase de la emoción de la propia conciencia basada en la relación.

Algunos investigadores han desarrollado dos patrones de ideación independientes, pero relacionados, para describir influencias sobre el proceso de toma de decisiones de los adolescentes: la audiencia imaginaria y fábula personal. La audiencia imaginaria se refiere a la tendencia de los adolescentes a creer que siempre los están observando y evaluando; la fábula personal se refiere a la creencia de que se es único, invulnerable y omnipotente.[19]

Respecto a estos dos patrones, Elkind sugiere que «aparentan ser un producto secundario en el incremento de pensamientos abstractos y propia conciencia. Muchos niños, en el transcurso del aprendizaje de una nueva regla de lengua, cometen errores de aplicación (autos, muñecas, manzanas, ovejas) y los adolescentes cometen errores en la aplicación de sus nuevas herramientas de razonamiento. El adolescente yerra al aplicar su nueva habilidad para reconocer los pensamientos y sentimientos de los demás, y en esa instancia no puede diferenciar sus propios sentimientos de los demás (audiencia imaginada) y por otro lado fallan en realizar el conjunto de sus propios pensamientos y sentimientos y se sienten de alguna manera únicos (fábula personal). El adolescente piensa que la audiencia imaginada lo escudriña constantemente, y supone que la evaluación de la imaginada audiencia coincidirá con la propia.[20] Esta explicación casi parece sugerir que los adolescentes no pueden ser ayudados en este proceso por causa de los patrones que influencian sus decisiones. Elkind continúa: «La fábula personal refleja la creencia errónea de que los sentimientos y la experiencia de uno son únicos y diferentes de los de los demás. El adolescente puede creer que "Otros no pueden entender por lo que estoy pasando", "Lo que no me pasará" y "Yo puedo manejar cualquier cosa".[21] La audiencia imaginaria y la fábula personal parecen describir lo que se ha visto como típicas facetas en la conducta adolescente. Por ejemplo, la autoconciencia y la conformidad con el grupo de semejantes y con la observación de la apariencia pueden ser entendidas como el estancamiento de la creencia que otros están siempre observando y juzgando. Sentimientos de aislamiento y la conducta riesgosa en la toma de decisiones pueden verse como productos de una fábula personal».[22] Estos patrones han sido explicados de diferentes maneras por varios investigadores pero ninguno ha incluido una exhaustiva investigación en el fuerte papel que una relación positiva entre padres y adolescentes desempeña en afectar las decisiones influenciadas por esos patrones. Y, por supuesto, la poderosa guía del Espíritu sobre todos los patrones nunca se menciona. Sin embargo, es importante decir que los investigadores dijeron bastante concerniente a esos patrones y la presión de los semejantes, lo cual también ayuda para entender la importancia de las relaciones significativas. Nosotros estamos, por supuesto, sugiriendo que la misma influencia relacional se aplique a sanas relaciones entre padres y adolescentes.

Investigadores como Damon y Hart afirman que: «Las nuevas habilidades relacionadas a la perspectiva del ego observador también capacitan al adolescente a verse a sí mismo tanto como agente así como el objeto en la interacción social; se cree que una debilidad en las habilidades de coordinación con esa nueva habilidad cubre la ideación de la audiencia imaginaria, sumado a la intensificación de la autoconciencia inherente en este desarrollo cognitivo».[23] Por encima de alcanzar esta etapa final de desarrollo, el adolescente mayor es capaz de considerar y coordinar múltiples perspectivas tridimensionales que forman una «perspectiva social generalizada».[24] Esta perspectiva alivia la autoconciencia, mientras que el adolescente puede ver mejor el yo con el contexto de la «larga matriz de perspectivas sociales».[25] Otro investigador Hoffman (1991) ha sumado a esto sugiriendo que en la niñez tardía y la temprana adolescencia, coincidiendo con la toma de perspectiva y el desarrollo del autoconcepto, los adolescentes pueden empatizar con un grupo generalizado de semejantes y sus situaciones de vida. Esta nueva habilidad descubierta de empatizar con un grupo de otros necesitados quizás pueda predecir formas relativamente sofisticadas de conductas morales que impliquen a un grupo de personas. De este modo, esta transición puede ser importante en el desarrollo de la empatía y puede ayudar quizás a explicar la conducta de moral relativa y sofisticada en el adolescente. En algún punto entre la influencia de la audiencia imaginaria y la empatía por su grupo social existe una poderosa huella del grupo de semejantes.[26] Es aquí donde también sugerimos que la misma dinámica que ocurre en este patrón donde la presión de los semejantes es una influencia clave, las relaciones sanas entre padres y adolescentes pueden (aunque no siempre quieran) ayudar al adolescente en el proceso de la toma de decisiones. La razón por la cual decimos pueden (pero siempre quieren) es porque en definitiva no hay garantías de que nuestros hijos siempre tomarán buenas decisiones. Recordemos que Proverbios 22.6 dice: «Instruye al niño en su camino y aun cuando fuere viejo no se apartará de él»(RV). Es un proverbio, no una promesa. Nadie puede garantizar que nuestros hijos siempre tomarán las decisiones correctas. Nosotros sólo podemos esperar y orar que nuestra relación con ellos sea la más fuerte influencia en sus vidas mientras ellos se vayan dando cuenta de que llegan a ser individuos independientes. Sin embargo, ser un ser independiente no necesariamente indica mucho acerca de su identidad específica ni de cómo encajar en los diferentes escenarios de sus vidas. Los adolescentes desean validación y aprobación de varios grupos en sus vidas (por ej., los padres, otros miembros de la familia, adultos, amigos y compañeros de clase). Todas estas personas contribuyen a la percepción de un adolescente en su identidad, pero todos tienen diferentes valores y expectativas (Harter, 1998). La yuxtaposición de estas diferentes presiones sociales quizás explique por qué los adolescentes usan diferentes descripciones de sí mismos en diferentes contextos sociales.[27]

Cuando los niños son pequeños, los padres sirven como ley local. Ellos crean y refuerzan la conducta de lo bueno y lo malo y actúan como la autoridad que supervisa el desarrollo moral del individuo. De muchas maneras, los padres pueden ser conceptualizados como «lanzadores frontales externos» para sus hijos, ayudando a interpretar demandas del medio ambiente, y construir y ejecutar respuestas apropiadas. Dada la conducta regida por las consecuencias, resultado de tener una corteza frontal inmadura, los padres incluyen un número de funciones frontales mediante la instrucción del niño en ausencia de su propio razonamiento abstracto. Además intentan mantener el control de con quién y dónde va el niño con el objetivo de minimizar las conductas de trasgresión por la falta de capacidad del niño de tomar buenas decisiones. Es importante recalcar que los padres también proveen retroalimentación que le permite al niño modificar su conducta.

Desde siempre la adolescencia cambia la interacción entre los padres y sus hijos. En la medida en que los niños maduran, necesitan aprender nuevas herramientas sociales con el propósito de renegociar sus relaciones con los miembros de su familia y sus semejantes. Como se mencionó previamente, la maduración de la corteza frontal produce importantes mejorías en el control de la conducta, de las emociones, de la toma de decisiones y, quizás, más importante, en el razonamiento abstracto. Si todo ha marchado de acuerdo al plan, el adolescente está en buen rumbo hacia ser proficiente e independiente en su pensamiento y autónomo en su toma de decisiones, lo que es consistente con lo que sus padres les enseñaron, pero especialmente coherente con lo que Dios es.

A pesar del avance cognitivo que toma lugar central en la etapa de la pubertad, la función real que asume la escena central es el sexo opuesto. Así como los adolescentes desarrollan un cuerpo adulto de la función reproductiva, también desarrollan un aumentado interés en el sexo. Así que, mientras que el cuerpo se va preparando para eso, la mente trata de ponerse en línea con la combinación de la conducta que le dará un acceso individual a una relación potencial con el sexo opuesto. Los adolescentes se enfocan más en la energía de su grupo de semejantes. Esta es particularmente una de las razones por las que creo firmemente que todas las charlas sobre sexo deben darse primero en casa. Tan pronto como ellos comienzan a hablar (nosotros esperamos que comiencen a preguntar más temprano que tarde), debemos tener respuestas acertadas que les den herramientas para funcionar en su grupo de semejantes. Yo sé que puede sonar asombroso, pero una vez una madre me dijo que no estaba conforme con que su hijo empezara a asistir a nuestro grupo de jóvenes porque nosotros hablábamos francamente sobre sexo. Yo le pregunté qué edad tenía su hijo y me dijo que «catorce». Yo les puedo garantizar que ese chico sabe más cosas acerca del sexo lo que su madre haya escuchado. Si sus hijos están en escuelas públicas, créanme que han escuchado más de lo que deben. Lo malo de todo esto es que mucho de lo que escuchan no es verdad o es la información incorrecta en el contexto incorrecto. Un niño de siete años se acercó en la iglesia a mi niña de cinco años de edad y le preguntó si le podía sacar la ropa porque quería tener sexo con ella. Yo estoy muy contento de haber charlado con nuestros hijos acerca del sexo en un contexto sano y puro. Ella empujó a un costado al niño y le dijo: «Nunca porque nosotros no estamos casados y eso es algo que la gente no hace en público». Nosotros hablamos con la madre del niño. Él necesita una guía seria. Estoy seguro que nosotros podemos enseñar a nuestros hijos acerca de todas esas cosas antes que vayan a la fuente incorrecta a buscar información.

Mucha de la información errónea circula entre sus semejantes, adolescentes que aprenden como hablar, caminar y actuar el uno con el otro. En otras palabras, uno no llama a un electricista para reparar un problema con su baño. Así mismo no le pediría a sus padres ayuda para navegar por la escuela secundaria.[28]

Las investigaciones han sugerido que no es totalmente cierto referirse a este tiempo como una llave de paso «de» padres «a» semejantes. Es más preciso describirlo como uno en que el rol de los padres cambia y los semejantes cobran un papel más prominente en la vida de los adolescentes. Aun más, estoy firmemente en desacuerdo con conclusiones como las siguientes de Piaget (1932)[29] y Kohlberg (1969).[30] Yo tengo que incluir su demanda porque se relacionan directamente con este capítulo. Ellos argumentan que los padres desempeñan un papel mínimo y no específico en el desarrollo moral de los niños, primariamente por su posición de autoridad unilateral. Ambas teorías se han expandido para decir que el rol de los padres y la familia, aunque que no sean poco importantes, palidecen en comparación a la contribución crítica de los semejantes para el desarrollo moral. Los psicólogos del desarrollo han acertado que debido a dos factores, igual status de desarrollo y la naturaleza recíproca de sus relaciones, se piensa que los semejantes proveen necesario andamiaje para el desarrollo moral. Más recientemente, sin embargo, las investigaciones han demostrado que el desarrollo del razonamiento moral en un periodo de cuatro años ha sido predicho por la naturaleza de ambos, la interacción en la discusión moral de padres y semejantes, pero lo que cada tipo de relación contribuye es significativamente diferente.[31] A pesar del contexto, la clave para el desarrollo moral ha sido el uso individual de sus propias herramientas cognitivas para sacar y asimilar el conocimiento de otros. Esto es importante porque —como las investigaciones sobre el cerebro han confirmado— hay un importante papel que las relaciones desempeñan en el desarrollo del cerebro del adolescente. Situaciones en que la información se imparte en un estilo de sermón unidireccional (a menudo asociada con «consejos» de padres) fueron asociadas con un valor muy bajo de desarrollo moral.[32] Esto, por supuesto, es importante porque sermonear no es parte de una buena y saludable relación con nuestros chicos. Lo que enseñamos debe ser relacional por naturaleza y no de oratoria por naturaleza.

Los investigadores Walter y Taylor dicen que:

> Debido a que los padres están más a menudo operando en un nivel más alto de razonamiento moral que sus hijos, están

capacitados para ofrecer una base consistente desde la cual sus hijos puedan aprender. Aunque el conocimiento necesario para navegar en dilemas de decisiones específicas es más efectivamente suplido por los semejantes, en general, los conceptos morales son mejores impartidos por razonamientos más elevados.[33]

En este punto deberíamos preguntarnos: ¿Por qué? La respuesta es más sencilla de lo que esperamos. El tipo de relaciones sanas que nosotros estamos sugiriendo entre padres y adolescentes necesita ser entendido desde una perspectiva bíblica, no del tipo de relaciones entre padres y adolescentes que aparecen expuestos en los medios masivos. No estamos sugiriendo modelos idiotas tipo el de los Simpson o del programa Familia Guy. Estamos sugiriendo modelos poderosos como el que Dios como Padre nos da.

Quizás sea idealista pero creo firmemente que los padres pueden desarrollar relaciones tan sanas con sus hijos que permanezcan firmes ante muchas tormentas. Es verdad que no todas las tormentas son iguales, pero por lo menos sabemos que hemos trabajado duro para desarrollar relaciones sanas con nuestros hijos, no solamente como padres, sino también como amigos. No somos perfectos, nuestros hijos tampoco y este mundo menos aún, pero Aquel que es perfecto anhela lo mejor para nuestros hijos y para nosotros. A estas alturas quisiera hacer un par de comentarios para cualquier padre o madre solo (que haga el papel de padre y madre a la vez) que posiblemente esté leyendo este libro. Yo no tengo idea de cuán duro ha de ser tratar de hacer la labor de dos personas solo, pero sé que Dios continuará dándole la fortaleza para sobrellevar la carga. Sé que cuando usted no pueda llevar más la carga, Él la llevará por usted. Sólo asegúrese de que usted no carga más que su porción. Yo supongo que por tiempos la responsabilidad ha de verse muy pesada de cargar y las presiones demasiado grandes como para mantener la cabeza fuera del agua, pero sobre todas las cosas, recuerde que usted no está solo ni sola. Dios tiene cuidado de usted y de sus preciosos hijos. Permítame terminar este capítulo compartiendo con usted unos de mis versículos favoritos de la Biblia. Judas 24-25:

Ahora para aquel que es capaz de guardarlos de caída alguna y de presentarlos sin culpa delante de la presencia de su gloria con gran gozo, para el único Dios, nuestro Salvador, por medio de Jesucristo nuestro Señor, sea la gloria, majestad, dominio y autoridad. Antes de todos los siglos, ahora y para siempre. Amén.

Capítulo 10

LAS CUATRO P

Todos, tarde o temprano, nos sentamos a un banquete de consecuencias.
—Roberto Louis Stevenson

Bien, entonces estamos de acuerdo con que, todo lo que hacemos en esta vida tiene consecuencias. También sabemos que nuestros hijos están siendo influenciados por una enorme cantidad de fuentes que han contribuido a hacer de este un mundo diferente de aquel en que alguna vez nos criamos. Nuestra esperanza es que podamos crecer en nuestra relación con nuestros hijos no solamente como padres sino también como sus amigos para tener la credibilidad necesaria para presentarlos a Dios. Queremos que nuestros hijos conozcan no sólo la Biblia, sino al Dios de la Biblia. No queremos que sepan solamente los preceptos de la Biblia sino que también conozcan a la persona detrás de esos preceptos y principios. Queremos que sean motivados para tomar decisiones correctas porque esas decisiones concuerdan con la persona de Dios, su carácter, su naturaleza y su persona. Cuanto más conocemos a Dios, mejores serán nuestras decisiones.

El canal para influir en nuestros hijos será la calidad de relación que tengamos con ellos. Aun cuando las consecuencias, los valores o los principios no sean suficientes para ayudarlos a tomar decisiones correctas, sabemos que si su relación con Dios y nosotros es fuerte y sana, las probabilidades de tomar decisiones correctas aumentarán en gran manera. En este último capítulo observaremos algunas ideas que nos ayudarán a crecer en la relación con nuestros hijos. La idea de usar cuatro letras p es para ayudarnos a recordarlas mejor.

Persona

No recuerdo exactamente dónde escuché que, en Australia, un grupo de personas quería imponer una especie de derecho de los animales afirmando la personalidad del mono. Leí el artículo y pensé que era una broma. Decidí hacer un poco de investigación y encontré algo respecto al tema. Una de las citas del artículo decía: «Nuestro argumento principal es que Hiasl (mono cuyo nombre se pronuncia Jizul)) es una persona y tiene derechos legales básicos», dijo Eberhart Theuer, abogado que dirige el desafío en nombre de la Asociación en Contra de las Fábricas Animales, una entidad en pro de los derechos de los animales de Viena. «Con esto proclamamos el derecho a la vida, el derecho a no ser torturado, el derecho a la libertad bajo ciertas condiciones», dijo Theuer. «No estamos hablando aquí del derecho a votar». La campaña comenzó después que el santuario animal donde Hiasl y otro chimpancé, Rosi, vivieron por veinticinco años y quedó en bancarrota».[1] Bueno, a pesar de la causa del afán, ¿puede usted creer que se reclame la individualidad del mono? ¿Qué nos ha sucedido? Valoramos más la vida de un animal que la de los bebés indefensos. Pongamos las cosas claras: los animales no son humanos y los humanos no deben ser tratados como animales. La premisa básica aquí es que los animales no fueron creados a la imagen y semejanza de Dios, sin embargo, los seres humanos sí. No hay evidencia en las Escrituras que avale que los animales son tan valiosos como los seres humanos. La protección y el crecimiento de la individualidad de nuestros hijos son una de las prioridades más altas. Ellos son personas con un valor increíble a los ojos de Dios.

Sabemos que fuimos creados a imagen de Dios porque la Biblia lo dice en Génesis 1.27, donde leemos: «Creó, pues, Dios al hombre a imagen suya, a imagen de Dios lo creó; varón y hembra los creó». Ahora, esto sucedió antes de la caída del hombre, pero también sabemos que fuimos creados a la imagen de Dios porque en 1 Corintios 11.7 se reafirma este hecho:[2]

Porque el varón … es imagen y gloria de Dios…

Las palabras «imagen» y «semejanza» usadas en Génesis 1.26-27 expresan la idea de un hombre completo creado de esta manera. En algún sentido, la parte material del hombre y la no material está incluida en este planteamiento. Ahora, cuando hablamos estrictamente acerca del aspecto físico del hombre, sabemos que este no está modelado de acuerdo a la apariencia divina. Podemos observar en Juan 4 que Dios es Espíritu y no reside en un cuerpo físico. Sin embargo, esto no descarta el hecho de que el cuerpo físico sea una parte de la imagen divina. Nosotros existimos unidos como cuerpo y alma. No tiene sentido hablar de nosotros solo como alma o solo como cuerpo cuando estamos vivos en el planeta tierra. Ambos están intrínsecamente entretejidos para hacernos la persona que somos.

Esto es importante porque debería hacernos recordar que amamos a nuestros hijos como personas que son y no por lo que hagan. El hecho de que tenga un doctorado prueba que Dios tiene sentido del humor. Porque si yo puedo tenerlo, cualquiera puede obtener uno. Odiaba la escuela de niño. Yo repetía de grados, me echaron un par de veces y mis calificaciones eran terribles. Recuerdo que la fecha de entrega de calificaciones era como el día del juicio final para mí. Les puedo asegurar que tengo una comprensión especial del libro de Apocalipsis. Mi hermano y mi hermana siempre obtuvieron excelentes notas. Yo era el único con calificaciones reprobadas en mi informe escolar. Un día mi padre me llamó a su oficina y me mostró la calificación sobresaliente de mi hermano y después la de mi hermana. Hizo una pausa y después me mostró mi informe escolar en el que figuraban las calificaciones reprobadas. Me pidió que me sentara en su regazo y me dijo algo que nunca olvidaré: «Hijo, sean sobresalientes o reprobadas tus calificaciones, no te amo por las calificaciones que obtienes, sino porque eres mi hijo». Desafortunadamente, no puedo decir que esa experiencia con mi padre hizo que cambiaran demasiado mis calificaciones, sin embargo salí de esa habitación sabiendo que mi papá me amaba por lo que era y no por lo que hiciera o dejara de hacer. Mi padre supo la importancia del amor incondicional en el hogar. La manera que demostramos esto a nuestros hijos es amándolos por lo que son (una persona), no por las cosas que hagan. Solo piense un momento en su informe escolar espiritual. ¿Cuándo fue la última vez que se acercó a Dios con calificaciones sobresalientes? Recuerdo esta mañana cuando me acerqué al Señor con mi informe escolar espiritual y no tenía ni un sobresaliente. Es interesante que en ningún momento empezara a compararme con mis hermanos o hermanas. No comenzó diciéndome: ¿Por qué no predicas como tu hermano o cantas como tu hermana? Él solo me amó por lo que es y por lo que soy yo. Si Dios no nos compara con nuestros hermanos y hermanas, ¿Por qué comparamos a nuestros hijos con sus hermanos? Los padres de un adolescente de catorce años vinieron a mi oficina y comenzaron diciéndome que no entendían por qué su hijo era tan terrible. Después de escuchar quince minutos de quejas acerca de su hijo les pedí que me dijeran diez cosas buenas de él. Se miraron uno al otro y ¿pueden creer que ninguno pudo decir ni una cosa positiva, ni siquiera el hecho de que era su hijo? Les miré a los ojos y les dije que, ver lo negativo de su hijo y no afirmar lo positivo, era una de las peores cosas que pueden hacerle al pequeño. Les pedí que consideraran el hecho de que su hijo fue creado a la imagen y semejanza de Dios y que eso ya era suficientemente bueno. Pero ¿qué significa que su hijo sea creado a la imagen y semejanza de Dios? Las siguientes características pertenecen a cualquier niño porque todos fueron creados a imagen y semejanza de Dios.

Nuestros hijos tienen sentimientos

Nuestros hijos tienen la capacidad de sentir y quizás esa sea una de las razones por las que las Escrituras nos piden que no exasperemos a nuestros hijos (Colosenses 3.21). La palabra que Pablo usa para «exasperar» significa: «provocar o irritar, poner nervioso o amargar». También utiliza esa palabra una vez más en el Nuevo Testamento en un buen sentido, con el propósito de entusiasmar a otros a ser diligentes (2 Corintios 9.2), pero aquí el uso es definitivamente negativo. Si sabemos que los niños tienen emociones, ¿cómo es posible que los padres exasperen a sus hijos? Aquí tenemos algunas ideas expresadas por el pastor David B. Curtis.

Sobreprotección. Los padres sobreprotectores no permiten ninguna clase de libertad a sus hijos. Para todo tienen reglas estrictas. No importa lo que los hijos hagan, los padres sobreprotectores no confían en sus hijos, porque nada de lo que hagan logrará que se ganen la confianza de sus padres. Los hijos comienzan a frustrarse y creen que su manera de comportarse es irrelevante. Eso los puede llevar a rebelarse. Los padres deben proveer reglas y guía para sus hijos, pero estas no deben convertirse en un lazo que los estrangule.

Falta de normas. Este es el otro extremo de la sobreprotección. Cuando los padres fracasan en disciplinar o disciplinar sin firmeza, los hijos se sienten abandonados. No pueden manejar esa libertad y comienzan a sentirse inseguros y rechazados.

Menosprecio. Muchos niños están convencidos de que, lo que hacen o sienten no es importante. Esa es una manera de comunicarles que no son importantes. Muchos padres desprecian el valor de sus hijos por no escucharles. Los hijos que no son escuchados dejan de intentar comunicarse y se convierten en personas desanimadas, tímidas y retraídas.

Falta de demostración de afecto. Los padres deben comunicar afecto a sus hijos de manera física y verbal. Si se fracasa, esto producirá desánimo y alienación del chico.

Metas inalcanzables. Esto sucede cuando los padres nunca premian a sus hijos, o nunca los hacen sentir que triunfaron. Nada es suficiente, y eso hace que los hijos nunca consigan ser completamente aprobados. Esta clase de padres suelen querer convertir a sus hijos en la persona que a ellos les hubiera gustado ser. Los resultados pueden ser trágicos. Algunos hijos llegan a sentirse tan frustrados que llegan al suicidio.

Falta de atención. Un padre que no tiene tiempo para su hijo, pronto crea en él un profundo y arraigado resentimiento. El niño no sabrá cómo expresar o explicar el problema, pero igual se sentirá despreciado y sin ningún valor. El ejemplo clásico de la Biblia es Absalón. David era diferente de él, y eso resultó en rebelión, guerra civil y la muerte de Absalón. Los padres deben involucrarse en la vida de sus hijos.

Favoritismos. Los padres pueden exasperar a los hijos mostrando favoritismos. Sin darse cuenta suelen hacer esto comparando a un hijo desfavorablemente con sus hermanos o compañeros de clase. Los padres pueden lograr un terrible sentimiento de frustración haciendo que el niño se sienta como la oveja negra de la familia.

Crítica. Haim Ginott en su libro *Entre padres e hijos*, escribió: «El hijo aprende lo que vive. Si vive con crítica, no aprende responsabilidad. Aprende a condenarse a sí mismo y a encontrar fallas en otros. Aprende a dudar de su propio juicio, a desacreditar sus propias capacidades, y desconfiar de las intenciones de los demás. Y sobre todo, aprende a vivir con la continua expectativa de una inminente condenación». Los padres deben promover un ambiente positivo y constructivo.

Disciplina excesiva. Esta es la clase de padres que abusan de sus hijos, ya sea verbal, emocional o físicamente. Suelen decirles a sus hijos cosas que nunca se las dirían a otras personas. Estos padres nunca deberían disciplinar a sus hijos con enojo, más bien, deben corregirlos con amor, así como lo hace su Padre celestial.

Consentimiento. Dándoles todo lo que quieren, pronto hará que se sientan impacientes y descontentos. Los hijos añoran guía y dirección; para intimar, pero no para ser consentidos superficialmente. Esta clase de consentimiento a menudo puede crear un arraigado resentimiento, a veces, para toda la vida.[3]

Es importante notar que la razón por la cual no debemos exasperar a nuestros hijos es para que no «pierdan el corazón». «Perder el corazón» o «desanimar» proviene de la palabra griega *athumeo*, de a (que quiere decir: sin) y *thumos* (pasiones, deseos, espíritu). Significa: «Volverse desanimado hasta el punto que pierde la motivación, estar deprimido o quebrantado emocionalmente». Esta palabra figura en la Biblia por única vez en el Nuevo Testamento. Lightfoot, que lo traduce como: «ocuparse de una tarea con desgano, malhumor, comportamiento antisocial» [Linguistic Key, 582]. Podríamos ilustrarlo como verter agua sobre el fuego de la vida. Esto implica que un padre es tan frío, severo, áspero y rígido que la fuerza del niño es socavada, su almacén de metas positivas se agota y, con él, su futuro se deshace. Él existe y no hay más que eso. Su único deseo en la vida es librarse de la opresión de tal tiranía. A menudo, los que se forman con tal desprecio llegan a ser los hombres y mujeres más rebeldes y miserables que se pueda imaginar.[4] No queremos eso, porque sabemos que nuestros hijos también tienen dignidad.

Nuestros hijos tienen dignidad

Como seres humanos creados a la imagen de Dios, nuestros hijos tienen un preeminente lugar en la creación. (Todos los seres humanos lo tienen.) La dignidad humana es el resultado de la existencia humana. No se alcanza con logros ni es concedida por ninguna autoridad que no sea Dios. No depende de raza, creencia, color, poder económico, poder político, estatus social, cultura, habilidades personales, género, orientación sexual ni cualquier otro aspecto. Es verdad que la gente actúa contra esa dignidad mediante sus decisiones con respecto a todos los aspectos mencionados anteriormente como, por ejemplo, la orientación sexual. Nuestra responsabilidad como padres es mantener esta dignidad en nuestros hijos tratándoles correctamente. Respetar eso incluye reconocer que nuestros hijos tienen racionalidad.

Nuestros hijos tienen racionalidad

La habilidad de Pablo de apelar a la razón en Romanos 12, demuestra una vez más que el hombre ha sido hecho a imagen de Dios. Dios, por naturaleza, es un ser racional. Opera mediante la ley de la lógica aunque no es forzado por esta porque sea un tipo de «fuerza superior». Él es tanto un ser racional como amoroso. Debido a que sólo el hombre tiene la verdadera capacidad de pensamiento racional es, en este sentido, también creado a imagen de Dios. El hecho de que nuestros hijos hagan preguntas es algo bueno. Estoy hablando de preguntas existenciales, preguntas acerca de la fe, la razón, el propósito, etc. No debemos animarles a que cuestionen todo lo que hagamos. Pero tampoco deberíamos pedirles que dejen de hacer preguntas. Deberíamos animar a nuestros hijos a tomar en serio el motivo de vida de Ravi Zacharias: «Cualquier cosa que creas en tu corazón debe tener sentido en tu razón». En otras palabras, la razón ayuda a tomar nuestras creencias y transformarlas en convicciones. Debido a que las convicciones significan que sabemos por qué creemos lo que creemos.

Nuestros hijos tienen inteligencia

También, nuestros hijos son inteligentes; conscientes de su entorno y capaces de cambiarlo. Nuestros hijos no actúan sobre la base de instintos, sino que son capaces de controlar sus instintos naturales para propósitos más elevados. Nunca debemos dejar que el sistema escolar nos diga si nuestros hijos son, o no, inteligentes. Muchos de nuestros modelos educativos están «taylorizados», tras un modelo alemán que afirma que los niños no saben nada y deben ser llenados con información. Después, sólo tienen que repetirlo en un examen. Existen muchos casos en que por no poder memorizar todo, nuestros hijos obtienen bajas calificaciones y son considerados malos estudiantes. La verdad es que no es el sistema educativo el que determina si nuestros hijos son inteligentes o no. El hecho de que fueron creados a la imagen y semejanza de Dios los hace inteligentes, más allá de lo que pueda figurar en el informe escolar o lo que diga el sistema educativo.

Nuestros hijos tienen creatividad

Consideren esto como algo maravilloso para todos. Todos los niños son creativos, sin embargo esta creatividad no siempre es empleada o alentada. Los niños tienen un increíble potencial para desarrollar este don dado por Dios. Nuestra responsabilidad consiste en darles los recursos necesarios para que utilicen la creatividad para bien.

Nuestros hijos tienen libre albedrío

Todo niño tiene la capacidad de elegir por sí mismo su manera de actuar frente a una situación. Ellos aprenden a estar moralmente atentos. Crecen aprendiendo que ciertas cosas son buenas y otras son malas. Antes de la caída, Adán y Eva no tenían ningún conocimiento en la práctica del bien y el mal, pero ciertamente entendieron que debían obedecer los mandamientos de Dios. Si eso no hubiera sido así, el hecho de que Dios les hubiera advertido acerca del castigo si le desobedecían, haría que el mandamiento no tuviera ningún sentido para ellos, y la caída podría verse como una incitación a pecar por parte de Dios. Adán ciertamente entendió que desobedecer la voluntad de Dios era malo, y podría haber consecuencias desastrosas para sus acciones. A pesar de que tengamos que luchar con nuestra naturaleza pecaminosa para obedecer a Dios, igual seguimos teniendo entendimiento y comprensión moral acerca del bien y el mal.

Nuestros hijos tienen la capacidad de percibir entre el bien y el mal, y son capaces de sostener una relación con Dios.

Esta parte de los humanos fue ejercida libremente en el jardín de Edén antes de la caída. El hombre todavía tiene la capacidad de comprender la existencia de Dios, pero no puede tener una relación con Él a no ser que sea nacido de nuevo en Cristo. Obviamente, la universalidad de la religión muestra que el conocimiento de un Dios y de cierta necesidad de una relación con Él es normal en el hombre. Nuestro desafío como padres es presentarles a Cristo a nuestros hijos. No es responsabilidad de la iglesia. Un amigo mío me contó que, después de cada reunión en la iglesia, antes de salir le pregunta a su hijo si aprendió algo nuevo. Si le responde afirmativamente, se molesta porque cree que la iglesia debe reforzar lo que ya le enseñó a su hijo. Nuestros hijos tienen la capacidad de percibir a Dios y de tener una relación con Él. Eso es lo que queremos. Queremos que nuestros hijos tengan una relación estrecha con Dios. Que festejen lo que son como individuos y como personas; este es el canal para influenciarles y lograr que pongan a Dios como prioridad.

PRIORIDAD

No estamos sugiriendo que tengan mayor prioridad que la relación entre los padres. Recuerden que Dios creo a Adán y Eva, y no a Adán y Adán hijo. Muchos padres provocan terribles conflictos en sus matrimonios porque comienzan a priorizar a sus hijos antes que la relación entre ellos. Estamos diciendo que la prioridad de los niños es la más alta de todas excepto por la relación entre los padres. En otras palabras, las prioridades en la familia deben ser Dios, relación entre padres, relación entre padres e hijos y después todo el resto.

En sus tesis, Charles Hummel describe cómo se desordenan las prioridades, la urgencia en que las tareas demandan una acción inmediata, y cómo «el atractivo efusivo de estas tareas parecen irresistibles e importantes, y [cómo] devoran nuestra energía. Sin embargo, a la luz del tiempo, su engañosa importancia se esfuma; con un sentido de desilusión, recordamos las tareas verdaderamente importantes que hicimos a un lado. Nos damos cuenta que llegamos a ser esclavos de la tiranía de lo urgente».[5]

Las prioridades individuales y las de la humanidad en su totalidad han cambiado en forma dramática y por desdicha durante los últimos quince a treinta años. Ahora ha crecido el énfasis hacia la actualización, las metas a corto plazo, los valores relativos y se dirigen vertiginosamente hacia el individualismo. Esto trae como consecuencia la creciente ola de divorcios que produjo una explosión de familias compuestas por hijos que viven con un solo padre y en pobreza. Y esto dio lugar a una excesiva búsqueda de posesiones materiales, lo cual ha conducido a las deudas y bancarrotas personales que se elevaban súbitamente. Esta tergiversación de los individuos, su lugar fundamental y equilibrado en el esquema de las cosas, ha conducido al sexo y a la violencia sin aprensión, que han disminuido el respeto por la vida.[6]

Sé que lo que diré molestará a algunas personas, pero en este momento creo importante ilustrar lo que quiero decir con el hecho de dar prioridad a nuestros hijos sobre cualquier cosa, incluyendo el estatus social. Me preciosa esposa Wenona se graduó con un título en Negocios Internacionales en una de las mejores universidades del país. Es bastante claro que ella podría haber ejercido esa carrera y ganado muchos dólares. Todas las compañías de su estado natal quieren graduados de esa universidad. Cuando nos casamos, ella tomó la asombrosa decisión de quedarse en casa para educar a nivel escolar a nuestros hijos. Sé que muchos se escandalizarán con esto porque han tenido comentarios negativos con respecto a las escuelas hogareñas. Ninguna de estas críticas son admisibles, sin embargo existen excelentes argumentos que calmarán la conciencia de mucha gente. Si no está de acuerdo con las escuelas hogareñas, solo déme el gusto de replantearte y considerar qué cosas dicen las otras personas al respecto. Pam Connolly es una educadora profesional en una escuela del Distrito de San Diego. Ella estuvo enseñando mecanografía a niños durante once años, y dice:

Un sabio dijo una vez: «Podemos enseñarles a nuestros hijos a tener valentía, esperanza y perseverancia y enseñarles cómo aprender, y ellos pueden enseñarnos a reír, a cantar y a amar». En otras palabras, cada miembro de la familia tiene valiosas lecciones para enseñarle al resto.

En las escuelas hogareñas, esta relación recíproca se magnifica. Los participantes de este tipo de escuelas son afectados más que por la persona que se sienta en el escritorio del maestro. Todas las generaciones crean y refuerzan el enlace entre los miembros de la familia. Las familias de las escuelas hogareñas pasan el tiempo riéndose, aprendiendo, jugando y viviendo entre ellos veinticuatro horas, los siete días de la semana.

Usted puede elegir el mejor plan de estudios para promover un aprendizaje de amor intrínseco que durará para toda la vida. El plan de estudios de las escuelas hogareñas es flexible. Los parámetros son determinados por los mejores maestros disponibles, los padres, que conocen y aman a sus hijos.

El aprendizaje nunca termina en las escuelas hogareñas. Los padres no son sólo profesores u observadores. Son participantes activos que amplían, explican y animan a sus niños a que sean inquisitivos y exploren las áreas específicas que les interesan sin los límites de las reglas arbitrarias establecidas por un agente ajeno.

Otro beneficio de las escuelas hogareñas es que los padres modelan y refuerzan el comportamiento moral descartando el comportamiento no deseado de una manera natural.

Históricamente, muchas generaciones solían vivir en el mismo hogar. Todos se beneficiaban de sus costumbres de convivencia multigeneracionales, dando lugar a valiosas lecciones que no se pueden aprender en los libros. Además, gran parte del tiempo existía la ventaja adicional de la combinación de grados y niveles de la escuela hogareñas para la enseñanza formal.

En la actualidad muchos envíamos a la generación mayor a hogares de ancianos cuando se ponen un poco fastidiosos (solo para visitarlos los fines de semana), y apostamos por un fallido sistema de escuela pública que ha sido el encargado de ser todo para todos pero que ha alienado a la mayor cantidad de participantes.

Las escuelas hogareñas tienen lo mejor de los dos mundos. Es buena para la familia y para la educación de los hijos.

Los beneficios de las escuelas convencionales son limitados. Como padre educador de tres hijos de escuela hogareña, puedo decir que la educación casera es el regalo más grande que un padre puede darle a su hijo. Inténtelo. ¡Le va a gustar![7]

Alguien podría decir que esta es la opinión de un padre que escoge la escuela hogareña para sus hijos con el propósito de establecer un orden de prioridades, pero ¿qué tiene que decirnos el estudiante de una escuela hogareña? Considere la socialización y los beneficios que trae como consecuencia de la educación hogareña desde la perspectiva de un adolescente.

Primero, puedo lograr mucho más en un día. Se ha comprobado que, seis horas de educación institucional son iguales a dos horas de educación hogareña; lo cual proporciona más tiempo para, no sólo ocuparse de lo académico, sino también, del estudio bíblico, la investigación, la redacción, las lecciones de canto, de piano, de pintura al óleo, los deportes, así también como el aprendizaje de la administración de la economía del hogar.

Segundo, para responder a la pregunta más frecuente respecto a las escuelas hogareñas: «Pero ¿qué haces para tener una vida social?» Conocí a mis mejores amigos en el grupo de refuerzo escolar de nuestra escuela hogareña. También hay actividades en la iglesia y deportivas a través de las cuales interactúo con otros. No sólo de mi edad, sino también, con personas más jóvenes y mayores. Siento que mis energías no se pierden por el efecto de drenaje que generan las presiones que he experimentado en el pasado en una escuela institucional. He canalizado esa energía a través del aprendizaje de diferentes herramientas que necesitaré cuando me gradúe y estoy en camino hacia el verdadero mundo y la verdadera vida.

Tercero, tenemos más oportunidades para hacer excursiones educativas. En los últimos seis años, hicimos excursiones a lugares históricos como Gettysburg, Williamsburg, Jamestown, Boston y Lexington. También nos tomamos cinco semanas de campamento en el oeste de Estados Unidos, y durante ese tiempo no sólo nos ocupamos de nuestros estudios, sino que pudimos revivir nuestras lecciones de historia y geografía. Muchos, nunca tienen la oportunidad de ver esas cosas. Tan sólo en nuestro estado, visitamos en familia el valle del Parque Nacional Histórico Forge y visitamos Filadelfia, como tantos otros lugares fascinantes.

Cuarto, una «vida social» todos los días, puede ser malo para los niños en la escuela. De mi experiencia en la escuela sé que hay estudiantes que son los chicos «fastidiados» y dañados por la vida social. En la escuela hogareña, no sólo los chicos se ahorran las ganas de hostigar innecesariamente a sus compañeros, sino que también tienen la ventaja de aprender a relacionarse con sus padres y con otros adultos a tiempo completo. Esto es bueno porque pasarán el resto de sus vidas relacionándose con adultos.

La educación hogareña es una parte importante de mi vida. Llena la necesidad de una familia más unida, bíblica y de una educación más personal. Estoy muy agradecido a mis padres por el sacrificio de tiempo y energía que depositan en la escuela hogareña, a nuestra escuela local del distrito por su asistencia, y al Señor por utilizarlos para «prepararme para el camino, que deberé recorrer».[8]

¿Escucharían a un doctor en estudios de educación? No creo que las escuelas hogareñas sean la única manera de educar a nuestros hijos, pero si estoy seguro que es una excelente manera de darles prioridad a nuestros hijos. Sin embargo, por favor, no se desaliente si se encuentra diciendo que no existe ninguna manera en que pueda hacerlo. Déjeme decirle que esta no es la única manera que demostramos a nuestros hijos que son la prioridad.

Los enfoques que enfrentan los niños y los jóvenes en Estados Unidos son complejos y aterradores. Sin embargo, tratar con ellos a corto plazo, acercándonos en momentos de crisis sin prestarle atención a las consecuencias a largo plazo, a los efectos secundarios y a los costos financieros en tiempos de elevados déficit presupuestarios, no tiene ningún sentido. No importa cuál sea la situación que afecte a los hijos, los problemas se agravan rutinariamente y las soluciones son rutinariamente ineficaces cuando las perspectivas se calculan a corto plazo, no a largo plazo, y cuando simplemente se los castiga apresuradamente en vez de hacerlo tomando consideraciones relevantes.

Los acercamientos a largo plazo son los que reconocen cuál es la clave del problema. La fortaleza de las familias necesita ser aumentada de cualquier manera posible. El papel del padre así como la importancia y la dignidad de los hijos no deben menospreciarse más por un montón de cosas que nos quiten la atención de buscar lo que es mejor para nuestros hijos.

Debemos enviar un mensaje a Hollywood mostrando que no aceptamos la implacable secuencia de sexo y violencia o, como Mario Cuomo lo expresó: «No dejemos más que "el horario pico" de la televisión invada a nuestros hijos con comedias absurdas y novelas que presentan al materialismo y un implacable egocentrismo como las únicas metas que vale la pena alcanzar».[9]

Demostrarles a nuestros hijos que son prioridad puede que traiga aparejado un «boicot» a Hollywood y a toda su programación llena de basura. Podría comenzar por tirar su televisor a la basura. Una vez más, no quisiera que me interpreten mal. No nací ayer y sé que alguna cosas en la televisión son buenas, no soy el tipo de persona que ve demonios en todos lados. No creo que la televisión sea del diablo. Creo que el Señor la ha usado, la usa y la continuará empleando para su gloria. Todo lo que digo es que en muchos casos se utiliza para entretener y mantener a los niños ocupados porque no son una prioridad para nosotros. Tenemos tantas cosas que hacer con ellos en vez de sentarlos en frente del televisor y desperdiciar sus vidas. ¿No sería fabuloso decidir que ellos sean la prioridad, apagar el televisor e intencionalmente pensar en maneras creativas para invertir tiempo con ellos? Yo tuve que aprender a jugar con las muñecas y tuve que aprender a jugar con autos de juguete. El resultado de demostrarles a mis hijos que, lo que a ellos les interesa también es mi prioridad (como jugar a las Barbis), cultivó la credibilidad para solicitarles participación en cosas que sean prioridad para mí (así como ir a la iglesia).

Entre los horarios de trabajo, como padres, y el apuro para preparar la cena y las tareas del hogar, se puede practicar natación y lecciones de música de una manera divertida durante las actividades familiares diarias. Y aunque no lo crea, ese reto puede crecer a través del crecimiento diario de sus hijos: Los preadolescentes y los adolescentes tienen sus propios horarios cada vez más ocupados, y puede ser que a través del tiempo pierdan interés en pasar tiempo con mamá y papá, lastimando sus sentimientos. Es por eso que es importante considerar la tercera P.

PRESENCIA

El solo hecho de estar presentes, aporta una gran contribución a nuestros hijos. Todos sabemos que ellos no deletrean la palabra amor así: a-m-o-r, sino así: t-i-e-m-p-o. Nuestros hijos saben que les amamos porque estamos con ellos cuando nos necesitan. Después de haber participado en el ministerio de jóvenes por más de veinte años, desafío a todos los que puedan ser sabios en cuanto a estar presentes cuando los hijos adolescentes los necesiten. Ellos no tienen la capacidad ni el interés de expresarlo, pero significa MUCHO para ellos cuando separamos un tiempo para estar cuando nos necesitan; a pesar de su malhumor. En mi experiencia pude observar que, no importa cuál fuera la actividad, sino que fuera intencional. Apartamos tiempo para cosas que son importantes para nosotros mientras que nuestros hijos adolescentes nos observan cuidadosamente para ver cuán importantes son ellos para nosotros.

No sería una mala idea, ofrecerse en familia como voluntarios de obras caritativas para desarrollar ese enlace fantástico que proporciona la presencia (de estar con el otro cuando uno lo necesita); trabajar en una despensa de alimentos, servir alimentos en un comedor público, organizar, coleccionar, repartir regalos de Navidad para las personas en el programa de la iglesia, construir una casa con la entidad filantrópica Hábitat para la Humanidad, etc. Hacer cosas juntos ayuda a comunicarles a los hijos que disfrutamos estar con ellos, que es lo contrario a sentarse en frente de la pantalla del televisor. Estamos sugiriendo cosas que demanden alguna clase de interacción entre ambas partes involucradas.

En todos los viajes y entrevistas que tuve con adolescentes jóvenes de doce a veinticinco años de edad, la abrumadora mayoría se sentían solos y sin apoyo en sus hogares haciendo de esta la razón número uno que los codujera a fumar y beber. ¿Y cuándo? A media tarde, en la casa de un amigo después de la escuela. Este descubrimiento era semejante a la investigación orientada a la promiscuidad sexual, o la participación en los peligrosos chats a través de la Internet. ¿Dónde? En casa, solo o en la casa de alguien, en la tarde, en el momento en que los adultos responsables no están.

Estos mismos adolescentes manifestaron que deseaban que sus padres estuvieran más tiempo alrededor de ellos. Si este es el caso, necesitamos una nueva estrategia de juego. No queremos criar niños solitarios. No se trata de sólo saber dónde están, ni saber si están solos. En su mundo ocupado, lleno de actividades, nos podemos sorprender al descubrir lo solos que se sienten. Necesitamos tomar una buena, firme y honesta mirada a nuestras vidas y a la de ellos. Los hijos abandonados son personas deprimidas que compensarán el vacío que sienten por dentro. Ellos querrán aplacar el dolor de cualquier manera. Fumarán, beberán, serán promiscuos, se unirán a una pandilla, buscarán extraños con quienes conversar a través de la Internet, tendrán mal comportamiento, se meterán en líos, harán cualquier cosa para pertenecer, tener compañía y buscar llamar la atención. Buscarán desesperadamente nuestro compromiso y guía. Aunque su discurso diga todo lo contrario, sus corazones necesitan sentirse protegidos y amados, y solo nosotros como padres podemos hacerlo.

Puede ser que seamos extremadamente impopulares, que seamos rechazados por ellos, nos levanten la voz, y nos digan cosas que nos lastimen, pero ese es el momento de sincerarnos como padres. Si le tememos a su enojo, rechazo y renuncia, los perderemos. Si nos

CUANDO LAS
CONSECUENCIAS
NO SON SUFICIENTES

mantenemos firmes, nos lo agradecerán y triunfarán al final. Nosotros tenemos la responsabilidad de ver la línea de llegada mucho antes que ellos puedan visualizarla, y seguir diciéndoles que tienen toda una vida por delante, un futuro lleno de oportunidades, y que tendrán su libertad e independencia. Todo llega a su tiempo... Hasta entonces, estaremos con ellos, siempre. Si trabajamos fuera de casa, necesitamos buscar la manera de mantenernos cerca. Los hijos reconocen instintivamente cuando una carrera laboral es más importante que ellos. Dos padres rindiendo largas horas en el trabajo, y viajando frecuentemente lejos de casa, son extremadamente dañinos para el bienestar emocional de un adolescente. Alguien tiene que estar cerca de ellos, puede ser tanto mamá como papá. Por otro lado, los hijos se dan cuenta cuando los padres tienen que trabajar duro para darles una buena educación y apoyar sus aspiraciones. Ellos entienden que sus padres están trabajando y sacrificándose por ellos y, si bien, se sienten solos, no sienten la carencia de aprecio. Tanto la madre como el padre son fundamentales para ayudar a que los hijos entiendan eso. Si mamá y papá se ofenden por el tema de los viajes o el trabajo, los hijos también crecerán MUY ofendidos. No podemos permitir que nuestros adolescentes pasen largos períodos a solas o en casa de sus amigos. Necesitan tanta supervisión como los más pequeños. Necesitan un adulto responsable que esté cerca. Nos necesitan disponibles.[10]

Si podemos demostrarles con nuestras acciones que son nuestra primera prioridad, que su bienestar es nuestra preocupación primordial y que estamos dispuestos a sacrificarnos por ellos, en última instancia serán mejores. Necesitan pasar tiempo con sus padres regularmente, sentir su completo y total interés por ellos. Durante esos tiempos juntos, ellos necesitan sentirse apreciados, valorados y constituirse en el único centro de su atención. Necesitan saber que, durante ese tiempo en que le cuentan las historias de su vida, mientras juegan o solo cuando pasan el tiempo con ellos, usted les comunique que le alegra y disfruta estar con ellos, y que tienen una conexión muy estrecha con ellos.

¿Cómo puede nuestro hijo transmitirnos el entusiasmo de un partido de fútbol, lleno de detalles de pelotas pateadas con el pie y el drama de los minutos de tiempo extra, cuando estamos viendo la televisión o estamos hojeando el periódico? Él necesita ansiosamente que le prestemos atención, solo a él, correspondiendo a su entusiasmo, preguntándole cómo se sintió al estar parado frente al arco antes de patear su primer gol. Él necesita que le demostremos nuestro ávido interés cuando animadamente comience a contarnos algo importante que ha sucedido en su mundo. Él necesita que estemos disponibles durante esos momentos. Todavía puedo recordar a mi papá tomando fotografías en la línea de meta en todos mis torneos de carrera. Nunca me vio llegar en primer lugar, pero ¡A quién le importa, estaba conmigo!

Nuestros hijos necesitan frecuente, genuina e íntegra atención e interés en ambas dosis, pequeñas y grandes. No hay sustituto para esos preciosos momentos que hacen que un niño se sienta amado, valorado y digno. Nuestros hijos saben cuándo estamos fingiendo interés en sus historias, o cuándo jugamos con ellos sin entusiasmo, o cuándo estamos preocupados por otras cuestiones. Ellos se dan cuenta cuando fingimos y, en sus mentes, les estamos diciendo a gritos que preferiríamos estar en otro lugar, que no estamos interesados en ellos ni en su mundo. Debemos apagar el televisor, la computadora, hacer esa llamada telefónica en otro momento y hacer el balance de nuestra chequera después que nuestros hijos estén durmiendo. ¿Recuerda cómo se sintió cuando su papá o cualquier otro adulto le hizo creer que preferiría pasar tiempo con usted en vez de pasarlo haciendo cualquier otra cosa? Permita que sus hijos sientan eso. ¡Esté presente!

Recuerdo el día en que mi papá volvió a casa con todas las cosas que tenía en el escritorio de su oficina. Era contador de una importante compañía, y trabajó muy duro para llegar a ser el número uno. Pero mi papá quería estar con nosotros (mamá y los chicos). Así que renunció a su trabajo y abrió su propia empresa desde casa. Sacrificó mucho para estar con nosotros. No estoy diciendo que dejen todo para ir a casa, pero esto nos plantea una pregunta importante. ¿Qué estamos dispuestos a perder o sacrificar para hacer de nuestros hijos la prioridad? La verdad es que, si no lo hacemos, otro lo hará. Quizás los medios masivos, los compañeros o las adicciones y los vicios.

Una señora muy amable, en una de mis conferencias, me dio una lista de ideas para ayudar a que nuestros hijos sepan que estamos con ellos. Veamos algunas de ellas:

Hacer notar que estamos presentes… permitir que nos descubran mirándolos, hasta una guiñada de ojo ayuda.

Reírnos de sus bromas.

Incluirlos en los chistes que usted cuenta. (Si esto le incomoda, quizás tenga que cambiar los chistes que cuenta.)

Reconocerlos con un «te amo» que venga del corazón, «¡Buen día!» y un «hola» cuando los ven.

Hablar acerca de los sueños que tienen cuando duermen , incluidas las pesadillas.

Arrodillarse y sentarse para estar al nivel de su vista.

Jugar juntos afuera.

Hacerles sorpresas.

Recordar sus cumpleaños y otras fechas significativas para ellos. («Esta fue la primera vez que diste tu primer paso», primera vez que fuiste al doctor, etc.)

Hacerles preguntas respecto a ellos.

Escuchar sus respuestas.

Permanecer con ellos cuando tienen miedo.

Jugar con ellos… ¡Los adultos podrían comenzar la guerra de bombitas de agua!

Esperar lo mejor de ellos… y aceptar aquello que no sea perfecto.

Hacer lo que a ellos les gusta.

Ser sincero.

Presumir cuando ellos creen que no estábamos escuchando.

Llamarlos desde el trabajo.

Presentarlos a los adultos y contarles una característica significativa de ellos.

Ayudar a ver los errores como oportunidades de aprendizaje y no como fracasos.

Escribirles cartas y mandárselas al correo.

Visitar lugares juntos... llevarlos con usted cuando tenga que hacer mandados (en bicicleta, o caminando juntos).

Construir algo con ellos.

Tomar decisiones en conjunto.

Ayudarles a inclinarse por cuestiones éticas y morales, y después apoyarlos en ellas.

Abrazarlos.

Establecer límites pero ayudarles a comprender las razones del porqué.

Creer lo que dicen.

Festejar sus logros.

Compartir secretos.

Parar y disfrutar tiempos juntos. Incluso un minuto cuando se bañan.

Ser consecuente pero flexible.

Alabar fuertemente, criticar suavemente.

Contarles acerca de lo que creen y por qué lo creen.

Ayudarles a que logren ser expertos en algo.

Reír.

Pedirles opinión acerca de algo.

Demostrar que está ansioso por verlos.

¡Agradecerles!

Cumplir promesas... hasta las más pequeñas.

Disculparse cuando cometieron un error.

Leer en vos alta juntos.

Prestar atención más que hablar.

Decirles lo maravillosos que son.

Reír.

Ser amable.

Decirles lo mucho que le gusta estar con ellos.

Crear una «palabra secreta» para la familia.

Conocer a sus amigos.

Y por sobre todo, reír, reír, REÍR, y reír un poco más. ¡Esté presente!

PROPÓSITO

Si nuestros hijos crecen y salen de nuestro hogar sin conocer su propósito en esta vida, quiero decirle que fracasamos como padres. No me refiero a que si se van sin saber qué van a estudiar o a qué colegio van a asistir. Me refiero al hecho de que no sepan la razón por la que están en la tierra. Estoy hablando de misión y propósito. Todos escuchamos acerca del gran lema: «Conocer a Dios y hacer que le conozcan». Decidí buscarlo en la Internet y fue grandiosa la cantidad de sitios web, organizaciones, iglesias, hasta incluso, cafeterías que adoptaron este lema. Lo verdaderamente asombroso acerca de esto es que si todos lo tomáramos en serio y lo hiciéramos el propósito de nuestra vida, conocer a Cristo y hacer que le conozcan, estoy convencido que las cosas serían mejores en nuestras comunidades, ciudades y países. El mundo sería mejor si tuviéramos familias consagradas a conocer a Cristo y hacer que le conozcan.

La página de la Internet www.seekgod.org hace esta pregunta: ¿Cuán importante es Dios para usted? Nuestras vidas dependen de esto. Jesús dice en (Juan 17.3, RV): «Y esta es la vida eterna: que te conozcan a ti, el único Dios verdadero, y a Jesucristo, a quien has enviado». Nuestra vida está segura en Cristo y se revela a nosotros a través de nuestra relación con él» (Colosenses 3.1-4, RV). «Si, pues, habéis resucitado con Cristo, buscad las cosas de arriba, donde está Cristo sentado a la diestra de Dios. Poned la mira en las cosas de arriba, no en las de la tierra, porque habéis muerto y vuestra vida está escondida con Cristo en Dios. Cuando Cristo, vuestra vida, se manifieste, entonces vosotros también seréis manifestados con él en gloria».

Dios quiere que lo conozcamos porque desea que lo amemos. «Y amarás al Señor tu Dios con todo tu corazón, con toda tu alma, con toda tu mente y con todas tus fuerzas» (Marcos 12.30, RV).

Este es el primer mandamiento. Cuanto más llegamos a conocer a Dios, más llegamos a conocer el amor, porque Dios es amor. Cuanta más comprensión y conciencia tengamos del amor de Dios, más lo amaremos. «Nosotros lo amamos a él porque él nos amó primero» (1 Juan 4.19, RV).[11]

F. B. Meyer escribió: «Podemos conocerle íntima y personalmente, cara a cara, Cristo no vivió sólo en siglos pasados ni tampoco en medio de las nubes, Él está cerca de nosotros, con nosotros, guiando nuestro caminar diario en nuestra entrega y conociendo todos nuestros caminos. Pero no podemos conocerlo en esta vida moral, a no ser por su iluminación y enseñanza del Espíritu Santo. Y seguramente podremos conocer a Cristo, no como un extraño que sólo nos viene a visitar por la noche o como un rey enaltecido sobre los hombres; debe haber un conocimiento interior como el de aquellos que Él cuenta como sus amigos íntimos, a quienes confía sus secretos, con quienes se sientan a su mesa a comer de su propio pan. Conocer a Cristo en el frente de batalla, conocerle en el valle de sombra, conocerle cuando la luz solar irradia nuestras caras o cuando se apaga con desilusión y dolor, conocer la dulzura de su trato con cañas quebradas y pabilos que humean, conocer la ternura de su simpatía y fuerza de su mano derecha, todo esto implica una gran variedad de experiencias para nosotros. Pero todas ellas como las caras de un diamante reflejarán la prismática hermosura de su gloria en un ángulo diferente».[12] Esto es conocer a Cristo. La salvación comienza con el conocimiento de Cristo. Es nuestra responsabilidad principal presentarles a Cristo a nuestros hijos.

Entonces, «¿Cuál es la clave para conocer a Dios verdaderamente?» Primero, es imprescindible entender que el hombre, por sí mismo, es incapaz de conocer a Dios verdaderamente, debido a su pecaminosidad. Las Escrituras nos revelan que todos somos pecadores:

> Como está escrito: No hay justo, ni aun uno; no hay quien entienda, no hay quien busque a Dios. Todos se desviaron, a una se hicieron inútiles; no hay quien haga lo bueno, no hay ni siquiera uno. (Romanos 3.10-12, RV)

También las Escrituras afirman que nos quedamos muy cortos en cuanto al nivel de santidad requerido para tener comunión con Dios y que la consecuencia de nuestros pecados es la muerte:

> Porque la paga del pecado es muerte; mas la dádiva de Dios es vida eterna en Cristo Jesús, Señor nuestro. (Romanos 6.23, RV)

Romanos deja en claro el hecho de que pereceremos eternamente sin Dios, a no ser que aceptemos y recibamos la promesa del sacrificio de Cristo en la cruz. Entonces, para conocer a Dios en verdad, debemos primeramente recibirlo en nuestra vida. «Mas a todos los que le recibieron, a los que creen en su nombre, les dio potestad de ser hechos hijos de Dios» (Juan 1.12, RV). Nada tiene más importancia que entender esta verdad cuando hablamos de conocer a Dios. Jesús dejó bien claro que Él sólo es el camino al cielo cuando declara: «Yo soy el camino, la verdad y la vida; nadie viene al Padre sino por mí» (Juan 14.6, RV).

No hay requisitos para comenzar este recorrido aparte del arrepentimiento del pecado, de aceptar y recibir las promesas recién mencionadas. Jesús vino a darnos vida a través de su entrega, ofreciendo su vida en sacrificio, para que nuestros pecados no nos impidan conocer a Dios. Una vez que recibimos esta verdad, podemos comenzar el recorrido para conocer a Dios en persona. Una de las claves de este recorrido es comprender que la Biblia es la Palabra de Dios, la revelación de Su persona, Sus promesas y Su voluntad. ¿Qué mejor manera de aprender acerca de nuestro Creador que sumergirnos nosotros mismos en Su Palabra, revelada a nosotros por esta verdadera razón? Y es importante continuar este proceso a través de todo el peregrinaje. Pablo le escribe a Timoteo:

> Pero persiste tú en lo que has aprendido y te persuadiste, sabiendo de quién has aprendido; y que desde la niñez has sabido las Sagradas Escrituras, las cuales te pueden hacer sabio para la salvación por la fe que es en Cristo Jesús. Toda la Escritura es inspirada por Dios, y útil para enseñar, para redargüir, para corregir, para instruir en justicia, a fin de que el hombre de Dios sea perfecto, enteramente preparado para toda buena obra. (2 Timoteo 3.14, RV)

Finalmente, conocer verdaderamente a Dios incluye nuestro compromiso de obedecer lo que leemos en las Escrituras. Después de todo, fuimos creados para buenas obras (Efesios 2.10), para ser parte del plan de Dios y para continuar revelando su persona al mundo. Nosotros tenemos la responsabilidad de difundir la misma fe que es requerida para conocer a Dios. Somos sal y luz de este mundo:

> Vosotros sois la sal de la tierra; pero si la sal pierde su sabor, ¿con qué será salada? No sirve más para nada, sino para ser echada fuera pisoteada por los hombres. Vosotros sois la luz del mundo; una ciudad asentada sobre un monte no se puede esconder. Ni se enciende una luz y se pone debajo de una vasija, sino sobre el candelero para que alumbre a todos los que están en casa. Así alumbre vuestra luz delante de los hombres, para que vean vuestras buenas obras y glorifiquen a vuestro Padre que está en los cielos. (Mateo 5.13-16, RV)

Hemos sido diseñados para portar el condimento de Dios en este mundo y para servir como luces que alumbran en la oscuridad. No sólo debemos leer y comprender la Palabra de Dios, sino también aplicarla con obediencia y permaneciendo en la fe, esto es esencial para conocer verdaderamente a Dios. Jesús mismo le dio gran importancia al amar a Dios con todo lo que somos y amar al prójimo como a nosotros mismos:

> Jesús le dijo: Amarás al Señor tu Dios con todo tu corazón, con toda tu alma y con toda tu mente. Este es el primero y grande mandamiento. Y el segundo es semejante: Amarás a tu prójimo como a ti mismo. De estos dos mandamientos dependen toda la ley y los profetas. (Mateo 22.37-40, RV)

Este mandamiento es imposible de cumplir sin el compromiso de leer y poner en práctica Su verdad revelada en Su Palabra. Estas son las claves para conocer verdaderamente a Dios. Por supuesto que hay más elementos que estas dos claves, como el compromiso de orar, la consagración, la fraternidad y la adoración. Pero estas sólo se pueden dar una vez que tomemos la decisión de recibir a Cristo y sus promesas en nuestras vidas y aceptar que no podemos conocer a Dios verdaderamente por nosotros mismos. Una vez que suceda eso, nuestras vidas serán llenas del Señor y podremos tener la experiencia de conocerle en intimidad y personalmente. Esto es lo que queremos que nuestros hijos vivan en nuestros hogares. Si el Señor se entregó a través de la persona de Cristo en sacrificio por nosotros, ¿Por qué no haríamos el mayor esfuerzo o sacrificio de asegurarnos que nuestros hijos conozcan a Dios, primero en casa para que después puedan darlo a conocer fuera de casa?

Si usted se acercara a una persona común y corriente de su vecindario y le preguntara cuál es su propósito con su hogar, seguramente lo miraría como si no tuviera respuesta. Puede que nunca haya pensado en un propósito o, yendo un poco más lejos, todavía no pudo encontrar uno claro. Algunos, que han estado bajo influencia del pensamiento filosófico no bueno, podrían indicar categóricamente que la unidad de la familia es simplemente el resultado del proceso evolutivo. Creen que, como hombres desarrollados con una cosmovisión social, el beneficio de la cooperación entre los sexos se ve en la crianza de hijos y el cuidado de ellos y entre ellos.

Si es, como muchos piensan, que el hogar es simplemente el producto de la evolución y desarrollo social, entonces no deberíamos preocuparnos por su decadencia o quebrantamiento. Quizás, bajo este concepto, hemos avanzado en nuestro desarrollo evolutivo y social y ha resurgido nuestra necesidad por la estructura de la familia como se ha visto a través de la historia.

Esperemos que los cristianos, cuando se les haga esta pregunta, tengan una mejor contestación y respondan al hecho de que Dios diseñó la relación familiar para crear hogares que honren al Señor. Las relaciones familiares en la tierra fueron creadas para servir como ilustración (muy limitada) de nuestra relación espiritual con Dios y con los hermanos creyentes. Se nos ha encomendado la responsabilidad muy seria de hacer el esfuerzo de considerar que, la manera en que vivimos en nuestro hogar, representa para los miembros de nuestra familia y para los observadores algo respecto al carácter de Dios y de nuestra relación con Él. También significa que somos responsables de buscar comprender y después, con la ayuda de Dios, intentar modelar nuestras relaciones familiares a partir del ejemplo de cómo Dios se relaciona con nosotros.

Un hombre sabio dijo una vez: «Un verdadero hogar cristiano debería ser un pedacito del cielo en la tierra. Debería ser la planta baja de los cielos para que la partida de esta vida sea nada más que subir las escaleras».

A través de este libro espero que haya quedado claro que las consecuencias no son suficientes para motivar a nuestros hijos a tomar las decisiones correctas. Las relaciones estrechas con Dios son fundamentales y nosotros como padres seremos el factor determinante para que ellos tomen una decisión. Más allá de las consecuencias, los valores, los principios, la moral, los amigos, los medios de comunicación y cualquier otra cosa que trate de tomar el lugar que solo le corresponde a nuestra relación con Dios, ellos (nuestros hijos) tomarán las decisiones correctas. Sé que todavía queda mucho por investigar en este deseo de ser mejores padres. Una cosa queda clara: nuestro impresionante y extraordinario Dios, a quien servimos, desea estar cerca de nosotros y de nuestros hijos. Él está más interesado que nosotros, en nuestra felicidad. Él desea lo mejor para nuestras familias y comunidades. ¿Le daremos la oportunidad para que sea lo primero en nuestros hogares? ¿Confiaremos en la fortaleza que nos otorgará para tratar con las consecuencias de nuestras decisiones (buenas o malas) a pesar de las consecuencias que se presenten en el camino? Finalmente, ¿acaso la vida no trata acerca de lo que Dios quiere más que de lo que nosotros queremos? ¿Acaso la vida no es acerca de darle gloria a Dios a través de nuestras relaciones? ¿Acaso la vida no es tan corta como para no hacer todo lo posible para tener familias saludables y exitosas? ¡Es mi oración y deseo que Dios le dé a usted y a su familia lo mejor para que sus hijos crezcan para llegar a ser adultos responsables que toman decisiones correctas!

Notas

Capítulo 1: El desafío cultural

1. Varios antibióticos pueden curar exitosamente la gonorrea y la sífilis en adolescentes y en adultos. Sin embargo, el tratamiento exitoso en contra de la gonorrea es cada vez más difícil. Debido a que muchas personas que contraen gonorrea también padecen de clamidia, otra enfermedad de transmisión sexual, los antibióticos que se dan para las dos infecciones se suelen dar juntos (ver http://www.cdc.gov/spanish/).

2. Las enfermedades transmitidas sexualmente (ETS), o venéreas, se encuentran entre las infecciones más comunes de hoy. Más de veinte ETS han sido identificadas y los Centros para el Control y la Prevención de Enfermedades estiman que afectan a más de diecinueve millones de hombres y mujeres en Estados Unidos cada año. Los costos médicos anuales de las ETS en Estados Unidos, se estiman en más de catorce mil millones de dólares (fuente: National Institute of Allergy and Infectious Diseases, http://www3.niaid.nih.gov/healthscience/healthtopics/sti/default.htm).

3. www.eweek.com.

4. www.learnthenet.com/english/html/03future.htm

5. Sweet Leonard, *The Church in Emerging Culture: Five Perspectives* (Grand Rapids: Zondervan, 2003), p. 31.

6. Neil Postman, *Divertirse hasta morir* (Barcelona: Tempestad, 1991).

7. www.vanessawilliams.de/must-elmoengl.htm. También pueden ver el video en http://youtube.com/watch?v=4aJjTRjV4-k o efectuar una búsqueda acerca de Vanessa Williams y Elmo.

8. www.helpguide.org/mental/blended_families_stepfamilies.htm.

9. Priya Abraham, Jamie Dean y Lynn Vincent, "Coming to a Neighborhood Near You", *World*, 18 junio 2005. http://www.worldmag.com/articles/10733

10. Esta cifra provino de una consulta a una pandilla que hizo Liderazgo Juvenil Internacional (www.liderazgojuvenil.com) junto con sus compañeros organizados en la ciudad de Guatemala en 2005. Los representantes que dirigían el estudio acerca de la pandilla MS13 en Estados Unidos, brindaron las cifras y dijeron claramente que estaban trabajando con las cifras de una manera conservadora.

11. Tanto Eric como Dilan, de la escuela secundaria Columbine, tenían un padre en casa, pero estos no se involucraban en sus vidas. Estaban presentes pero ausentes. No tenían ningún impacto positivo en sus hijos porque no tenían relaciones saludables con ellos.

12. Estas entrevistas se hicieron entre los años 2000 y 2007 en universidades de Estados Unidos, Europa y América Latina.

13. Darrell Franken, *Personal Strengths: Positive Psychology* (Wellness, s.f.). http://www.lifeskillstraining.org/strengths.htm.

14. William Kilpatrick, *Why Johnny Can't Tell Right from Wrong: Moral Illiteracy Case Character Education* (Nueva York: Simon & Schuster, 1992), p. 336. Edward A. Wynne y Kevin Ryan, *Reclaiming our Schools: Teaching Character, Academics, and Discipline* (Upper Saddle River, NJ: Merrill, 1996), prefacio por James S. Coleman.

CAPÍTULO 2: LA IDEA DE LAS CONSECUENCIAS

1. Dr. Charles A. Smith, *Responsive Discipline: Effective Tools for Parents,* Universidad del estado de Kansas Cooperative Extension Servive, 1993. http://www.k-state.edu/wwparent/courses/rd/rd1.htm.

2. Todd Cartmell, "Choices and Consequences: Your response to negative behavior can bring positive results", *Christian Parenting Today* 17, no. 4 (verano 2005), p. 10, http://www.christianitytoday.com/cpt/2005/002/4.10.html.

3. Ibid.

4. Ibid. El doctor Todd Cartmell es psicólogo infantil y conferencista muy conocido. Es autor de *Keep the Siblings, Lose the Rivalry* y *The Parent Survival Guide* (Zondervan). Visite su página web en www.drtodd.net.

5. Suzanne Woods Fisher, "The Power of Consequences: The only discipline tool you'll ever need", *Christian Parenting Today* 14, no. 3 (enero/febrero 2002), p. 26, http://www.christianitytoday.com/cpt/2002/001/2.26.html.

6. Ibid.

7. Ibid.

8. "Utilice las consecuencias", Universidad del Estado de Iowa, Extensión universitaria, Paternidad elemental con los adolescentes.

9. Witmer Denise, artículo de la Internet "Discipline: Natural & Logical Consequences", *Parenting of Adolescents* (http://parentingteens.about.com/cs/disciplin1/a/consequences.htm), 2007.

10. Metaphysics Research Lab, CSLI, Universidad de Stanford, "Consequentialism", publicado por primera vez 20 mayo 2003; revisión sustantiva, 9 febrero 2006.

11. Sidgwick, H., *The Methods of Ethics* (Londres, Macmillan, séptima edición, 1907, primera edición, 1874).

12. Broome, J., *Weighing Goods* (Oxford: Basil Blackwell, 1991).

13. Feldman, F., *Doing the Best We Can* (Boston: D. Reidel, 1986).

14. Hare, R. M., *Freedom and Reason* (Londres: Oxford University Press, 1963).

15. Sidgwick, H., *The Methods of Ethics* (Londres, Macmillan, séptima edición, 1907, primera edición, 1874).

16. Railton P., "Alienation, Consequentialism, and the Demands of Morality", *Philosophy and Public Affairs*, 13:134-71, 1984, reimpreso en Railton, 2003.

17. Sosa, D., "Consequences of Consequentialism", *Mind*, 1993, p. 102, 405:101-22.

18. Hart, H. L. A., y Honoré, T., *Causation in the Law*, (Oxford: Clarendon Press, segunda edición, 1985).

CAPÍTULO 3: LA RAZÓN DE LA «CULTURA ANTICONSECUENCIAS»

1. Postman, Neil. *Amusing Ourselves to Death: Public Discourse in the Age of Show Business* (New York: Viking, 1985).

2. Tres introducciones interesantes al concepto de la cultura son: John Fiske, *Understanding Popular Culture* (New York: Routledge, 1989); Barry Brummett, *Rhetoric in Popular Culture* (Nueva York: St. Martin's, 1994); John Storey, *Cultural Studies and the Study of Popular Cultures* (Athens: University of Georgia Press, 1996).

3. Herbert Blumer, *Symbolic Interactionism* (Berkeley: University of California Press, 1969).

4. James W. Carey, *Communication as Culture* (Nueva York: Routledge, 1992. Publicado por primera vez en 1989 por Unwin Hyman, Inc., en Boston.)

5. Stephen W. Littlejohn, *Theories of Human Communication, 5th Edition* (Belmont, CA: ITC Wadsworth, 1996).

6. John Katz, Virtuous Reality (Nueva York: Random House, 1997), p. 200.

7. Douglas Rushkoff, *Media Virus! Revised Edition* (Nueva York: Ballantine Books, 1996), pp. 9-10.

8. Brown, J. D., L'Engle, K. L., Pardun, C. J. Guo, G., Kenneavy, K., y Jackson, C. (2006). "Sexy Media Matter: Exposure to Sexual Content in Music, Movies, Television, and Magazines Predicts Black and White Adolescents' Sexual Behavior", *Pediatrics*, 117(4): 1018-1027. Pardun, C. J., L'Engle, K. L., y Brown, J. D. (2005). "Linking Exposure to Outcomes: Early Adolescents' Consumption of Sexual Content in Six Media", *Mass Communiocation and Society*, 8(2): 75-91.

9. La página web de *National Alliance* (www.natall.com). Artículo "Who Rules America? The Alien Grip on Our News and Entertainment Media Must Be Broken".

10. Howard Davis, "Is Your Family Manipulated by Mass Media?", de la página web de *The Good News Magazine - A Magazine of Understanding* (http://www.gnmagazine.org/issues/gn40/familymassmedia.htm).

11. Sutton M.J., Brown J.D., Wilson K.M., Klein J.D., "Shaking the tree of knowledge for forbidden fruit: Where adolescents learn about sexuality and contraception". En *Sexual Teens, Sexual Media: Investigating Media's Influence on*

Adolescent Sexuality, Brown JD, Steele JR, Walsh-Childers H, eds. (Mahwah, NJ: Lawrence Erlbaum Asocciates, 2002).

12. Ibid.

13. Dos encuestas útiles de la historia de las comunicaciones son: Wilbur Schramm, *The Story of Human Communication: Cave Painting to Microchip* (San Francisco: Harper & Row, 1988); Raymond Williams, ed., *Contact: Human Communication and its History* (Londres: Thames & Hudson, 1981).

14. El determinismo tecnológico es la naturaleza de la comunicación en una cultura en particular y su variabilidad está basada en los medios que encontró la tecnología dentro de la sociedad.

15. Marshall McLuhan, *The Gutenberg Galaxy* (Nueva York: Mentor, 1962).

16. Marshall McLuhan, *Understanding Media: The Extensions of Man* (Nueva York: Signet, 1964). Para visiones alternativas en la participación, empiece con Herbert E. Krugman, "The Impact of Television Advertising: Learning Without Involvement", *The Public Opinion Quarterly*, 30, no. 4, pp. 583-596, Invierno 1965.

17. David Altheide y Ronald P. Snow, *Media Logic* (Thousand Oaks, CA: Sage, 1979).

18. George Gilder, *Life After Television: The Coming Transformation of Media and American Life, Revised Edition* (Nueva York: W. W. Norton, 1994), p. 56.

19. Clifford Stoll, "You Can't Live in a Computer", *USA Weekend*, 14-16 abril 1995. Adaptado de *Silicon Snake Oil: Second Thoughts on the Information Superhighway* (Nueva York: Doubleday & Co., 1995).

20. *Silicon Snake Oil: Second Thoughts on the Information Superhighway* (Nueva York: Doubleday & Co., 1995), nota de pie de página 18.

21. El antropólogo Paul Gilbert utilizó todo este concepto para ilustrar la comunidad y el desafío de las misiones del mundo.

22. Joshua Meyerowitz, *No Sense of Place: The Impact of Electronic Media on Social Behavior* (Nueva York: Oxford U. Press, 1985).

23. Howard Rheingold, The Virtual Community (Nueva York: HarperPerennial, 1994).

24. Bill Gates, *Camino Al Futuro* (Madrid: McGraw-Hill Interamericana, 1995).

25. Irving Rein, Philip Kotler y Martin Stoller, *High Visibility* (Nueva York: Dodd Mead & Company, 1988).

26. Varios acontecimientos durante el segundo tercio del siglo XX explican la aparición del postmodernismo: el surgimiento y desaparición de la Guerra Fría, las protestas de los derechos civiles, el surgimiento de la juventud contracultural y su rechazo a la estructura y a la autoridad, la ampliación del abismo entre los ricos y los pobres en las sociedades modernas, y el advenimiento de las tecnologías modernas de comunicaciones.

27. Francois Lyotard, *La Condicion Postmoderna/Postmodern Contidition (Teorema Serie Mayor)* (Barcelona: Ediciones Cátedra S.A, 2004). Publicado por primera vez en 1979. Una útil introducción al postmodernismo es Steven Connor, *Postmodernist Culture: Selected Interviews and Other Writings, Second Edition* (Cambridge, MA: Blackwell Publishers, 1977).

28. Michel Foucault, *Power/Knowledge: Selected interviews and other writings*, Traducción por Colin Gordon. (Nueva York: Pantheon, 1980).

29. Kaarle Nordenstreng y Herbert I. Schiller, eds., *Beyond National Sovereignty: International Communications in the 1990s* (Norwood, NJ: Ablex Pub. Co, 1993); Geoffrey W. Reeves, *Communications and the Third World* (Nueva York: Routledge, 1993); William A. Hachten, *The Growth of Media in the Third World* (Ames: Iowa State University Press, 1993).

CAPÍTULO 4: LA RAZÓN DE «CORTO PLAZO Y DE LARGO PLAZO»

1. Fishbach, A., Friedman, R. S., y Kruglanski, A. W. "Leading us not into temptation: Momentary allurements elicit overriding goal activation", *Journal of Personality and Social Psychology* 84, no. 2 (feb 2003): pp. 296-309.

2. Ainslie, G., *Breakdown of Will* (Nueva York: Cambridge UP, 2001); Loewenstein, G. "Out of Control: Visceral Influences on Behavior", *Organizational Behavior and Human Decision Processes* 65, no. 3, (marzo 1996): pp. 272–92.

3. Williams, B. F. Howard, V. F.; McLaughlin, T. F. "Fetal alcohol syndrome: Developmental characteristics and directions for further research", *Education & Treatment of Children* 17 (1994): pp. 86-97.

4. Shoda, Y., Mischel, W., Peake, P. K. "Predicting adolescent cognitive and self-regulatory competencies from preschool delay of gratification: Identifying diagnostic conditions", *Developmental Psychology* 26, no. 6 (1990): pp. 978-86.

5. William Robyn, radio nacional, transmisión del domingo 7 de julio de 2002.

6. Margot Prior es profesora de psicología en la universidad de Melbourne.

7. Estas notas se tomaron de documentos de www.apahelpcenter.org.

8. Daryl Bem, *Beliefs, Attitudes and Human Affairs* (Belmont, CA: Wadsworth, 1970), p. 68.

9. Ibid.

10. Departamento de Servicios de Salud de California, 2001.

11. Bem, *Beliefs, Attitudes*.

12. Craig Harris, columnista de "Happy News Guest", www.happynews.com, actualizado 20 abril 2007.

13. Henri Poincaré, *Calcul des probabilités* (París: Carré et Naud, 1896), p. 2.

14. Affleck, G., y Tennen, H., "Construing benefits from adversity: Adaptational significance and dispositional underpinning", *Journal of Personality* 64 (1996), 899-922.

15. Antonovsky, A., *Unraveling the Mystery of Health: How People Manage Stress and Stay Well* (San Francisco: Jossey-Bass Publishers, 1997).

16. Gilbert, D. T., Pinel, E. C., Wilson, T. D., Blumberg, S. J., y Wheately, T. P. "Immune neglect: A source of durability bias in affective forecasting", *Journal of Personality and Social Psychology* 75 (1998), 617-638.

17. Smith, A. *The Theory of Moral Sentiments* (Indianapolis, IN: Liberty Classics, 1982). (Obra original publicada en 1759.)

18. Wood, S. L., "Remote purchase environments: The influence of return policy leniency on two-stage decision processes", *Journal of Marketing Research* 38 (2001), 157-169.

19. Ainslie, G. *The Strategic Interaction of Successive Motivational States Within the Person* (Nueva York: Cambridge University Press, 1992).

Capítulo 5: La razón de la «falta de experiencia»

1. Reyna V.F. y Farley F. "Risk and rationality in adolescent decision making: Implications for theory, practice, and public policy", *Psychological Science in the Public Interest* (2006), pp. 1-44, http://www.psychologicalscience.org/observer/getArticle.cfm?id=2098.

2. UNICEF. *Pobreza Infantil en Perspectiva: Panorama del Bienestar Infantil en Países Ricos*, Tarjeta de Informe 7 (2007). Centro de Investigaciones Innocenti.

3. Margo J. Dixon, Pearce N. Reed H. *Freedom's Orphans: Raising Youth in a Changing World* (Londres: Institute for Public Policy Research, 2006).

4. Morrow, V., *Networks and neighborhoods: Children's accounts of friendship, family and place* (London: Health Development Agency, 2001).

5. Hendry L.B. y Reid M., "Social relationships and health: the meaning of social 'connectedness' and how it relates to health concerns for rural Scottish adolescents, *Journal of Adolescence* 23 (2001), pp. 705-719.

6. Amos A. Wiltshire S, Haw S, McNeill A., "Ambivalence and uncertainty: experiences of and attitudes towards addiction and smoking cessation in the mid-to-late teens", Health Education Research, 21(2) (2006), pp. 181-191.

7. Ibid.

8. McLaren K., "Youth development literature review: building strength", *Ministry of Youth Affairs*, Wellington, Nueva Zelanda, 2002.

9. Coleman L., "New opportunities for reducing the risk from teenage pregnancy - What is the evidence for tackling risk behaviours in combination?", *Health, Risk and Society*, (2002), pp. 77-93.

10. Reyna y Farley.

11. Evans K. y Alade S. "Vulnerable young people and drugs: opportunities to tackle inequalities", *Department of Health*, *Drugscope* (2000).
12. Hay muchas fuentes de información acerca del cerebro en Internet. Por supuesto, algunas son más precisas que otras, y una buena forma de distinguirlo consiste en simplemente ver si están tratando de venderle algo. También recuerde que una gran cantidad de estos estudios no toman en cuenta a Dios y el poder de Su Palabra cuando crean sus formularios. Hay muchas fuentes en la Web asociadas con universidades que son generalmente muy buenas, búsquelas con una palabra o frase clave, como por ejemplo: Neurociencia para chicos; Recursos para el cerebro y la conducta, etc.
13. Wechsler H., Nelson T.F., Lee J.E., Seibring M., Lewis C., Keeling R.P. "Perception and reality: A national evaluation of social norms marketing interventions to reduce college students' heavy alcohol use", Journal of Studies on Alcohol, 64(4) (julio 2003), pp. 484-494.

CAPÍTULO 6: LA RAZÓN PARA «PROTEGER A NUESTROS HIJOS»

1. Revista *Psychology Today*, nov/dic, 2004, Última revisión: 22 mayo 2007 (No. de identificación del documento: 3584).
2. Ibid.
3. Paula Singer, "Parents who cheat the law are sending kids the wrong message", 11 septiembre 2006, http://www.zwire.com/site/index.cfm?newsid=17438881&BRD=1676&PAG=461&dept_id=43786&rfi=8 (acceso obtenido 7 abril 2008).
4. Ibid.
5. www.adha.org/CE_courses/course3/definition_of_terms.htm.
6. https://www.healthatoz.com/healthatoz/Atoz/common/standard/transform.jsp

CAPÍTULO 7: LA RAZÓN: «ESCUCHE A SU CORAZÓN»

1. http://unemotionalside.tripod.com/id54.html.
2. Este artículo fue escrito por Elisha McKenzie, *Focus on the Family*, *Australia*. Ella utilizó Rob Parsons, *Teenagers! What every parent has to know* (Londres: Hodder & Stoughton Ltd, 2007).
3. Ibid.
4. Sorensen, R., "Self-Deception and Scattered Events", *Mind* (1985), pp. 64-69.
5. Pears, D., "Self-deceptive belief-formation", *Synthese* (1991), pp. 393-405.
6. Ibid.
7. Barnes, A., *Seeing Through Self-Deception* (Nueva York: Cambridge University Press, 1997).

8. Scott-Kakures, D., "At Permanent Risk: Reasoning and Self-Knowledge in Self-Deception", *Philosophy and Phenomenological Research* (2002), pp. 576-603.
9. Mele, A., "Self-Deception and Emotion", *Consciousness and Emotion* (2000), pp. 115-139.
10. Mele, A., *Irrationality. An Essay on Akrasia, Self-Deception and Self-Control* (Oxford Oxfordshire: Oxford University Press, 1987).
11. Baron, M., "What is Wrong with Self-Deception?" en B. McLaughlin y A. O. Rorty (eds.), *Perspectives on Self-Deception* (Berkeley: University of California Press, 1988).
12. B. McLaughlin y A. O. Rorty (eds.), *Perspectives on Self-Deception* (Berkeley: University of California Press, 1988), nota de pie de página 14.
13. Shirley Dunegan McElroy, *Project: Solution Coordinator*; Cory Fausz, editor; Ned Andrew Solomon, escritor del proyecto Solución del *Washington Times*.
14. http://southfloridachurch.org, Iglesia de Cristo del Sur de Florida: Descubra vida en el todopoderoso por Mambo. Generado: 2007.

CAPÍTULO 8: FORJE LA GRANDEZA

1. Fox, Michael V., *Character and Ideology in the Book of Esther (Studies on Personalities of the Old Testament)* (Columbia: University of South Carolina Press, 1991).
2. Ibid, p. 172.
3. Ibid, p. 173.
4. Moore, Carey A., *Esther, Anchor Bible Commentary* (Garden City, NY: Doubleday, 1971), vol. 7B.
5. Ibid.
6. Moore, Carey A., *Esther, Anchor Bible Commentary* (Garden City, NY: Doubleday, vol. 7B, 1971), nota de pie de página 1, p. 247.
7. *The Good News* 2, no. 1, enero/febrero 1997, United Church of God, an International Association.
8. La palabra hebrea que la mayoría de las versiones inglesas traducen «virgen» (almah) no tiene que ser traducida de esa manera, y se puede referir a una joven que no necesariamente es virgen; muchos comentarios bíblicos lo admiten. Esto es especialmente importante cuando notamos que hay una palabra hebrea que se refiere más naturalmente a una virgen (bethula). La maravilla acerca del texto hebreo en Isaías 7.14 es que admite, pero no demanda, un parto virginal, entonces el texto puede ser aplicado directamente al parto virginal de Cristo.
9. Schoenheit, John W., "Mary, the Mother of Jesus: Defining True Greatness", www.truthortradition.com (acceso obtenido 7 abril 2008).

CAPÍTULO 9: DECISIONES RELACIONALES

1. www.xomba.com, "You are NOT your child's best friend".
2. Scotty Ballard, "How to know when to be a parent or friend to your child", *Jet*, 13 diciembre 2004, http://findarticles.com/p/articles/mi_m1355/is_24_106/ai_n13653936 (acceso obtenido 4 abril 2008).
3. Ibid.
4. Agregado a la tabla de contenido del Boletín de la Biblia *MacArthur Collection* por Tony Capoccia. Box 119, Columbus, New Jersey, USA, 08022. www.biblebb.com y www.gospelgems.com
5. Shapiro, L., "The Myth of Quality Time", *Newsweek* (1997), pp. 62-69.
6. Minnesota Symposia on Child Psychology, vol. 21, pp. 181-187.
7. Ibid., nota de pie de página 7.
8. Demo, D. H., y Ambert, A. M., "Parents and adolescents in a changing society: Challenges, problems, and perspectives", en *Parents and Adolescents in Changing Families,* D. H. Demo y A. M. Ambert, eds. (Minneapolis, MN: National Council on Family Relations, 1995), pp. 1-8.
9. *Parents and Adolescents in Changing Families* (Minneapolis, MN: National Council on Family Relations, 1995), nota de pie de página 7.
10. Ibid, pp. 13-28.
11. Steinberg, L. "Autonomy, conflict, and harmony in the family relationship", en *At the Threshold: The Developing Adolescent*, S. S. Feldman y G. R. Elliot, eds. (Cambridge, MA: Harvard UP), pp. 255-276.
12. S. S. Feldman y G. R. Elliot, nota de pie de página 8.
13. Broughton, J. M. "Criticism of the developmental approach to morality", *Catalog of Selected Documents in Psychology* 8 (1978), MS, 1756, p. 82.
14. Carey, S., "Are children fundamentally different kinds of thinkers and learners than adults?", en *Cognitive Development to Adolescence,* K. Richardson y S. Sheldon, eds., (Hillsdale, NJ: Earlbaum, 1998).
15. Giedd, J. N., Blumenthal, J. N. O., Castellanos, F. X., Liu, H., Zijedenbos, A., Paus, T., Evans, A. C., y Rapoport, J. L., "Brain development during childhood and adolescence: a longitudinal MRI study", *Nature Neuroscience* 2 (10) (1999), pp. 861-863.
16. Huttenlocher, P. R., "Synaptic density in human frontal cortex - developmental changes and effects of aging", *Brain Research* 163 (1979), pp. 195-205.
17. Casey, B. J., Giedd, J. N., y Thomas, K. M., "Structural and functional brain development and its relation to cognitive development", *Biological Psychology* 54 (2000), pp. 241-257.
18. Baird, A. A., "Moral reasoning in adolescence: The integration of emotion and cognition", *Moral Psychology,* Sinnott-Armstrong, W. (ed).

19. Elkind, D. "Egocentrism in Adolescence", *Child Development* 38 (1976), pp. 1025-1034.
20. Ibid.
21. Ibid.
22. Vartanian, L. R., "Revisiting the imaginary audience and personal fable constructs of adolescent egocentrism: A conceptual review", *Adolescence in Health* 35(140) (2000), pp. 639-662.
23. Damon, W. y Hart, D., "Self-understanding in childhood and adolescence", *Child Development* 53 (1982), pp. 841-864.
24. Selman, R. L., "The Growth of Interpersonal Understanding: Developmental and Clinical Analyses: Developmental and Clinical Analyses", (New York: Academic Press, 1980).
25. Lapsley, D. K. y Murphy, M. N., "Another look at the theoretical assumptions of adolescent egocentrismo", *Developmental Review* 5 (1985), pp. 201-217.
26. Hoffman, M. L., "Empathy, social cognition, and moral action" en W.M. Kurtines y J.L. Gewirtz (Eds.), *Handbook of moral behavior and development. Volume 1: Theory* (Hillsdale, NJ: L. Erlbaum, 1991).
27. Harter, S. *et al.*, "Relational self-worth: Differences in perceived worth as a person across interpersonal contexts among adolescents", *Child Development* 69 (3) (1998), p. 756.
28. Walker, L. J., Henning, K.H. y Krettenauer, T., "Parent and peer contexts for children's moral reasoning development", Child Development 71(4) (2000), pp. 1033-1048.
29. Piaget, *The Moral Judgment of the Child* (Londres: Routledge & Kegan Paul, 1932).
30. Kohlberg L., "Stage and sequence: The cognitive-developmental approach to socialization", en D. A. Goslin (Ed.), *Handbook of Socialization: Theory in Research* (Boston: Houghton-Mifflin, 1969).
31. *Handbook of Socialization: Theory in Research*, nota de pie de página 33.
32. Ibid.
33. Ibid.

Capítulo 10. Las cuatro P

1. "How to protect ape's rights? Make him a person", www.msnbc.com.
2. También Génesis 9.6 impone la pena de muerte por el hecho de que el hombre ha sido creado a imagen de Dios. Esto argumentaría que la idea de ser creado a imagen de Dios se aplica a nosotros aun hoy día.
3. Este mensaje predicado por David B. Curtis el 22 de agosto de 2004, en la Iglesia Bíblica Berea provee este material en forma gratuita para la edificación del cuerpo de Cristo.
4. Ibid.

5. Charles Hummel, *Tyranny of the Urgent* (Downers Grove, IL: InterVarsity Press, 1967).

6. Daniel Yankelovich, *NewRrules: Searching for Self-Fulfillment in a World Turned Upside Down* (Nueva York: Random House, 1981), pp. 93-96.

7. Pam Connoly, "Benefits of Homeschooling", www.ezinearticles.com.

8. http://www.pahomeschool.com/benefits.html.

9. Karen Ruth Effrem, M.D., "The Tyranny of the Urgent: Where Do Children Fit on Our Priority List?", Center of the American Experiment Minneapolis, Minnesota.

10. "Our Second Moment of Truth As Parents", www.MomOpinionMatters.org.

11. http://www.seekgod.org/message/knowgod.html.

12. F. B. Meyer, *Great Verses Through the Bible* (Grand Rapids, MI: Zondervan, 1982).

JEFFREY De León es el director ejecutivo de Liderazgo Juvenil Internacional. Él ha sido conferencista en Latinoamérica, Europa y Estados Unidos por más de 20 años. Como comunicador internacional, Jeffrey ha hablado y capacitado a miles de jóvenes, líderes juveniles, padres y pastores. También es autor de muchos artículos y libros. Su programa de radio semanal *Al punto* es escuchado en 22 países en más de 300 emisoras. Jeffrey recibió su título de maestría en la Biblia y teología de Columbia International University y su doctorado en filosofía y educación de Trinity International University. Se casó con Wenona y viven en el sur de la Florida con sus cuatro hijos: André David, Victor Ariel, Belani Celest y Yanabel Colette.